上海外国语大学青年教

U0615621

战略联盟

治理机制与双边关系特征的视角

范培华◎著

Strategic Alliance

The Perspective of
Governance Mechanism and
Characteristics of Bilateral Relations

经济管理出版社
ECONOMY & MANAGEMENT PUBLISHING HOUSE

图书在版编目（CIP）数据

战略联盟：治理机制与双边关系特征的视角/范培华著 . —北京：经济管理出版社，2022.9

ISBN 978 – 7 – 5096 – 8308 – 8

Ⅰ. ①战…　Ⅱ. ①范…　Ⅲ. ①企业管理—经济合作—研究　Ⅳ. ①F273.7

中国版本图书馆 CIP 数据核字（2022）第 175386 号

组稿编辑：申桂萍
责任编辑：钱雨荷
责任印制：黄章平
责任校对：董杉珊

出版发行：经济管理出版社
　　　　　（北京市海淀区北蜂窝 8 号中雅大厦 A 座 11 层　100038）
网　　　址：www. E – mp. com. cn
电　　　话：（010）51915602
印　　　刷：北京晨旭印刷厂
经　　　销：新华书店
开　　　本：720mm × 1000mm/16
印　　　张：13.25
字　　　数：238 千字
版　　　次：2022 年 9 月第 1 版　　2022 年 9 月第 1 次印刷
书　　　号：ISBN 978 – 7 – 5096 – 8308 – 8
定　　　价：68.00 元

前　言

在知识经济时代，通过战略联盟获取互补性知识资源已成为企业提高竞争优势的重要手段。企业能通过伙伴间知识获取提高自身知识存量并用于自身发展，但在该过程中又容易将自身的核心知识泄露给合作伙伴。针对这一边界困境，本书重点研究了联盟伙伴间知识获取对企业长短期绩效的影响机制与演变效应。尽管联盟伙伴间知识获取的价值受到学者广泛关注，但是现有研究仍存在以下三个尚未解决的问题：第一，联盟伙伴间知识获取对企业绩效的影响结论不一致，尤其是该影响的演变研究相对缺乏。因此，本书分析了联盟伙伴间知识获取对不同时期企业绩效的影响的演变效应。第二，在知识获取对企业绩效的影响过程中，联盟治理机制的作用尚不明确。基于此，本书详细分析了契约治理和信任治理作为调节变量对联盟伙伴间知识获取影响不同时期企业绩效的作用机理。第三，现有研究对于联盟治理机制作用的情境研究不足。本书特别强调了合作时间和规模差异两种伙伴特征的情境作用，分析了它们对上述治理机制调节作用的权变影响。

本书基于知识基础观、交易成本理论和社会交换理论，构建了关于联盟伙伴间知识获取、联盟治理、合作时间、规模差异以及企业短期绩效和长期绩效的理论框架，分析并提出了 14 条理论假设。通过对多个省份的企业进行调研，并与《中国工业企业数据库》的客观数据进行匹配，获得 117 个样本数据，对理论假设进行了检验。本书得出以下四个主要结论：①联盟伙伴间知识获取对企业绩效的影响会发生演变，即知识获取有利于企业短期绩效的提升，对企业长期绩效的作用不显著；②契约治理和信任治理在联盟伙伴间知识获取影响企业短期绩效的过程中起不同的调节作用，契约治理在联盟伙伴间知识获取影响企业长期绩效的过程中起调节作用；③联盟治理机制在联盟伙伴间知识获取影响企业不同时期的绩效关系中的调节作用会发生演变；④联盟伙伴合作时间与规模差异能够部分影响契约治理和信任治理在主效应中的调节作用。

本书的主要创新点包括以下四个方面：

第一，从知识管理的过程性角度分析了联盟伙伴间知识获取对不同时期企业绩效的影响的演变效应，拓展了对联盟知识管理的认识。针对现有研究中关于知识获取影响企业绩效的结论不清晰的问题，本书从知识管理的过程性视角详细分析了联盟伙伴间知识获取影响企业绩效的演变效应。从短期来看，知识获取对企业绩效的影响依赖知识管理中的知识接触和知识应用，因此在短期内的积极效果显著。而从长期来看，知识获取对企业绩效的影响则更依赖于知识管理中的知识整合与知识创新，进而该影响效果会发生演变。本书验证了联盟伙伴间知识获取两面性的观点（Double – edged Effect），解释了"组织间知识获取如何影响企业绩效"这一边界困境问题，进一步加深了对联盟知识管理的认识。

第二，本书将联盟治理作为情境因素引入联盟伙伴间知识获取的研究框架，结合交易成本理论和社会交换理论，揭示了不同治理机制在联盟伙伴间知识获取和企业绩效关系中的调节作用，为组织间知识获取和联盟治理领域的研究开辟了新的视角。以往研究大多关注联盟治理对联盟伙伴间知识获取的直接影响，忽视了治理机制在联盟伙伴间知识获取和企业绩效的关系中的调节作用。本书认为联盟治理在联盟知识管理过程中扮演着重要角色，能够提高企业对知识管理的能力，降低联盟不确定风险带来的不利影响。因此，本书探讨了联盟治理在联盟知识获取影响企业绩效关系中的调节作用，拓展了对这一关系情境因素的认识。同时，进一步分析了契约治理与信任治理在上述关系中的不同调节影响。基于此，本书丰富了交易成本理论和社会交换理论背景下的联盟治理研究。

第三，本书从联盟动态管理的视角，进一步分析了治理机制在联盟伙伴间知识获取和不同时期企业绩效关系中的调节作用的演变，推进了联盟动态管理研究的发展。现有联盟治理研究对联盟活动的动态演变缺乏关注，忽视了契约治理和信任治理在联盟活动中调节作用的演变。为了实现收益最大化，企业应在不同时期对联盟治理的方式进行设计和选择，从而保障联盟活动更加顺利和高效地开展。本书基于联盟伙伴间知识获取对不同时期企业绩效的影响过程，详细探讨了契约治理和信任治理的调节作用的变化，从而加深了对联盟治理作用机制演变的认识，推进了联盟动态管理研究的发展。

第四，本书深入探讨了合作时间、规模差异对治理机制在联盟伙伴间知识获取和企业绩效关系中的调节作用的影响，为理解知识获取、治理机制和企业绩效之间的关系提供了更全面的分析，丰富了联盟治理的情境因素研究。在现有关于联盟治理影响知识获取和企业绩效的研究中，学者认为法律环境、市场不确定、环境不确定等外部因素会对联盟治理的作用效果产生调节影响，但是关于联盟伙伴特征的调节效应的研究相对缺乏。本书将伙伴特征引入联盟治理研究框架，解决了契约治理和信任治理调节效应不清晰的根本问题，拓展了联盟治理框架中关于权变因素的研究。

目　录

第一章　绪论

要提高中国产品和中国装备的整体质量和水平，知识和技术是重要的基础。企业间，特别是中外企业间需要加强技术合作、共享知识，最终实现双赢。此外，随着中国企业"走出去""一带一路"倡议的推进，企业的知识和技术更新换代的速度加快，产品生命周期缩短。为了在全球竞争的环境中占据一席之地，中国企业必须完成从"中国制造"到以知识为基础的"中国智造"的转变（吴晓波，2015）。目前，知识与经济之间的相互渗透不断加强，经济增长越来越依赖于知识的生产、扩散及应用。对于企业而言，知识已经成为其获取和保持竞争优势的基础（Grant，1996）。

然而，与西方国家相比，虽然中国的改革开放推动了经济高速发展，但是大部分中国企业仍缺乏世界先进的技术和知识，依靠自身积累与创造的知识已不足以维持当下企业创新发展的需要。因此，企业需要跨越组织边界，通过顾客、供应商、竞争者、合作者等外部知识源来获取新知识。近年来，越来越多的中国企业选择与相关企业或组织建立战略联盟，并通过联盟关系获取所需知识。企业可以通过获取、学习外部先进知识、前沿技术与创新能力来提高自身竞争优势，最终实现绩效的持续提升（Kale et al.，2002；Lunnan & Haugland，2008；Park，2010）。例如，我国智能电视企业的技术相对于日本夏普、松下、东芝、索尼等而言较为落后。在国外竞争者的技术压力下，海信、TCL和长虹三家企业于2011年及时组建技术联盟，在智能电视的技术规范、企业技术标准等方面达成共识、共享技术成果。通过组建联盟，彼此获取所需信息与知识，及时缩小与日本企业在智能电视技术方面的差距，并占据国内外智能电视市场。目前，国家政策层面也对企业间联盟给予高度支持，在国发〔2011〕4号文件中，国务院明确提到鼓励软件、集成电路等高新技术产业构建联盟，通过共享知识与技术促进产业链协同发展，提高整体技术水平。2015年，李克强总理在国务院常务会议上也指出，要提高整体产品与服务的标准。而企业间需要通过联盟的形式来共享知识与标准，以满足市场和创新需要的团体标准。

尽管联盟伙伴间的知识获取可以给企业带来有价值的知识资源，但从现状来看，企业战略联盟的结果却不尽如人意（Lee & Cavusgil, 2006；Sambasivan et al., 2011；Schilke & Goerzen, 2010）。企业在建立联盟时，希望从对方获取更多的关键信息与知识用于自身发展，或基于所获得知识进一步创造新知识。但这种双方都具备"多得"的合作心态称为"学习竞赛"，会导致双方在联盟过程中对知识共享的范围持谨慎态度（Hamel, 1991）。特别是对于存在竞争关系的企业，往往会采取各类措施来保护自身知识产权，防止机密技术或商业知识的外露。因此，联盟中的企业就无法有效地获取所需知识来满足自身发展。换言之，联盟企业彼此需要进行知识共享（Ding et al., 2012），而理性企业在制度不完善、联盟伙伴行为不确定时会主动保护己方知识，防止因联盟伙伴的机会主义行为而导致重要知识的泄露。中国海虹控股公司曾与美国迪士尼公司签署协议并达成战略联盟，但在联盟期间迪士尼公司仅提供了部分资产资源和技术与管理等知识资源。联盟两年后海虹控股因"所获太少，投入太多"为由，终止联盟。企业一方面试图通过联盟获取知识来提高自身竞争力，另一方面又担心联盟过程中较大的交易成本影响自身绩效水平。这种两难困境，严重阻碍了联盟伙伴间知识获取转为自身绩效的价值体现。

此外，联盟过程中实际发生的违约、侵犯知识产权、知识泄露等问题，同样是导致联盟失败的原因。特斯拉汽车公司曾与 Mobileye 公司保持长期联盟合作，但是特斯拉在掌握摄像头的知识和技术后，单方面自助开发汽车视觉系统，遭到了 Mobileye 的抗议并终止双方联盟。特斯拉汽车公司的行为损害了 Mobileye 公司的利益，其原因就是契约的控制不力，并未发挥有效作用。企业在处理联盟中的交易成本与投机行为问题时，往往会采用契约与信任的方式来约束双方联盟行为。但是，契约与信任的角色又处于动态变化中。特别是在中国情境下，制度日趋完善正与我国的"人情背景"不断发生冲突。联盟关系中的治理机制问题，也是管理者与学者共同关注的话题。

针对上述问题，本书认为在战略联盟背景下，我国企业应该认识到在联盟过程中知识获取对企业发展所发挥的作用，并进一步了解治理机制在联盟伙伴间知识获取价值体现过程中所扮演的角色。具体而言，应基于不同治理情境，分别从长、短期来分析联盟伙伴间知识获取对企业绩效的影响。本书将基于知识基础理论、交易成本理论及社会交换理论，着重探讨以下四个问题：①在战略联盟动态发展过程中，联盟伙伴间知识获取对企业长短期绩效的影响如何演变？②契约治理与信任治理在联盟伙伴间知识获取影响企业绩效过程中分别起到怎样的调节作用？③契约治理与信任治理调节联盟伙伴间知识获取对不同时期企业绩效的影响的作用将如何发生演变？④在不同伙伴特征（合作时间、伙伴规模）情境下，契约治理与信任治理的调节作用会如何变化？对这些问题进行探索和分析，有利于企业正确地认识联盟伙伴间知识获取对企业绩效的影响，深入了解联盟治理机制的作用以及其演变特征，进而帮助企业采用合适的治理机制有效地进行风险控制和知识管理，最终通过联盟伙伴间的知识获取来提高企业可持续竞争优势。

第一节　研究的现实背景

一、联盟知识获取的必要性

1. 企业外部环境要求企业进行联盟知识获取

随着经济全球化和中国市场化进程的加速，市场竞争日趋激烈，企业正面临高度变化性和不确定性的经营环境。仅仅依靠内部知识，已经无法满足不断变化的市场需求。特别是发展中国家的企业普遍缺乏创新能力，所以在国际市场竞争中处于劣势地位。例如，从白炽灯到 LED 灯源的技术创新，具有较高的技术壁垒。传统白炽灯行业的中小型企业大多利润微薄，缺乏内部研发能力，无法通过内部知识创新来转型研发 LED 技术，而战略联盟则是这类企业死而复生的一线希望。企业在发展到一定阶段或处于某种情境下，必须从外部获取知识，而通过构建联盟来获得所需知识成为大部分企业的理性选择。外部环境要求企业进行联盟知识获取主要包含以下四个方面：

第一，全球化竞争促使企业进行联盟知识获取。自中国加入世界贸易组织（WTO）之后，经济全球化的进程不断加快。中国企业不仅面临本土企业的竞争，还要与全球企业抢占市场份额。同时，全球化带来了价值链的重整。企业运营和发展的最关键、最稀缺的资源已不再局限于传统的土地、设备、资本等实物资源，而是逐渐转向知识投入和知识创造。影响企业绩效最为关键的三个要素已转变为竞争全球化、技术创新和知识积累（Hitt et al.，2000）。知识和专利技术等无形资产逐渐成为企业重要的资源，而这些资源又是企业维持全球竞争优势的重要因素（Roos & Roos，1997）。知识资源是企业拥有的最重要的战略性资源，企业对其获取、吸收、使用和保护等过程的有效管理能够影响企业在全球化竞争中的可持续发展（McEvily et al.，2004；Zanarone et al.，2016）。但是，中国企业由于技术基础薄弱，"中国制造"成为中国企业在全球分工中的主要角色。而长期处于价值链低端环节的中国企业，在进入高端市场时往往受阻。在面临全球化竞争时，中国企业大多缺乏可持续发展的核心竞争力。但是，中国企业可以借助全球化的推动力，获得与各国企业合作的机会，学习国外企业的先进技术与管理能力，提高自身竞争优势，并在全球竞争中占据优势。例如，在全球汽车行业竞争不断加剧的背景下，东风汽车集团股份有限公司与沃尔沃汽车集团组成商用车战略联盟。该联盟伙伴间共享知识、信息、资源与技术，并协同研发新车型。通过联盟，东风汽车顺利开发了商用车的几大核心零部件，为东风商用车开拓国际市场奠定了技术基础。此外，通过此次联盟，东风汽车集团顺利进军美国、欧洲市场，提高了全球竞争力。

第二，科技水平的发展促使企业进行联盟知识获取。近年来，互联网技术不断发展，云计算、物联网、人工智能逐渐走入人们生活，企业商业模式也随之发生巨大变化。在技术更新速度加快和产品生命周期不断缩短的新形势下，企业必须紧跟时代潮流，不断进行技术更新和升级。但是，企业仅仅依靠自主研发难以实现战略目标。很多企业期望能够通过模仿来从外部获取知识。然而知识产权保护法律法规的不断完善限制了企业对竞争者核心技术的学习和模仿，企业往往难以获得竞争对手的关键知识和能力。于是，战略联盟成为缩小技术差距，降低研发成本的可靠途径。智能电网技术属于新兴科技，为了在短期内解决技术障碍，南京供电公司、中电电气集团、东南大学等十多家单位成立南京智能电网产业联盟。通过产学研一体化的联盟形式，共享技术资源，实现智能电网的技术领先优势。通过战略联盟从合作伙伴处获得企业所需的先进技术和知识逐渐成为我国企业实现创新和发展的更优途径（Park，2010）。通过广泛的联盟合作，我国企业能够快速把握技术发展的方向，提高技术水平。类似地，随着人工智能技术的发展，2016年北信源、三泰控股、清华大学、北京大学等组成了人工智能产业技术创新战略联盟，通过"产、学、研、资、用"的联盟方式来推动人工智能产业技术的发展。又如，我国为了发展TD-SCDMA标准，联合众多企业建立TD-SCDMA产业联盟。联盟企业中的大唐电信、华为、中兴、联想、中国普天、中国电子等知名通信企业在前期都通过内部知识研发推动了我国3G标准的发展（胡青丹，2010）。同时，通过TD-SCDMA产业联盟，企业间可以合理利用其他企业的核心技术、知识，加快整体研发速度，从而保障中国 3G 标准占据有利位置。

第三，转型经济的市场环境促使企业进行联盟知识获取。随着中国市场化进程的加速，中国企业面临着高机会和高风险并存的市场环境。中国经济快速增长，市场需求增大，为中国企业带来了巨大的市场机会，同时也使中国企业面临着越来越高的市场压力。这种转型背景要求我国企业必须通过内部研发或外部知识获取来提高知识储备和创新能力（Berchicci，2013）。我国正处于经济转型时期，市场机制不断完善，市场自由化使更多的企业依靠自身的能力与资源在残酷的市场竞争中生存（Ralston et al.，2006）。然而，市场机制仍需完善，特别是对于私有产权的保护还不完善，并购和建立战略联盟可以成为企业获取外部资源和降低交易成本的重要手段（Peng & Heath，1996）。

第四，顾客多样化与个性化的需求要求企业进行联盟知识获取并准确预测市场需求变化。随着工业 4.0 的兴起，全球企业逐渐认识到快速响应市场、满足消费者个性化需求的重要性。但是对于中国企业来说，面对多样化和个性化的市场需求以及昂贵的研发成本和自身薄弱的技术基础，仅仅依靠内部研发来提高技术能力的方式很难应对当下市场环境的快速变化。因此许多企业开始通过技术引进和合作研发的模式建立联盟，逐渐培养自主研发能力，从而抓住技术领先优势和机遇，建立起以技术发展为基础的创新竞争力。随着国内消费者对美容的需求增大，重庆天妃整形美容医院为了突破自身技术、知识的局限性，主动与美国艾尔建形成战略联盟，并提供个性化美容服务。专业家具、建材提供商红星美凯龙为了满足顾客的多样化需求，与万科地产、新湖集团、绿城集团等达成战略联盟。通过个性化定制服务，为更多消费者提供专业化服务。

2. 企业内部发展要求企业进行联盟知识获取

除了上述外部环境要求企业进行联盟知识获取外，企业为了实现战略目标，同样有诸多内部因素驱动其开展联盟知识获取活动。内部发展要求企业进行联盟知识获取主要包含以下四个方面：

第一，联盟知识获取能有效降低技术创新的成本。构建学习联盟，可以帮助企业降低资源消耗，降低研发投入。大部分中国中小企业的研发能力薄弱，远低于美国、日本、韩国等国中小企业的水平。而企业技术研发需要投入大量的人力、物力、财力资源，且技术成果的商业化实现也是极为漫长的过程。对于技术基础相对薄弱的中国企业而言，需要寻找多种知识获取的途径来提高研发能力。战略联盟创造了伙伴间的相互依赖关系，联盟各方借助这种关系向伙伴学习和获取知识。在联盟活动过程中，联盟伙伴可以共同承担研发成本。例如，资金充足的企业提供物质资本，而研发机构提供高科技人才。通过联盟成员的共同参与和互动交流，有效提高联盟成员的知识存量。另外，两个或多个组织建立战略联盟能够为联盟各方提供相互学习和共享知识的机会，可以直接接触和学习对方的先进技术、知识和管理经验等。作为世界十大汽车工业公司之一，丰田与通用、大众、福特、本田等公司建立横向联盟，与日本电装公司、爱信精机公司、亚乐克公司、松下电器等建立纵向联盟，在全球汽车产业残酷的竞争环境中，获得世界头号汽车生产商的地位。因此，即使对于技术能力和创新水平较高的企业，联盟知识获取也能够降低其学习的成本和投入风险，提升学习效率，增强竞争优势。

第二，联盟知识获取能帮助企业提高技术创新能力。企业一方面可以通过知识获取丰富组织的无形资源，另一方面可以通过技术创新获取和维持竞争优势。企业的创新能力将影响企业的长期生存和发展，持续创新可以帮助企业获得竞争地位并长期影响企业绩效（Hitt et al.，1997）。随着经济时代的来临，无论是技术创新还是管理创新，都逐渐成为知识密集型活动，因而需要重要的知识资源作为创新基础。组织的创新能力和其知识存量增长是密切相关的（Ahuja & Katila，2001）。很多企业越来越重视通过学习管理知识来提高创新能力，从而为企业可持续发展奠定坚实的基础。腾讯公司的 QQ、网游、微信等产品通过"先模仿、后引进、再学习、最后创新"的四部曲来完成对外部知识的学习，提高创新能力并最终获得竞争优势。2011 年《福布斯》创新能力企业排行榜中，腾讯公司排名全球第四，超越了苹果等国际知名企业，获得全球认可。

第三，从内部资源角度考虑，联盟知识获取能够帮助企业开发新知识，弥补企业知识资源和核心技术的不足。由于中国人口众多，市场机会丰富且需求量大，中国企业的发展受到市场需求的拉动。企业更倾向于把有限的资源用于扩张生产规模，通过提高生产率来实现企业发展。但是在创新方面，中国企业缺乏知识资源和核心技术，难以满足市场上日益趋于多样化和个性化的顾客需求。近年来，很多企业已经认识到创新的重要性，但由于资源的限制，中国企业面临自主创新难、技术发展缓慢的困境。随着市场需求越来越难预测，市场不确定性提高，创新风险大幅度提高，各行业模仿山寨盛行，短期内企业可获得一定的收益。然而，一旦消费者需求发生变化或是新技术产品进入市场，山寨便会被完全替代。虽然腾讯公司在前期大量采用模仿战略来切入市场，但是其自身通过获取知识、消化内化知识并最终将知识转化为了创新源泉。为了在最短的时间内缩短与欧美发达国家企业之间的差距，中国企业可以选择和先进企业建立以知识获取为目的的战略联盟，学习其先进技术和能力，提高自身知识存量和技术水平。例如，小米科技有限责任公司为了实现其生态系统的目标，通过"米家"品牌来构建小米生态链。庞大且复杂的生态链无法依靠小米自身有限的资源来完成，因此，小米通过"米家"这类半开放式的"血缘关系"与企业结成战略联盟，最终实现战略目标。

第四，从企业可持续发展的角度考虑，联盟知识获取可以为中国企业带来用于创造持续竞争力的异质性资源。华为总裁任正非多次在内部讲话中强调多样性的知识对企业的重要性，主张用知识赢得全球市场的尊重，并通过知识管理构建"知识资本"为华为创造价值，促进华为的可持续发展。企业通过与拥有互补性资源的组织建立战略联盟，在研发新技术、开拓新市场、建立新渠道等方面进行知识共享和交流，可以知晓最前沿的技术信息和市场信息，丰富和拓展企业视角，加快组织知识积累的速度（Argote & Ingram，2000）。联盟中的知识获取并不是一个短期实现的联盟活动，而应该被看作是一项长期的战略合作过程。我国企业在考虑以知识获取为目的的战略联盟时，不能只关注短期联盟带来的短期利益，而应更注重通过联盟伙伴间长期的知识交流和学习，获得互补性、异质性知识并在此基础上推动新技术发展。综上所述，面对严苛的外部环境和亟须发展的内部要求，联盟伙伴间知识获取对企业提高竞争优势具有重要作用。

二、我国企业间联盟的现状

在我国，创新战略联盟的重要价值和意义已经得到了广泛认可。2017 年 5 月 3 日，科技部、国家发展改革委等 15 部门联合发布了《"十三五"国家技术创新工程规划》。在总体目标中，提出到 2020 年，建设一批带动产业整体创新能力提升的产业技术创新战略联盟。在七大重点任务中，第三大任务专门针对联盟提出，围绕优化布局、提升功能、指导服务等方面发展产业技术创新战略联盟，促进产学研协同创新。我国政府已认识到推动创新联盟构建和发展对提升我国企业竞争力和国家自主创新能力都具有十分重要的意义，现阶段主要从宏观调控方面积极制定联盟政策，完善法律法规，规范各国公司在我国的联盟行为，为我国联盟发展创造良好环境。目前，我国企业间联盟主要呈现以下三个特征：

第一，联盟发展速度加快。20 世纪 80 年代以来，美国通用、日本丰田等知名跨国公司纷纷对外寻求战略合作，通过开展联盟活动实现战略扩张。这一时期，我国仅有一些沿海地区的企业和国外企业建立联盟。20 世纪 90 年代以后，信息技术发展使得信息获取成本降低，越来越多的中国企业开始与其他组织合作并寻求快速发展的机会。随着我国加入 WTO，跨国公司在我国的投资大幅度增长，其为了用最快的速度适应我国市场，更多地以合资的形式与我国企业建立联盟，弥补其对我国市场认识的不足。而我国企业则通过这种方式引入先进的知识和技术，提高自身的技术水平。例如，改革开放后，德国大众利用桑塔纳车型迅速占领中国市场，而上海大众则利用与德方合作进行技术转移。然而，在这种合作模式下，中国企业往往无法获得跨国公司的前沿技术，而只能接触一些边缘知识甚至在发达国家已经被淘汰的技术。尽管中国企业设法通过合作学习外国企业的先进技术，但国外企业更倾向于和中国企业展开制造合作，而非研发等处于价值链高端环节的合作。同时，国内企业间战略联盟数量也快速增长，尤其是高新技术行业，希望通过横向或纵向合作，共同承担昂贵的研发成本和高度的经营风险。随后，在认识到战略联盟可以扩大企业规模后，各行业纷纷掀起一阵战略联盟的浪潮。

第二，联盟失败率较高，联盟效果不尽如人意。联想集团曾与美国 AOL 时代华纳公司组建战略联盟，除双方各出资 1 亿美元外，联想分享电脑用户资源与电脑技术，而 AOL 提供先进的互联网技术与运营经验知识。但是，联盟最终因运行风险的原因瓦解（刘松博和苏中兴，2007）。企业战略联盟是一个非常复杂的形式，战略联盟的成功需要出色的组织与管理。一旦组织管理不当，就会导致失败（李健和金占明，2007）。大量联盟实践证明，单独从事研发活动比同其他组织共同从事研发活动要容易得多。股权交叉的上下游关系要比简单的企业间关系复杂很多。管理者在本公司内部做决策比在合作伙伴中共同决策更有效率，在一个企业内实施决议要比在战略联盟中实施决议更容易。联盟结果不理想的原因有很多，例如，伙伴战略目标不一致、资源不匹配、市场相似性高等（李健和金占明，2007）。海虹控股与迪士尼联盟的瓦解一方面因为治理不善，另一方面也是因为双方战略目标不一致。迪士尼希望借助与海虹控股的联盟来发展其在中国的业务，包括主题公园、电影、电视等产业，同时通过联盟来缓冲等待政府政策开放的各项成本。但是，海虹控股单方承担了大量成本却未曾从联盟中获得竞争优势（刘松博和苏中兴，2007）。

第三，战略联盟的形式发生转变。我国企业间联盟的形式逐渐从传统的设备、硬件等有形资源的分享转变成技术、品牌、管理经验、知识等无形资源的分享（李运河，2013）。例如，绿盛集团与天畅网络，一家为牛肉干生产商而另一家为 3D 游戏开发公司。虽然双方没有分享机器和设备，但是在品牌、宣传、产品包装等多方面进行合作。这种非竞争性战略联盟为双方都带来了利益，提高了双方的竞争力。2017 年暑期，环球影业与 ofo 共享单车建立联盟。环球影业为了让《神偷奶爸 3》中的小黄人角色深入人心，而 ofo 共享单车为了提高品牌知名度和影响力，双方一拍即合。双方通过联盟，共享品牌等无形资源，实现了双赢。

战略联盟在全球商业活动中的重要性日益凸显，促进了我国企业在全球化经济中的发展，在一定程度上丰富了我国企业的技术和知识，提高了我国企业的创新水平。战略联盟帮助我国企业建立起全球渠道，促进了华为、海尔等自主创新企业的国际化战略。但是，部分中国企业并没有实现理想的联盟目标，既未能通过战略联盟获得先进技术和管理能力，也未能从根本上提升企业创新能力和持续竞争力。尤其在转型经济背景和激烈的竞争环境中，要实现联盟目标就必须对联盟状况有长远且清晰的认识，充分重视对联盟活动的管理，维持联盟稳定发展和有效运行。

三、联盟治理的重要作用

尽管战略联盟可以为企业带来诸多优势，例如，节约研发成本、克服技术门槛、降低经营风险等。但是，联盟在发展过程中，由于跨越了组织界限，涉及多组织行为，不可避免地会出现各种风险和管理问题。尽管战略联盟出现了空前增长，但是由于没有进行恰当的联盟管理，50%~70% 的联盟都以失败告终。企业不但没有实现联盟目标，而且其自身经营还受到了不利影响。改革开放以来，我国大部分企业仍然缺乏对战略联盟的管理经验。例如，中国娃哈哈与法国达能的商标之争，从最初的紧密合作，到最终反目成仇。国外也有相关案例，东芝与西部数据从昔日的联盟合作伙伴转变成法院相见的仇人，原因之一是西部数据宣称东芝出售 NAND 内存业务违反了双方合作协议，破坏了联盟约定。在上述背景下，企业需要分析联盟中存在的问题和风险，并采取适当的治理机制来控制联盟过程中的不利因素。

首先，联盟治理可以降低企业交易成本。联盟治理可以有效地对联盟双方进行监督与控制，降低交易成本，提高联盟绩效。在联盟伙伴的行为状况难以预测的情况下，对方很可能不会在联盟活动中全力配合，从而使企业降低对合作成果的期待。而且由于缺乏明确的信息，联盟各方不能准确估计联盟过程中出现偏好变化（Verbeke & Greidanus，2009），这就需要企业对联盟伙伴进行定期的监督和评价。此外，企业战略联盟的建立和维护需要投入一定的资源和技术，一旦联盟出现问题，这些资源和技术便无法进行重新分配（Zhou & Poppo，2010）。而且联盟成员会为了争取这些通过共同投入获得的收益而互相讨价还价，导致每个成员的收益降低。但是，在建立联盟初期，有的企业倾向于通过详细的契约保障自身的利益，有的企业倾向于通过简单的契约来实现联盟关系，而且在联盟发展过程中，企业会根据自身情况和外部环境的发展变化，与联盟伙伴针对契约重新进行谈判和修订，使其尽可能获得联盟各方一致的认可。这一过程也需要耗费人力、财力、物力等成本。契约在执行过程中如果遇到困难或联盟各方存在分歧时，还需要第三方介入，这一过程也需要成本投入。因此，当契约有效性带来的收益大于契约制定、谈判、执行和修订成本时，它才是一种有效的联盟治理机制。

其次，联盟治理有助于企业应对不确定性并降低风险。我国正处于制度转型阶段，市场处于动荡和高速发展的阶段，整体不确定性较高（Hou et al.，2016；Peng，2003）。这种环境不确定性容易导致联盟成员的机会主义行为，因此企业需要采取措施来应对这种充满不完善、不对称的信息的环境（Krishnan et al.，2016）。实践中，联盟企业可以通过多种手段和方式来降低联盟活动中的风险和不确定性。在战略联盟中，联盟成员能够通过和联盟企业制定正式详细的契约，对各方责任、义务、利益分配等进行明确说明，对联盟各方未能遵守契约规定的行为实施相应的惩罚，从而降低和控制联盟过程中的各种风险。为了指导企业间联盟合作，推动、保障企业技术创新联盟的构建与发展，2017 年 8 月，长沙市科学技术局特制定了《长沙市产业技术创新战略联盟管理办法》，通过契约方式保障联盟的顺利开展。

最后，信任治理可以作为非正式治理来弥补契约治理的不足。在经济转型阶段，由于制度不完善、市场机制尚不成熟等历史原因，各种机会主义行为难以控制，导致契约的执行成本较高，有时无法有效地解决企业利益受损的问题。而面对经济快速发展的局势，社会关系作为一种非正式的治理机制，能够适当弥补正式契约的不足。由于企业面临市场环境的动态变化和制度环境的快速转型，因此社会关系成为企业商业运作的重要依赖。当企业和联盟伙伴具有较好的社会关系时，各方的彼此信任不仅有利于降低机会主义行为出现的可能性，还有利于在联盟中营造自由开放的学习氛围和有效的知识交换。因此，无论是正式的契约治理，还是非正式的社会关系，都能够影响企业的联盟活动。如何通过不同的治理机制来保障联盟活动的顺利开展，从而为企业带来可持续的竞争力是中国企业面临的一个重要挑战。

第二节　研究的理论背景

上述现实背景揭示了联盟知识获取的必要性与治理机制的重要作用，而理论界也同样关注上述问题。联盟中的企业通过合同、协议等各类契约来约束双方行为，目的是保证双方合理共享资源、知识等。学者们基于不同的理论视角，给出了不同的战略联盟的定义。Porter（1985）认为，战略联盟是通过协调或合并价值链来建立起的企业间长期合作，这种合作拓展了企业价值链的有效范围。Teece（1992）将企业间的战略联盟定义为联盟伙伴基于信任的合作框架，目的是双方为了分享彼此的资源、知识等。Inkpen（1998）也认为战略联盟是一个合作框架，通过协议等契约的形式来控制双方行为，契约规定了合作中各组织提供资源和进行利益分配的方式。无论是基于组织战略视角还是资源整合视角，都可以把联盟看作是两个或多个组织间的合作协议，致力于实现联盟成员预设的目标。

本书将战略联盟定义为一种合作关系，该关系由两个或者两个以上的组织构成，目的是通过共享知识和技术等无形资源来创造新知识、新技术，从而促进双方竞争优势的维持。在这一概念中，组织间知识转移和共享是联盟活动的重要内容，目的是提升组织的持续竞争力，进而对优化企业绩效产生长期的推动作用。本节将对所涉及的四个主要研究内容进行理论背景介绍，为后续研究问题的发现进行铺垫。

一、联盟伙伴间知识获取的研究内容

在联盟伙伴间知识获取领域，学者们基于多样化数据，从不同的理论视角对其进行了分析。但是，现有文献中关于联盟伙伴间知识获取的研究结论却不一致。

第一，知识基础理论认为企业可以通过内部知识整合与外部知识获取来实现企业竞争优势的提升（Grant，1996）。企业作为知识载体，是一个复杂的知识处理系统。知识经济时代，知识和技术是企业极为重要的资源。企业可以通过获取、创造、应用知识来构建自身的竞争优势（He et al.，2013；Kavusan et al.，2016；Marvel，2012）。知识存量体现了企业的创新能力，拥有稀缺知识的企业可以维持其竞争优势。Cohen 和 Levinthal（1990）提出，现有知识存量为企业创新奠定了基础，决定了企业创新方向。不仅如此，现有知识存量还会影响企业对新知识的创造以及其对互补性知识的吸收能力（Smith et al.，2005）。企业在内部或外部获取知识进行决策时主要考虑交易成本和收益（Williamson，1975），而通过联盟获取外部知识可以降低内部创新成本，直接提高收益。越来越多的企业利用外部网络来实现自身创新，通过与外部不同行为主体互动并和不同组织建立信息、资源流动的合作关系。基于知识基础理论，企业与外部组织合作有利于知识共享和获取。企业跨越组织边界，扩大知识获取的范围，能够对企业绩效产生积极影响（Caloghirou，Kastelli & Tsakanikas，2004）。

第二，网络关系视角的研究主要分析网络特征对联盟伙伴间知识获取和企业绩效关系的影响。基于网络关系视角，联盟伙伴间的网络为企业获取知识和信息提供了重要来源。企业通过与不同行为主体合作，获取多样性知识，从而推动企业创新（Westerlund & Rajala，2010）。Inkpen 和 Tsang（2005）研究了不同类型的网络对企业知识转移的影响，认为不同的网络对企业知识转移的影响也不同。同时，他们提出了网络过度嵌入的负面影响。Reagans 和 McEvily（2003）指出，更强的社会凝聚力和更广的网络范围为知识转移提供了便利。Sparrowe 等（2001）的研究结果显示，企业网络中心度可以正向影响企业外部知识获取，且不同外部主体的合作程度和方式会调节上述关系。国内相关学者也发现网络强度、网络规模等外部网络特征会影响企业外部知识获取，进而影响企业的绩效水平（罗炜和唐元虎，2001；张方华，2010；朱桂龙和李汝航，2008）。

第三，从社会资本的视角，许多研究表明企业所拥有的社会资本可以有效地帮助企业实现联盟伙伴间知识获取，进而影响企业创新的路径（Laursen et al.，2012；Presutti et al.，2007；Yli‐Renko，Autio & Sapienza，2001）。社会资本理论强调，组织间的联结、互动等关系是双方进行知识共享的基础。Laursen 等（2012）的研究发现，社会互动频繁的企业，其外部知识获取的有效性较高，从而更容易实现产品创新。还有一些研究认为，社会关系能够通过促进知识转移（Li et al.，2010a；Zhang & Zhou，2013）和创新（Wang，Yeung & Zhang，2011）来改善企业绩效。蒋春燕和赵曙明（2006）对 600 多家中国新创企业的实证研究发现，社会资本通过组织学习影响组织绩效。李纲和刘益（2007）提出，社会资本能够促进企业外部知识获取，从而影响产品创新。简兆权等（2010）也指出，企业网络关系能够正向影响知识共享。江旭和李垣（2011）也从社会资本的角度出发，强调不同类型的信任关系和契约控制能够对伙伴的知识获取产生不同的影响。

第四，其他学者基于交易成本理论分析了联盟伙伴间知识获取对企业的影响。交易成本理论认为，在考虑外部知识获取和内部研发时，管理者不得不认识到成本和风险因素。联盟伙伴间知识获取能够为企业提供互补性知识、增加企业知识存量、拓展企业知识广度，从而帮助企业提高组织能力（Li et al.，2012）、创新（Berchicci，2013；Maurer et al.，2011）和组织发展（Chen et al.，2016；Maurer et al.，2011；Naldi & Davidsson，2014）。因此，外部知识获取和内部研发是相互替代关系。另一些学者则认为外部知识获取能够和内部研发能力互补，共同促进企业创新绩效（Cohen & Levinthal，1990；Mowery，1983）。Laursen 和 Salter（2006）提出，外部知识获取的广度和深度与企业创新绩效是倒"U"形关系，内部研发负向调节上述关系。Fey 和 Birkinshaw（2005）的研究发现，企业与外部伙伴之间的契约会对企业的创新绩效产生负向作用。

综上所述，尽管现有研究从不同的理论视角分析了联盟伙伴间知识获取的相关问题，但是外部知识获取影响企业绩效的研究结论尚不一致（潘佳等，2017）。本书将这一研究问题置于战略联盟的背景下，进行深入探索。

二、联盟治理的研究内容

联盟合作中的知识交流和转移的过程仍然受到多方面限制。在联盟合作的过程中，组织间学习和知识共享活动跨越了组织边界，超出了组织所能控制的范围，伙伴的机会主义行为、市场需求和政策法规的变化很容易给企业发展带来潜在的风险（Norman，2004），导致企业无法有效利用联盟中获取的知识来提升收益或竞争力。企业在对联盟关系的管理中，往往更加关注联盟治理带来的短期效果或通过联盟伙伴获得的知识的"量"。在联盟成员进行知识共享和转移的过程中，合作伙伴既希望通过有意学习和吸收内化知识来获得更多的技术资源，同时又尽可能限制对方从己处接触或获取知识，相互之间形成"学习竞赛"（Hamel，1991）。虽然联盟可以帮助企业获取外部知识，提高竞争优势，但是在联盟过程中，往往还存在各种问题和风险，有可能导致联盟失败。因此，有必要关注联盟关系中出现的各种问题并对其采取相应的治理手段，从而有效处理联盟运行过程中的伙伴关系风险和环境变化风险，促进企业对联盟知识的获取，为其获取持续的竞争力提供保障。联盟管理和联盟治理因此成为学者关注的热点话题。通过文献回顾，现有联盟治理的研究主要尝试解决以下四个问题：

第一，关于联盟治理方式的问题。在联盟运营过程中，一方组织会遇到各种问题与风险，例如，伙伴的机会主义行为、市场环境的变化、专项资产的投入等，这些都需要依靠联盟治理来消除和控制（Zhou & Poppo, 2010）。在早期的联盟治理研究中，有学者将联盟风险分为关系风险和绩效风险（Das & Teng, 1996）。这两种风险出现的原因和导致的最终结果是不同的，前者源自于联盟伙伴关系破损、联盟成员的机会主义倾向等内部因素，最终带来的结果可能是联盟关系破裂、联盟提前终止等；后者源自于环境变化等外部因素，最终导致的结果是未能实现联盟目标（Das & Teng, 1998）。无论是关系风险，还是绩效风险，缺乏有效管理都会导致联盟失败。此外，Das 和 Teng（2001）提出，信任和控制是两种有效解决和降低联盟风险的方式。Poppo 和 Zenger（2002）将战略联盟的治理机制分为基于交易机制的契约治理（或称为正式控制、契约控制等）和基于社会机制的信任治理（或称为关系治理、社会控制等）。契约治理（Contractual Governance）是指通过签订详细的规则和条款，明确联盟成员的责任、义务和可分配的利益等，并设置监督机制和未履行契约时的惩罚机制等，来保证联盟活动的顺利进行（Abdi & Aulakh, 2012；Lumineau & Malhotra, 2011）。信任治理（Trust–based Governance）是指联盟成员对伙伴的能力、行为和规范等有信心和信任感的控制手段（Li et al., 2010b）。正因为联盟内部存在着市场交易和社会关系双重机制，联盟中的各组织成员一方面要承担各自的责任和义务来实现个体目标，另一方面还要和联盟伙伴协调关系并实现联盟目标，而契约治理与信任治理则是对应的有效措施。

第二，关于治理机制的影响因素问题。现有文献认为契约治理和信任治理是企业战略联盟或合作过程中存在交易风险时的需要。例如，Zhou 等（2008）研究发现，当资产专有性较强、环境和行为不确定性较高等交易风险存在时，管理者会使用关系来控制风险。当环境和行为不确定性较高时，管理者会使用高度定制的契约来降低不确定性。基于制度理论，Zhou 和 Poppo（2010）进一步指出，当企业感知到的法律可执行性不同时，会影响各类风险对治理机制的影响。结果显示，当企业感知到的法律可执行性越高时，资产专有性、环境不确定性和行为不确定性对契约的正向影响越强，资产专有性、环境不确定性对关系治理的正向影响越弱，行为不确定性对关系治理的正向影响越强。此外，不同的联盟动机也会影响治理机制，包括企业在联盟中对隐性知识获取的动机（Li et al., 2008），对资源获取和能力学习的动机（苏中锋等，2007），知识获取和有形资源获取的动机（王龙伟和刘朋朋，2013）。史会斌和李垣（2008）还指出联盟资源投入类型不同（基于所有权的资源和基于知识的资源）对联盟治理机制的影响不同，而且合作时间会影响上述关系。

第三，关于治理机制如何影响企业战略行为与绩效的问题。现有研究中，契约治理和信任治理被当作是战略联盟中的战略措施，企业可以采用适当的联盟治理机制来缓解联盟风险，促进联盟活动的开展，提高组织创新绩效或合作绩效。研究显示，联盟契约治理和信任治理都能够降低联盟风险和机会主义（Liu et al.，2009；Lui et al.，2009），促进组织间学习和知识交换（Lui，2009）。但是有学者指出，两种不同的治理机制对于不同类型的知识获取的影响不同。Lui（2009）按照学习动机将组织间学习活动分为知识获取与知识接触。能力信任比正式契约更能促进组织知识接触，正式契约比能力信任更能促进组织知识获取。Li 等（2010d）按照知识的性质将知识获取分为显性知识获取和隐性知识获取，并发现信任能够正向影响企业对显性知识和隐性知识的获取，但是对隐性知识获取的作用更强，且正式契约能够促进信任对显性知识获取和隐性知识获取的正向作用。另外，两种机制的理论基础和作用机制存在很大差异，因此对于不同类型的创新活动或绩效的影响也不尽相同。Lui 等（2009）从理论上提出，正式契约通过降低机会主义行为提高合作绩效，而信任通过促进合作行为提高合作绩效，实证结果支持了后一假设。Li 等（2008）的研究结果显示，正式控制促进企业渐进创新，阻碍企业突变创新；社会控制促进企业突变创新，阻碍企业渐进创新。Arranz 和 De Arroyabe（2012）也提出，在应用性的共同研发项目中，契约治理对绩效的积极影响更大，而在探索性的共同研发项目中，信任治理对绩效的促进作用更强。

第四，探讨两种治理机制是互补还是替代的问题。一方面，研究认为两种治理机制对绩效的交互作用是负向的。契约代表了某种程度的不信任，因此会对关系治理有不利影响，从而降低关系对绩效的正向影响（S. Tamer et al.，2004；Lee & Cavusgil，2006）。当伙伴间关系较强时，可能会导致契约的强制执行力下降，所以降低了契约对绩效的正向影响（Wang et al.，2011）。还有学者认为两种机制的影响相同，因此同时采用两种机制是多余的（Yang et al.，2011）。另一方面，研究认为两种治理机制对绩效的作用是互补的（Liu et al.，2009；Poppo & Zenger，2002）。同时使用两种机制能够互相弥补，契约的不完整性的问题能够通过信任得到缓解，而契约也可以弥补信任的不确定性所带来的不足（Cao et al.，2013）。大量实证研究也证实，同时使用两种机制能够通过促进知识转移（Li et al.，2010b；Zhang & Zhou，2013）、促进创新（Wang et al.，2011），并获得机会（Lazzarini et al.，2008）来提高绩效。针对上述两种观点，有的学者把正式控制分为契约和集中控制，认为契约和关系治理是互补关系，而集中控制和关系治理是替代关系（Zhang & Zhou，2013；Zhou & Xu，2012）。有的学者对信任进行分类，认为善意信任和契约起替代作用，而能力信任和契约控制起互补作用（江旭和李垣，2011）。还有的学者认为在不同的情境下，两者的交互作用会发生变化。李瑶等（2014）提出，当交易时间较短时，契约和信任分别促进企业创新绩效的提升，并且对企业创新绩效的交互作用是正向的；当交易时间较长时，信任有利于企业创新绩效的提升，契约不利于企业创新绩效，并且两者对企业创新绩效的交互作用为负。

本书将基于现有文献，参考第一个问题中的治理方式选择，结合第二、第三个问题，重点探索两种治理机制作为情境因素在联盟伙伴间知识获取影响企业绩效过程中的作用。有别于上述第四个问题，本书将重点分析不同治理机制的演变效应。

三、联盟动态性的研究内容

作为一个较新的研究方向，学者认为战略联盟作为一种松散的、动态性的合作形式，实质是对知识的动态管理过程（廖世龙等，2010）。联盟的动态性强调了战略联盟不是一个静止的常态，而是一个动态发展的过程，联盟内部活动也是不断演进变化的。因此，联盟合作中成员间的知识转移过程可以被看作是一个循序渐进的过程，包括对知识的识别和搜集、转移和共享、整合和重组、吸收和创造等一系列知识获取活动（Kale & Singh，2007）。

联盟动态性研究的一个重要方面是联盟生命周期的研究，这类研究的主要理论基础是组织生命周期理论。组织与有机体一样，存在生命周期，主要分为创业、聚合、规范、成熟、再发展或衰退五个阶段。而战略联盟是处于层级组织和市场之间的一种特殊的组织形式，也是处于不断发展变化和演进的过程中，因此它也存在一定的生命周期，即战略联盟的生命周期（Borys & Jemison，1989；Dwyer et al.，1987）。Das 和 Teng（1998）按联盟伙伴关系将战略联盟分为决定建立联盟、选择联盟伙伴、商讨联盟协议、建立联盟、实施联盟、对联盟评价、调整联盟七个阶段。随后 Das 和 Teng（2002）又将这七个阶段合并为联盟形成、联盟运作和联盟结果三个阶段。Dwyer 等（1987）将联盟分为意识、探索、扩张和承诺四个阶段。尽管已有大量研究关注联盟动态性和联盟生命周期，但对联盟发展阶段的划分并没有实现统一（周世兴和蔺海鲲，2006）。战略联盟作为一种组织学习和获取互补性资源、技术和知识的有效途径，联盟伙伴间知识转移、共享、吸收、创造等活动和联盟的动态发展息息相关（潘佳等，2017）。王立生（2004）提出，根据不同的组织学习可以把联盟分为战略联盟产生新知识、新知识的转移和内化、知识的扩散和企业核心能力的提高三个阶段。王宏起和刘希宋（2005）在 Dwyer 等（1987）对战略联盟阶段的界定基础上，进一步研究了联盟四个阶段中的主要学习内容和方式。Teng 和 Das（2008）建立了一个联盟发展的动态学习框架，将联盟中的学习按照内容分为内容学习、伙伴学习和联盟管理学习。这一研究指出在联盟发展的形成、运作和结束阶段，不同类型的学习发挥着不同的作用。

上述研究从联盟的动态性和演进性出发，认为在联盟的不同阶段，组织学习和知识获取活动的内容和方式也是变化的（潘佳等，2017）。联盟中的企业为了从伙伴处获取稀缺、有价值的技术和知识，就需要根据不同阶段的知识获取特征和面临的不同风险，对知识资源和伙伴关系进行科学有效的管理，这样才能为企业获取持续竞争力提供坚实的保障。本书将从演变视角切入，尝试探索不同时期联盟伙伴间知识获取对企业的影响，同时探索不同治理机制与不同伙伴特征的情境影响。

四、当前研究的启示与不足

1. 联盟伙伴间知识获取影响企业绩效的结论不一致

尽管现有研究认可知识作为重要资源对企业获取竞争优势的重要性，但是联盟伙伴间知识获取对企业绩效的影响研究结论尚未统一（潘佳等，2017）。演化经济学理论等视角的研究认为外部知识获取有助于企业应对环境不确定性，促进企业创新等（Leiponen & Helfat，2010）。但是，联盟知识获取过程中的不确定风险很容易导致核心知识泄露、专有性资产流失等问题（Jiang et al.，2013），从而负向影响企业绩效。因此，结论的不一致促使学者关注知识获取在不同时期对企业绩效的作用，进一步考察其在联盟中的动态演变过程（Das & Kumar，2007）。因此，本书将基于 Lunnan 和 Haugland（2008）的分类，把企业财务绩效分为长期绩效与短期绩效，分别探索联盟伙伴间知识获取影响企业财务绩效的演变效应。

2. 对于组织间知识获取和联盟治理机制的关系研究不足

现有研究对于组织间知识获取和联盟治理机制之间的关系没有统一的结论。一方面，从战略动机的视角，部分研究认为组织间知识获取或联盟学习对企业采用契约治理和信任治理的倾向有影响（Li et al.，2008）。因为企业在知识获取过程中会遇到机会主义、知识泄露等风险，因此更愿意采用契约治理或信任治理来降低风险。另一方面，更多的学者从联盟治理的视角，认为契约和信任能够降低学习风险并提高合作意愿，从而促进组织间知识获取（Li，2005；Li et al.，2010a；Mohr & Sengupta，2002；Zhang & Zhou，2013）。该部分文献大多研究联盟治理机制对组织间学习、知识转移和知识获取的直接影响，将契约和信任治理当作是企业进行知识获取的助燃剂和推动力。

但是，联盟治理机制在联盟活动中还可能影响联盟活动和企业绩效之间的关系，并发挥催化剂的作用。有学者提出契约和信任在影响企业绩效时互为调节的影响作用（Lui & Ngo，2004；Rai et al.，2012；Zhao & Wang，2011；Zhou & Xu，2012）。但是在知识获取、组织间学习等其他联盟活动对企业绩效的影响过程中，关于两种治理机制是如何进行调节的研究却很少。联盟治理一方面能够提高企业对知识管理的能力，另一方面能够降低联盟不确定风险带来的不利影响，因此联盟治理能够影响联盟知识获取和企业绩效的关系。对这一研究问题的探索不仅有利于深入理解契约和信任治理的作用机制，而且也为进一步理解实践中的各种复杂的联盟现象提供了新的视角。在这样的背景下，契约和信任治理如何发挥作用是本书当前亟待解决的理论问题。

3. 未考虑不同治理机制在不同时期调节联盟伙伴间知识获取影响企业绩效关系时的变化

以往对组织间知识获取和联盟治理机制的研究，多是从一种静态的角度出发，研究组织间知识获取或联盟治理机制对企业创新能力或绩效的作用，而忽视了联盟作为一个发展演化的过程具有动态性的特征。以往的研究较少将时间要素引入到组织间知识获取、联盟治理机制对企业绩效的影响研究框架内，或者研究组织间知识获取对不同时期企业绩效的影响，以及联盟治理机制从中发挥的调节作用。针对近年来联盟数量的迅速提升和联盟失败率居高不下的现象，我们需要从一个过程的视角对联盟的发展和其中的复杂现象进行分析和解释（Gebrekidan & Awuah，2002）。根据对联盟动态性研究的回顾，战略联盟并非仅是一个资源输入与输出或投资与回报的简单模型。为了实现收益最大化，企业应在不同时期对联盟治理的方式进行设计和选择，通过对联盟的动态管理，保障联盟活动更加顺利和高效地开展（Reuer & Devarakonda，2016）。但以往研究中只简单阐述了联盟的不同发展阶段，发挥主要作用的联盟学习类型是怎样的，却没有关注企业如何采用恰当的联盟治理机制来管理知识转移活动（Reuer et al.，2016）。而且，对于联盟发展阶段的划分仍未统一（周世兴和蔺海鲲，2006），这可能是由于学者们对联盟发展的研究目的不同造成的。本书的研究目的是让企业通过采用恰当的联盟治理方案最大限度地从组织间知识获取中获益，从而提高企业的持续竞争力。因此，根据以往相关研究（Lunnan & Haugland，2008），本书将主要关注联盟伙伴间知识获取对企业短期绩效和长期绩效的不同影响。

4. 忽视了不同的伙伴特征对联盟机制调节作用的影响

在以往联盟治理领域的研究中，契约和信任的作用主要包含三个方面：治理对象、治理过程（机会主义、合作意愿）和风险（资产专有性、行为不确定性、环境不确定性）（Cao & Lumineau，2015）。由于契约和信任的理论基础不同，其作用机制也不相同（Li et al.，2010a；Lui，2009；Wang et al.，2011）。另外，在联盟治理对联盟伙伴间知识获取和企业绩效关系的直接影响的研究中，学者提出法律环境、市场不确定、环境不确定等外部环境因素的权变作用，对于联盟伙伴特征的调节效应的研究相对缺乏。因此，本书把伙伴合作时间和规模差异作为两个重要的调节因素引入到本书的研究框架中，并讨论伙伴合作时间和规模差异对联盟伙伴间知识获取与不同时期企业绩效的关系会产生怎样的影响。

综上所述，管理实践中联盟伙伴间的知识获取、知识泄露、机会主义行为等问题困扰着管理者，而联盟失败再次引发管理者与学者的高度重视。现有文献中对于联盟伙伴间知识获取的研究结论并不统一，同时还缺乏对治理机制作为情境因素的考虑。本书将从演变效应的角度，分析联盟伙伴间知识获取在不同治理机制与伙伴特征背景下，对不同时期企业绩效的影响，因而具有重要的实践价值与理论意义。

第三节　研究问题及研究框架

一、研究问题及内容

结合上述实践背景与理论背景的分析，本书认为有必要深入探索联盟伙伴间知识获取、联盟治理机制、伙伴特征和不同时期企业绩效的深层次关系。本书所提出的概念模型的具体思路详见本书第三章第二节。简单概括主要研究问题是：

联盟伙伴间知识获取在不同治理机制与伙伴特征背景下，如何影响不同时期的企业绩效？

上述主要研究问题可化解为四个具体问题：①在战略联盟动态发展过程中，联盟伙伴间知识获取对企业长短期绩效的影响如何演变？②契约治理与信任治理在联盟伙伴间知识获取影响企业绩效过程中分别起到怎样的调节作用？③契约治理与信任治理在调节联盟伙伴间知识获取对不同时期企业绩效的影响时，调节效应将如何发生演变？④在不同伙伴特征（合作时间、伙伴规模）情境下，契约治理与信任治理的调节作用会发生哪些变化？

确定上述研究问题后，将重点探讨下述四部分内容：

第一，基于知识基础理论，本书将分析联盟伙伴间知识获取对企业绩效的影响，同时区分长期与短期两种情况，探讨上述关系的演变效应。现有研究中关于上述影响的结论并未统一，不同的学者从不同的理论角度，基于不同的样本数据得到了异质化的研究结论。本书将重点关注该影响的演变效应，弥补现有研究的不足。

第二，基于交易成本理论和社会交换理论，本书认为在联盟伙伴间知识转移的过程中，潜在的风险和机会主义行为可以通过契约治理和信任治理这两种不同性质的联盟治理机制来进行控制。因此，契约和信任可以通过联盟风险控制和知识管理对联盟知识获取和企业绩效的关系进行调节。不同于以往研究关注联盟治理机制对知识获取活动的直接影响作用，本书强调了联盟治理机制的权变作用会影响联盟伙伴间知识获取对企业绩效的促进作用，从而丰富了联盟治理研究。

第三，基于联盟动态管理视角，本书认为知识获取过程中的具体活动和风险也处于动态变化中。因此，在联盟伙伴间知识获取对不同时期的企业绩效的影响中，联盟治理的调节作用也会发生变化。联盟不仅是一个静态的合作结构，而且也是处于不断变化的环境中。联盟管理本质上也是对联盟中各单位之间互动关系的动态管理，因此联盟管理也将呈现动态演变的特征，特别是联盟中的动态学习过程及其风险变化（Reuer et al.，2016）。本书将时间因素纳入联盟治理的分析框架中，研究联盟治理机制在联盟伙伴间知识获取和不同时期企业绩效关系中调节作用的演变。

第四，本书将探索伙伴合作时间和规模差异如何影响联盟治理机制在联盟伙伴间知识获取和企业绩效关系中的调节作用。以往联盟治理领域的研究认为契约和信任的理论基础不同，作用机制存在很大差异。而且，在不同的情境下，两种治理机制的作用效果会发生变化。本书认为，不同的伙伴特征反映了不同的治理内容，因此会影响契约和信任的作用效果，但是现有研究对于伙伴特征的调节效应研究相对缺乏。因此，本书把合作时间和规模差异作为两个重要的调节因素引入本书的研究框架中，并讨论契约和信任在调节联盟伙伴间知识获取和企业绩效关系时，合作时间和规模差异会对其产生怎样的影响。图1-1为本书的整体思路。

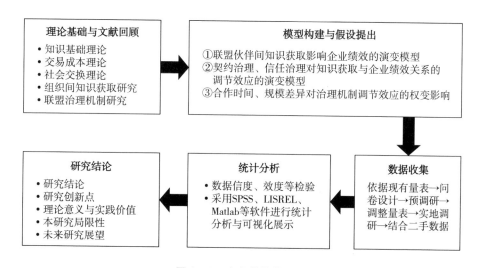

图1-1 本书的整体思路

二、研究方法

本书的研究方法是理论分析与实证研究并重。在相关理论研究的基础上，提出一个完整的分析框架。通过理论分析得出相应假设，然后统计分析进行验证。本书在选择方法上有以下四个特点：

（1）综合运用管理学、统计学等理论对联盟伙伴间知识获取与企业长短期绩效的关系进行研究。在系统研究有关理论的基础上，提出一个整合分析框架及相关研究模型。

（2）规范分析与实证分析相结合。目前学界对联盟伙伴间知识获取与企业长短期绩效关系的研究结论不一致，这样的研究结论对解释实践中的问题表现出一定的局限性。本书将一方面借鉴国内外最新的理论成果，结合中国企业联盟的实际，构建理论分析框架提出假设；另一方面深入企业进行调研，通过调查数据对相关假设进行实证检验。

（3）定性分析与定量分析相结合。一方面通过对理论上的深入分析提出研究假设，另一方面通过大规模问卷，采用统计回归等方法对已建立的假设体系进行统计分析，分析因素间的相互关系，验证有关理论假设。

（4）一手数据与二手数据相结合。本书一方面通过问卷设计和实地调研的方式，对企业基本信息和前期的战略联盟行为等数据进行收集，另一方面利用二手数据库里的客观指标对企业后期的绩效进行计算，作为一手数据的补充信息。

三、结构安排

根据本书的研究思路，本书的研究框架作如下安排（见图1-2）：

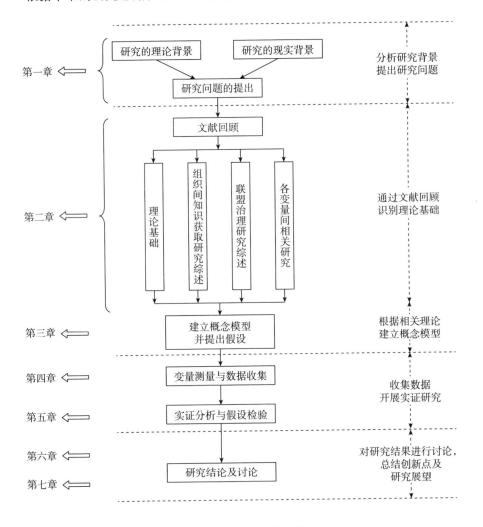

图1-2 本书的研究框架

第一章，本书介绍目前中国企业的联盟现状，总结联盟的必要性，分析联盟存在的问题及成因。在此基础上，对针对现实问题的理论研究进行总结，介绍联盟伙伴间知识获取的相关理论背景，进而阐明本书的研究问题，说明本书的研究意义。

第二章，总结与本书相关的理论，为研究提供理论基础。结合本书的研究目的和研究问题，对知识基础理论、交易成本理论、社会交换理论及相关研究进行了总结梳理。

第三章，在对知识获取、契约治理、信任治理、合作时间、规模差异等关键变量总结分析的基础上，构建理论模型。在相关理论的基础上，分析联盟伙伴间知识获取与企业长短期绩效的关系，不同类型的联盟治理机制对联盟伙伴间知识获取与企业长短期绩效关系的调节作用以及合作时间和规模差异对于上述影响的调节作用。最后，在分析推理的基础上提出反映概念之间关系的14个理论假设。

第四章，在构建概念模型、提出理论假设的基础上，本书对研究过程中数据样本的确定、数据的收集检验、实证研究方法进行介绍。首先，本书对数据筛选标准，问卷设计、收集和整理过程进行简要叙述，对收集到的数据进行了偏差检验。其次，对各个变量的构成以及测量指标进行详细介绍，对测量信度和效度进行了检验。最后，本书简要介绍了实证分析方法。

第五章，本章主要描述实证检验中对数据的分析结果。主要对调研获取的数据进行整体描述，介绍各个变量的大致分布特征。此外，对还描述假设检验的模型及结果进行必要的解释。

第六章，本章主要对验证结果进行讨论，进一步解释有关假设，并深入讨论模型分析结果的含义。对研究结果进行逐个讨论，结合管理实践分析这些研究结果的实践意义。通过对比理论假设和以往的研究讨论研究结果的理论意义，以及研究所存在的局限性。最后，指出了未来需要进一步研究的内容。

第七章，是本书的结论部分，简要总结了本书的研究结论、创新点以及进一步发展的方向。

第二章　相关理论和文献综述

本章主要针对第一章所提出的研究问题，进行文献梳理。重点对知识基础理论、交易成本理论、社会交换理论以及组织间知识获取、联盟治理领域的相关文献进行综述。目的在于通过阐明现有文献中与本书密切联系的理论与研究，指出现有研究的不足，同时分析必要性和可行性。本章内容将为第三章理论模型的构建和假设的提出奠定理论基础。

第一节　相关理论基础

一、知识基础理论

1. 知识基础理论的内涵

知识基础理论（Knowledge - based Theory）认为知识是企业最重要的战略资源。该理论最初源于 Polanyi（1969）的观点，而后大量学者包括 Kogut 和 Zander（1992）、Foss（1996）、Spender（1996）等对其进行了丰富和完善。知识基础理论强调企业的本质是知识的社会集合（Alavi & Leidner，2001），是创造新知识的载体（Grant & Baden - Fuller，1995）。

知识基础理论是资源基础理论（Resource - based Theory，RBT）的拓展，而资源基础理论源于 Penrose（1959）对企业成长影响因素的讨论。此后，RBT 成为战略管理领域的核心理论观点（Barney，1991）。资源基础理论强调，为了提供获得竞争优势的机会，该资源必须是有价值的、稀缺的、不可模仿的以及难以替代的特殊资源（Barney，1991）。资源可以分为有形资源和无形资源。有形资源包括企业所拥有的房屋建筑、设备机器、现金等实物资产，无形资源包括名誉、技术、关系、文化、管理经验以及能力等资源。

知识管理领域学者认为知识就是能够帮助企业获得竞争优势的稀缺的、难以模仿和替代的资源（McEvily & Chakravarthy，2002；Sveiby，1997），尤其是那些不可编码和复制的隐性知识（Li et al.，2008）。知识的公共性、分散性、再生性、非经济性等特征赋予了知识极其重要的作用。企业是否拥有充足的知识资源，在很大程度上决定企业对快速变化的市场和激烈的竞争的应对能力（Cohen & Levinthal，1990）。回顾知识管理领域的文献，以往的研究都是集中在行业或者战略组的层面，而资源基础理论把公司层面、行业和战略组层面的战略研究进行了剥离（Barney，1996），更准确、全面地认识竞争资源的来源问题。

而知识基础理论将这种能够构建企业竞争优势和提升绩效的稀缺资源认定为是知识，因此知识基础理论是建立在资源基础理论之上，对其进行的拓展和完善。Spender（1996）认为，知识基础理论解释了知识不仅是一种静态的资源，知识的转移、创造和应用还是企业获取竞争优势的重要过程。

2. 知识基础理论视角下的联盟伙伴间知识获取相关研究

知识基础理论认为联盟是帮助企业获取知识资源的途径，它不仅是联盟成员所有异质性知识简单的加总，还包括联盟成员之间知识资源的互动与交流（Grant & Baden - Fuller，2004）。现有研究大多支持知识基础理论在解释联盟伙伴间知识获取影响企业绩效的过程中扮演着重要角色（Grant & Baden - Fuller，2004）。对于单一组织来说，通过战略联盟获取外部知识并结合自身知识，是组织提高创新力、获取竞争优势的有效方式（Grant，1996；Kavusan et al.，2016；Marvel，2012）。首先，当组织对于知识、技术等资源的需求增大时，仅依靠自身的力量很难满足组织发展（潘佳等，2017）。组织可以通过联盟的方式和伙伴成员共享知识和信息，并学习彼此的管理经验和能力。其次，通过并购等方式获取知识、技术资源等给组织带来高昂的成本和高度不确定性，而且还很有可能影响被并购的组织内部的管理经验和组织文化等（Chi，1994）。最后，通过技术许可等市场购买的方式获取知识、技术等资源会存在自主权较低、匹配性较差的问题，只能为组织带来短期的收益而无法从根本上提高组织的创新能力。因此，联盟的方式是企业进行知识获取的优先选择。

知识基础理论强调了联盟对知识的处理作用和储存作用，认为知识发挥核心作用的关键在于有效地管理，包括知识转移、创造和应用。基于知识基础理论，现有联盟伙伴间知识获取的文献主要研究内容包括战略联盟中知识管理研究（Khanna et al.，1998；Martin & Salomon，2002）、联盟伙伴间知识转移研究（Appleyard，1996；Mowery et al.，1996；Simonin，1999，2004）、合资企业中知识获取研究（Lyles & Salk，1996）、知识动态发展和结果研究（Doz，1996；Dyer & Singh，1998；Kale et al.，2002）与知识对绩效影响研究（Appleyard，2002；Lane et al.，2001；Reuer et al.，2002；Tallman & Jenkins，2002）等部分。

知识基础理论为联盟知识获取研究提供了理论框架，然而过度强调知识的重要性容易造成对联盟中其他因素的忽视。因此，知识基础理论只能解释战略联盟知识获取中复杂过程的一方面，具有一定的局限性。先前研究中指出基于知识基础理论对联盟中知识的粗略分析无法解释知识获取的重要战略作用（Grant & Baden – Fuller，2004），而且没有关注组织能力的重要影响（Tsai，2001）。

二、交易成本理论

1. 交易成本理论的内涵

交易成本理论（Transaction Cost Theory）最初起源于 Coase（1937）提出的交易成本经济学（Transaction Cost Economics），是早期用来解释企业本质的基本理论，随后 Williamson（1975，1985）等进行了拓展。在经济体系中，专业分工提高了生产效率，但是市场价格机制导致交易成本偏高，企业机制的形成降低了交易成本，因此是人类追求经济效率所形成的组织体。简单来看，交易成本是指所有为了促进交易完成而需要的成本，通常包括搜寻成本、信息成本、决策成本、议价成本、监督成本、违约成本等。

不同的学者也给出了不同的分类方式。Williamson（1985）将交易成本分为事前交易成本（Ex-ante Transaction Cost）和事后交易成本（Ex-post Transaction Cost）。事前交易成本是指在交易发生之前发生的成本，包括搜寻成本、信息成本、决策成本等。事后交易成本是指订立契约后发生的成本，包括调整契约的谈判成本、监督成本、违约成本等。Dahlman（1979）按照交易活动将交易成本分为搜寻信息的成本、讨价还价成本、执行和转换成本。交易成本存在的根本原因是现实中市场机制失灵的关系，这通常是由人性因素和交易环境因素共同影响的。Williamson（1975）提出六项交易成本的来源，包括有限理性（Bounded Rationality）、机会主义（Opportunism）、不确定性和复杂性（Uncertainty and Complexity）、专用性投资（Specific Investment）、信息不对称（Information Asymmetric）和氛围（Atmosphere）。

交易成本经济学认为交易本身存在三个特征，即交易商品或资产的专属性

（Asset Specificity）、交易不确定性（Uncertainty）、交易的频率（Frequency of Transaction），这三个特征影响交易成本的高低（Williamson，1985）。资产专属性是指交易过程中投入的资产本身无法在市场自由流通，一旦交易中止，这部分投资无法回收或转作他用。交易不确定性是指交易过程中存在的风险，包括由于交易双方的机会主义行为带来的行为不确定性，以及交易环境变化带来的环境不确定性。交易频率升高会使企业对交易活动的熟悉度增加，从而将该交易活动内部化，节省企业的交易成本。

2. 交易成本理论视角下的联盟伙伴间知识获取相关研究

在现有联盟伙伴间知识获取文献中，交易成本理论获得了较高关注并重点尝试解决以下三个方面的问题：

第一，交易成本理论解释了企业联盟的动因。交易成本理论不仅局限于解释企业存在的原因，一些学者将其运用到混合治理模式（Hybrid Modes of Governance）的研究中。而战略联盟就是处于市场和层级这两种模式之间的一种混合治理模式。部分学者认为关于混合组织模式的解释不需要建立新理论（Hennart，1993）。其他学者认为这种混合模式不能被简单地视为市场与层级组织的结合（Powell，1990）。虽然有学者认为处于中间状态的组织模式并不稳定，但发现这种混合组织模式在现实中是普遍存在的（Williamson，1985）。

对于市场机制来说，交易成本是契约决策的主要依据。同样地，对于层级组织而言，治理成本是行政决策的主要依据。在两种成本相互作用下，最终形成的治理模式就是一种相对平衡和较优的结果。企业为了实现交易成本和行政治理成本最小化，采用战略联盟的模式往往是一种最优的选择（Ring & Van de Ven，1992；Williamson，1991）。与市场和层级组织相比，战略联盟具有其自身的成本优势。一方面，不同于单纯的市场交易，战略联盟可以在一定程度上降低市场交易成本；另一方面，和联盟伙伴不存在层级隶属关系，因此降低了层级治理的成本（Kogut，1988）。另外，战略联盟集合市场和层级组织的优点，因为它比层级组织柔性更强，具有更强的适应能力。而且，可以提供比市场更强的控制和激励（Tsang，2000）。

第二，交易成本理论也揭示了联盟过程中的成本问题。联盟的形成和管理也存在和市场和层级组织不同的特点。战略联盟作为一种混合组织模式，具有市场机制的性质，因此也是一种以契约为基础的交易方式。在联盟运营和发展过程中，需要承担各种交易成本。例如，伙伴的搜寻成本、契约的谈判和签订成本、对伙伴行为的监督成本、违约成本等。与市场交易相比，战略联盟包含共同经营、合作生产、联合销售、共同研发等更为复杂的组织间互动行为。因此，无论是事前契约的谈判和签订，还是事后契约的执行和修订，都使交易成本增大。除此之外，在联盟合作过程中，组织不但要承担自身运营和发展的成本，还需要承担和其他组织共同活动的协调成本（Gulati & Singh，1998）。从交易成本理论来看，联盟确实存在更高的成本，但联盟之所以存在的必要前提就是联盟能够给各成员组织带来高于成本的收益。但由于联盟形态的特殊性，涉及两个或两个以上独立运营组织的共同活动。交易复杂性和不确定性更大，交易风险更大，从而会给联盟发展和收益带来不利影响。

第三，交易成本理论解释了联盟知识获取中治理机制的问题。基于第二点，组织必须学会有效地降低和控制联盟知识获取中的各类成本与风险，保障联盟长期顺利发展（Das & Teng，2000）。战略联盟的市场机制决定了联盟契约的基础作用，是组织面临各种交易风险时采用的必要治理方式（Poppo & Zenger，2002；Williamson，1991）。交易成本理论强调了契约治理在联盟知识获取中的重要作用，可以控制联盟伙伴的机会主义行为和降低联盟中的其他风险。但是，交易成本理论也具有局限性。例如，过分关注交易成本最小化，忽视了治理成本和交易价值对组织的影响（Zajac & Olsen，1993），没有回答"交易成本和生产成本是如何交互作用的"。交易成本理论过于强调合作者的机会主义行为，忽视了合作和善意行为（Muthusamy & White，2005），没有回答"哪些因素促进合作绩效"。此外，交易成本理论过于关注契约治理的重要性，忽视了信任治理、承诺等其他治理模式（Pyka & Windrum，2003），没有回答"契约治理是否是最有效的治理模式"。因此，在联盟层面的治理机制研究中，交易成本理论可以解释契约治理等问题，但这单一理论尚不能完全解释联盟中的所有问题。

三、社会交换理论

1. 社会交换理论的内涵

社会交换理论（Social Exchange Theory）是最初源于社会学和心理学的一种理论，用来解释人际关系中社会心理和社会行为。随着其在社会学领域发展逐渐形成系统的理论体系，包括霍曼斯的社会交换理论、布劳的社会交换理论和爱默森的社会交换网络。社会交换理论创立者、社会心理学家Homans（1958）认为，人们之间的关系，或者说人际交往的本质上是一个社会交换的过程。只有人们在交往中交换着某些东西，或者是物质的，或者是感情的，以及诸如赞许、声望、符号之类，从而实现互惠平衡时，人际关系才能维持。Blau（1964）基于霍曼斯的社会交换理论提出社会交换具备两个条件："一是该行为的最终目的只有通过与他人互动才能达到；二是该行为必须采取有助于实现这些目的的手段。"在他看来，当别人做出回报和激励反应时，社会交换就发生；当别人没有做出报答型反应，社会交换就停止。

根据社会报酬的形式，可以将社会交换分为三种形式：①内生性报酬的社会交换方式，在交换过程中获得乐趣、社会赞同、爱和感激等；②外生性报酬的社会交换方式，在交换过程中获得金钱、商品、邀请、帮助等；③混合型社会交换，同时获得内生性报酬和外在性报酬。从广义的社会交换来看，既包含了经济性的交换，也包含了社会性的交换。外生性报酬的社会交换方式可以看作是一种经济交易，而通常所说的狭义的社会交换其实是指涉及内生性报酬的社会交换方式（内生性社会交换或混合型社会交换），主要依赖于交易各方自愿互惠的行为（Das & Teng，2002）。Emerson（1976）主张用网络分析的方法研究交换关系，从而提出了"交换网络理论"。该理论是社会交换理论的另一个分支，重点是提供了一个结构严谨的理论，可以分析和解释小型单位和大型复杂的社会结构，回避了微观和宏观关系问题。

社会交换理论认为个人主义（Self – interest）和互相依赖（Interdependence）是社会交换的两个基本属性（Lawler & Thye，1999）。在社会交换中，利己主义不是一个负面的事情。相反，当利己主义成为一种共识时，可以促进人际关系中双方的利益。对于个体来讲，社会交换是否发生取决于其报酬和代价的差值。报酬是一个人从社会交往中获得的任何有意义的东西，对于不同个体的意义不同，可分为爱、钱、地位、信息、物、服务六种类型。代价是社会交往中引起的消极后果，包括付出的时间和精力等。社会交换理论假定每个人在进行社会交换时都会对报酬和代价进行衡量，然后做出选择。

2. 社会交换理论视角下的联盟伙伴间知识获取相关研究

正如前文所述，由于交易成本理论的局限性，无法有效解释联盟知识获取中的其他方面问题。因此，社会交换理论成为更合适的理论视角。目前，社会交换理论已被扩展到经济管理学科各个研究领域，例如，关系契约、博弈论、社会嵌入等。在联盟伙伴间知识获取研究方面，社会交换理论认为组织间交易不仅包含经济性交易，还包含自愿、互惠、承诺、信任等社会性交易。随着联盟的发展与深入，联盟伙伴间知识的互动和共享能够促进关系的建立、发展和维持（Dyer &

Singh，1998），能够为合作顺利提供关系保障。联盟伙伴间关系是一个复杂的、多维的概念，包括互相依赖、承诺、信任等多种要素（Muthusamy et al.，2007）。社会交换理论有助于解释以下三个问题：

第一，当一方掌握更多的资源和能力时，就可能在联盟合作中占有更高的自主权，形成其他组织对它的依赖，这种相互依赖关系往往是不对等的（Yang et al.，2014）。或者联盟双方拥有互补性资源，需要利用对方优势来弥补自身的缺陷与不足，因此建立了组织间对等的相互依赖关系（Dyer，1996；Kumar et al.，1995）。社会交换理论认为，无论是对等的相互依赖还是不对等的相互依赖，都是联盟伙伴间社会交换的基础。

第二，联盟关系一旦建立，就意味着联盟中各组织对伙伴及整个联盟的承诺形成，即各组织承诺自愿为联盟的长期发展和最终目标的实现而付出努力（Zaheer et al.，1998）。在社会交换中，承诺必然是双向的，因此才能达到平衡。社会交换理论的基础是公平和平等，在联盟成员的社会交往过程中，各组织都会对联盟关系进行评判。如果某一组织没有得到其他组织的承诺，感觉自己受到了不公正的对待，那么它和其他组织的联盟关系就会受到不利影响。相反地，如果某一组织在联盟活动中没有做出联盟承诺，其他组织就不愿意将更多的知识分享给该组织，那么这一组织和联盟其他组织的社会交换关系就结束了。

第三，从社会交换理论来看，信任能够促进联盟关系的发展和维持。通过促进共同行为准则和价值观的建立，增强联盟成员对伙伴关系和联盟发展的信心，降低机会主义行为出现的可能，提高联盟绩效（Lambe et al.，2001）。联盟信任能够促进组织间互惠，这是一种基于自愿给予他人的责任或接受他人给予后做出回报的道义。张鹏程等（2006）认为信任治理是社会交换的启动装置。社会交换理论认为，交易行为发生之前，如果信任存在，联盟一方自愿为伙伴和整个联盟的利益提供技术和资源，并相信对方能够同样付出或做出回报反应，从而促进合作的开展（Blau，1964）。在交易进行中，信任治理能够促进各联盟组织的合作意愿，使组织间互动活动更加协调和顺利。社会交换理论解释了联盟合作中社会关系的本质，强调了信任治理的重要作用，弥补了交易成本理论在组织间关系中无法解释的部分。

第二节　组织间知识获取研究综述

一、知识获取的内涵与分类

1. 知识的内涵与分类

随着知识经济的来临，知识逐渐取代有形资本，成为组织拥有的最具价值的资产。关于知识获取和管理的研究也如雨后春笋般层出不穷，大多都阐述了知识定义和分类。知识的定义可以分为广义和狭义两种，广义的知识是指所了解的事物的综合（Grant，1996），或对客观事物证实后的信念（Nonaka & Takeuchi，1995）。狭义的知识是指对实践中的信息进行加工处理总结出的系统规律和经验等，通常存在于个体或集体组织中（Spender，1996）。知识作为一种可以投入生产和经营的重要资源，具备和实物资本完全不同的特征：公共性、分散性、再生性、非经济性（边际效益递增）。这些特征决定了知识共享和获取的重要作用，即知识转移不会减少个体知识资源，而且通过知识互动有利于新知识的创造。

学者们针对知识是否可以编码的特征，把知识分为显性知识和隐性知识。显性知识是指能够编码的、可形式化的知识，易于获取和储存；隐性知识是指高度个性化、难以模仿的、难以形式化的知识，这类知识往往包含个性化理解和具体的背景，很难获取和交换。而实践中的知识往往处于显性知识和隐性知识之间，因此其可获取和转移的程度是相对的，主要取决于如何对知识进行管理（Werker，2001）。

2. 知识获取的内涵

知识获取是知识管理的重要组成部分。知识管理是组织通过搜寻、获取和利用知识，实现组织发展的目标的过程和方法（Quintas et al.，1997），主要包括知识发现、选择、转移、共享、获取、吸收、创造、扩散和应用等（Drucker，1999；Hoopes & Postrel，1999）。而知识获取的概念源于人工智能中知识系统所需要的规则和本体的过程。最初和专家系统一起来描述与开发专家系统相关的任务，即查找和访问领域专家，并通过规则、对象和基于框架的本体获取它们的知识。对于个体或组织而言，知识获取是指通过组织个体、团队或组织整体对知识的交换和接收等活动（Van Wijk et al.，2008），包含了知识共享（Knowledge Sharing）、知识转移（Knowledge Transfer）、知识接触（Knowledge Access）、知识获取（Knowledge Acquisition）等（Darr & Kurtzberg, 2000; Grant & Baden - Fuller, 2004; Mowery et al., 1996; Tsai, 2001）。现有研究认为相对于知识的整合与商业化应用，大部分企业更注重知识的获取（徐淑英和刘忠明, 2012）。因此，本书将重点关注知识获取在联盟情境下的影响问题。

现有文献大多认为组织间知识获取过程中存在知识转移、知识共享等密切相关的活动，它们和知识获取相互支撑、不可分割（Hitt et al., 2000）。知识转移是指知识单向运动的过程，是单一组织的视角。知识转移是知识"转移"而非"扩散"，是有计划地知识传递过程，包含传达和吸收两个过程（Argote & Ingram, 2000; Davenport & Prusak, 1999; Diana, 2001）。知识共享是双向互动的知识传递过程，在双边关系中，是指联盟双方的知识交换。在联盟网络中，知识共享是所有联盟成员个体知识转化为其他联盟成员共同知识的过程。图 2－1 显示了知识转移和知识共享中知识流向的不同。

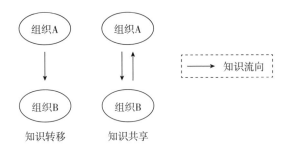

图 2－1　知识转移和知识共享中的知识流向

Grant 和 Baden - Fuller（2004）根据组织间学习动机的不同，将其分为知识接触（Knowledge Access）和知识获取（Knowledge Acquisition）。知识接触是指联盟成员能够接触到伙伴的知识，通常是组织间知识获取的起点。知识基础观认为知识管理有两个维度：一个是为了增加组织知识存量，March（1991）称之为探索（Exploration），Spender（1992）称之为知识形成（Knowledge Generation）；另一个维度是使用已有的知识创造价值，March（1991）称之为应用（Exploitation），Spender（1992）称之为知识应用（Knowledge Application）。在战略联盟情境下，两者的区别在于是否增加了自身知识存量，前者是学习伙伴知识，通过对知识的吸收转化为自身知识，后者是利用联盟关系这一渠道，接触到伙伴的知识并利用伙伴知识来实现自身发展的目的。Hamel（1991）指出，获取（Acquisition）和访问（Access）的根本区别在于伙伴的知识是否能够清晰地划分出来，可划分是知识接触，不可划分是知识获取。类似地，Inkpen（1998）认为，在联盟中，有些成员是主动获取联盟知识，而另外的成员是被动地进行知识获取。Mowery 等（1996）发现类似的二分变量，即聚合和分化，认为有些联盟伙伴的技术知识是聚合的（Converging），可相互学习；还有的联盟伙伴的技术知识是分化的（Diverging），可以接触知识，使知识更加专业化。上述研究都证实了，联盟中各组织对知识获取的目的不同，单个组织在联盟不同阶段的对知识获取的目的也会有所变化。表 2－1 对知识接触和知识获取进行了详细比较。

表 2－1　知识接触与知识获取的区别

	知识接触	知识获取
学习动机	结合伙伴知识和自身知识并充分利用	吸收同化伙伴知识从而发展自身知识
学习结果	自身知识更加专业化	伙伴间互相学习
知识库发展	不相关、互补性知识的协调	相关知识的整合
知识库结果	伙伴间知识库分化	伙伴间知识库合并
促进机制	非正式保障 强互惠关系	正式保护 紧密关系
有效治理	能力信任 长期预期未来	正式契约 长久的历史

资料来源：Grant 和 Baden－Fuller（2004），Lui（2009）。

3. 知识获取的分类

根据知识获取活动是否跨越组织边界，可以将其分为组织内知识获取和组织间知识获取。组织内知识获取通常是指组织员工和个人通过学习和交流从而提升组织整体知识存量，这与员工的素质是紧密相连的。随着技术更新换代的加速和市场需求的快速变化，组织必须通过战略联盟、供应链整合等方式从其他组织获取知识（Frankort，2016；Li et al.，2010c）。无论是组织内知识获取还是组织间知识获取，都是组织提高知识存量的有效方式，有利于企业绩效的提升（Jiang & Li，2009；Li et al.，2010c）。表 2－2 展示了内部知识获取和外部知识获取之间的区别，而大量研究表明两种方式的影响因素和结果也存在差异（Van Wijk et al.，2008）。无论是创新网络理论还是开放式创新理论，都强调组织打破组织边界，通过和外部主体的互动和交流，实现资源优化重组，获取对组织有用的知识和创新资源。

表 2-2　内部知识获取和外部知识获取的区别

	内部知识获取	外部知识获取
知识源	企业内部	供应商、顾客、竞争者等
自主权	较高	较低
获取方式	内部研发	购买知识产权、并购、战略联盟
获取时间	较长	较短

资料来源：根据相关文献整理。

　　还有学者根据获取知识的属性，将组织间知识获取分为显性知识获取和隐性知识获取。正如前文的介绍，和隐性知识获取相比，显性知识是可编码的，更容易获取。但是这两种知识获取并不是分叉对立的，而是相互依存、互相影响的。隐性知识能够为显性知识获取提供理解基础，而对显性知识的共享和交换能够形成组织间学习的模式和经验，从而形成隐性知识（陈劲和阳银娟，2014）。

二、相关理论视角

　　在现有文献中，学者们从不同视角构建了组织间知识获取的理论框架。这些理论视角主要包括知识基础理论、组织学习理论、社会网络理论和社会资本理论等。在本章第一节中详细阐述了知识基础理论，在本节中重点介绍其他几个相关理论视角：

　　1. 组织学习理论

　　组织学习理论为解释组织间知识获取的影响作用提供了有力的理论视角。在现有文献中，学者主要将组织学习理论运用在组织间知识获取的两个方面。一方面认为，组织间知识获取对企业具有积极意义，组织学习在知识获取过程中起到推动和保障作用（朱秀梅等，2011）。组织学习可以保障组织间的知识获取活动，是一种有效的流程或机制（Schön，1996）。特别是在动态竞争环境中，组织需要通过组织学习促进组织间的知识获取，继而创造新知识，提高竞争优势（朱秀梅等，2011）。例如，组织学习可以促进企业主动与消费者、供应商、竞争者等进行知识共享，目的是更好地适应消费者需求与市场动态变化（Schön，1996）。另一方面认为，知识获取是组织学习的起点，外部知识获取等组织学习状态可以有效帮助企业提高绩效。基于组织成长的视角，Crossan 等（1995）认为，组织学习是获取和应用相关知识和技能来促进组织发展的过程。组织学习理论认为知识获取是组织学习的重要组成部分，企业可以通过获取外部知识来进行组织学习，进而提高创新能力和绩效（郭润萍，2016；Zollo & Winter，2002）。联盟伙伴间知识获取可以帮助企业获得新知识，打破旧传统，因而重塑组织能力（Zollo & Winter，2002）。

值得注意的是，March（1991）根据组织学习的内容，将组织学习分为探索性学习（Explorative Learning）和应用性学习（Exploitative Learning）。Katila 和 Ahuja（2002）提出探索性学习是企业对新知识探索的范围大小，侧重外部知识获取，例如，联盟伙伴间的知识获取行为。而应用性学习是企业对现有知识的应用程度，注重对内部现有知识的利用。相对应地，Rothaermel 和 Deeds（2004）基于联盟视角，认为探索性学习是以获得新技术和新机会为目的的联盟学习，而应用型学习是以提高现有技术和能力的联盟学习。综上所述，组织学习理论在指导、解释联盟知识获取领域的研究中起到了重要作用。

2. 社会网络理论

部分学者从社会网络视角分析了联盟伙伴间知识获取的前因研究，认为网络特征对知识获取具有重要影响（Zhou & Li，2012）。基于社会网络理论，学者从网络结构维度（关系数量与网络中心度）、关系维度（亲密度与信任）和认知维度（视野、文化距离）进行重点分析，剖析网络特征对组织间知识获取的影响。例如，Tsai（2001）提出，组织间网络中处于中心位置能够为企业提供更多获取知识的机会，从而促进组织创新和绩效。Zhou 和 Li（2012）对中国高新企业数据进行分析，结果发现高知识广度的企业通过内部知识共享更容易实现突变创新，高知识深度的企业通过外部知识获取更容易实现突变创新。前文对社会网络理论的相关研究进行了梳理（详见上述两节内容），通过文献梳理可以发现，社会网络理论在帮助解释网络特征驱动组织间知识获取方面发挥了重要作用，指导学者进行了深入分析。

3. 社会资本理论

与上述社会网络理论较为接近，社会资本理论主要解释组织间知识获取的前因，即强调企业所拥有的社会资本是企业获取外部知识的重要保障（Widén-Wulff & Ginman，2004）。基于此，企业才能运用所获知识进行创新，提高竞争优势（Fan et al.，2013）。Maurer 等（2011）对德国工程行业 218 个项目进行实证分析，结果显示组织成员社会资本通过知识获取影响组织成长和创新绩效。国内诸多学者也从结构资本、关系资本等社会资本的不同维度探索了其对知识获取的影响（刘婷和郭海，2013）。在研究对象方面，学者更多开始关注企业与高校、科研机构之间的社会资本与知识获取的影响（熊捷和孙道银，2017）。部分学者还探索了社会资本在组织间知识获取研究框架中的调节效应（高展军和江旭，2011），发现网络连接、关系信任与共享远景作为情境因素，具有重要影响。本书在第一章也阐述了在社会资本理论视角下的组织间知识获取研究。整体而言，社会资本理论从资本的角度阐释了其对组织间知识获取的影响，为学者提供了新的理论视角。

4. 其他理论基础

除了上述主流理论，在组织间知识获取研究框架中，学者还从资源基础观、交易成本理论等视角进行了深入分析。与知识基础观较为接近，资源基础观认为企业所拥有的知识可以视为重要的资源，且该资源具有重要价值、极为稀缺、不可模仿、不可替代（Barney，2001）。因此，知识资源是企业获取竞争优势的重要源泉，而企业通过组织间知识获取可以显著提高企业绩效（Zhou et al.，2014）。但是与知识基础观不同的是，资源基础观强调知识的所有权，即必须是企业所真实拥有的知识资源。而知识基础观则认可知识的获取过程（罗珉，2007）。因此，学者在分析时需要谨慎对待上述理论差异。此外，交易成本理论认为企业从事内部知识创新需要付出较大的创新成本，而通过外部知识获取可以有效地降低成本，但与此同时又需要注意知识获取中发生的交易成本（Zhou et al.，2014）。

三、组织间知识获取研究框架

现有组织间知识获取的研究主要关注以下三个问题：一是组织间知识获取的前因因素，回答哪些因素促进或阻碍组织间知识获取的问题；二是组织间知识获取与绩效的直接关系，回答组织间知识获取是否有利于组织绩效及发展的问题；三是组织间知识获取作用效果的调节因素分析，回答组织间知识获取在不同的情境下如何影响组织绩效的问题。关于组织间知识获取研究框架的详细文献在附录部分进行了总结（见附录A）。

1. 组织间知识获取影响因素研究

目前关于组织间知识获取的研究，学者们针对不同的研究问题构建了较为全面的理论框架。同时，大量学者通过实证研究对理论进行了检验。在组织间知识获取理论框架中，组织间知识获取的前因是学者们重点关注的问题之一，即企业进行组织间知识获取的驱动因素是什么。现有研究中关于组织间知识获取的前因变量研究可以分为三类：知识特征的影响因素、组织特征的影响因素和网络特征的影响因素。

第一，研究认为知识的属性和特征是后面知识转移的重要影响因素（Birkinshaw et al.，2002；Zander & Kogut，1995）。现有实证研究中指出知识模糊性（知识确定性）是组织知识转移的最重要的影响因素之一（Bresman et al.，1999；Simonin，1999）。知识模糊性是指关于准确认识知识结构和来源时固有的不可削减的不确定性，是被转移知识的内隐性、特有性和复杂性共同产生的效应（Van Wijk et al.，2008）。知识的模糊性可以防止知识被竞争者模仿，因此阻碍了组织内和组织间知识的转移（Coff et al.，2006）。对特有的知识源的理解和学习是需要耗费大量时间的，从而限制了知识转移活动的最终效果，因此知识模糊性负向影响组织间知识转移。

第二，很多学者关注组织特征对组织间知识获取的影响。尽管组织特征包含的因素无法一一罗列，但很多研究更关注组织规模、年龄、组织权利分化及吸收能力的影响。在大部分实证研究中，组织规模被认为是影响组织间知识获取的重要因素，包括正向影响（Dhanaraj et al.，2004；Laursen & Salter，2006）、负向影响（Makino & Delios，1996）。少数研究认为组织规模的影响作用不显著（Tsang，2002）。另外，还有研究认为组织年龄影响组织间知识获取，年轻的组织比年老的组织学习优势更强（Frost et al.，2002）。也有研究认为权利分化和吸收能力影响组织间知识获取。因为权利分化拓宽了交流渠道，使组织内各单元协调性增强（Cardinal，2001），从而促进组织间知识获取的质量和数量（Sheremata，2000）。基于 Cohen 和 Levinthal（1990）的研究，吸收能力是指组织识别、吸收和应用外部知识的能力。大部分研究认为吸收能力是一种组织能力（Lane & Lubatkin，1998），能够促进组织间知识获取（Lane et al.，2001；Mowery et al.，1996）。

第三，随着组织间知识获取研究的发展，越来越多的研究基于双边关系视角和网络视角，提出很多重要的影响因素。现有研究认为社会关系对组织间知识获取和转移有重要影响（Reagans & McEvily，2003）。社会关系分为三个维度：结构维度、关系维度和认知维度（Inkpen & Tsang，2005）。在结构维度方面，关系数量增加了获取知识的渠道和机会（Tsai，2001），强化了组织信息处理能力（Hansen，1999），因此正向影响组织间知识获取；网络中心位置能够为企业提供接触外部知识的机会，网络结构洞位置能够为企业提供更多异质性知识，因此，都可以促进组织在外部网络中的知识获取（Walter et al.，2007）。在关系维度方面，关系强度反映了伙伴间的亲密度，能够促进互动和交流（Hansen，1999），从而正向影响组织间知识获取（Lee et al.，2015）；也有学者强调了信任的重要作用，认为信任增加了伙伴间知识交换的意愿，因此也对组织间知识获取产生积极影响（Chen et al.，2014）。在认知维度方面，现有文献指出共有的视野和系统能够促进伙伴间相互理解，为组织间知识转移提供了一个重要的知识整合机制，有利于组织间知识获取（Lane & Lubatkin，1998）；地理距离、文化距离等因素提高了交流成本，伙伴间容易产生误解，不利于组织间知识获取（Shankar et al.，2005；Szulanski et al.，2004）。还有一些文献从关系治理的角度，研究不同的治理机制对组织间知识获取的影响作用（Jiang & Li，2009；Li et al.，2010c；Zhang & Zhou，2013；Zhou et al.，2014）。还有部分学者提出了制度特征对知识获取的影响，强调了政府、母公司等制度性支持的重要作用（徐淑英和刘忠明，2012）。

2. 组织间知识获取的绩效产出研究

现有研究表明，组织内知识转移和组织间知识获取都对组织能力、创新绩效和财务绩效有重要影响（Van Wijk et al.，2008）。首先，学者从能力管理的角度出发，关注组织间知识获取对组织能力的影响。例如，Li等（2012）提出产业内知识共享能够促进企业应用能力提升，而产业外知识共享能够促进企业探索能力提升；Li等（2014）研究了开放的创新联盟，认为联盟中知识获取能够提升组织吸收能力；李艳华（2013）的研究表明，外部知识获取有利于企业技术能力的提升，且该作用受到内部知识获取的正向调节。其次，创新理论认为，企业在形成创新能力的过程中需要对自身知识和外部知识进行整合并获得新创意和开发新产品（Vorhies et al.，2002）。因此，大量研究证实，组织间知识获取对创新有促进作用。例如，Almeida 和 Phene（2004）对跨国公司中母公司和子公司的知识获取进行了研究，认为母公司的技术丰富性、子公司和母公司的知识联系及母公司的技术多样性，都可以促进子公司的创新。Jiang 和 Li（2009）对 127 个德国合作企业进行分析，结果发现知识共享和知识创造均能够促进企业创新绩效，而且两者在共同影响企业创新绩效时是互补的。Maurer 等（2011）根据 218 个德国工程项目的数据，发现知识转移（包括知识调动、吸收和应用）能够起到组织成员社会资本对组织成长和创新绩效的中介作用。类似地，在影响财务绩效的研究中，基于中国台湾电脑与周边设备企业的样本，Liao（2011）发现知识获取可以促进创新与财务绩效的提升。

但是，还有些研究显示外部知识获取可能会在一定条件下对创新绩效产生不利影响。Cohen 和 Levinthal（1990）提出过度搜索外部知识可能会使组织对外部主体产生依赖，丧失自身核心技术能力，从而不利于组织创新绩效。Shankar 等（2005）根据 155 个美国光学企业的数据，分析了不同类型的知识获取对新产品开发的创意性和速度两个维度的影响。结果表明，产品知识获取比生产知识获取对新产品创意性的正向影响更大，生产知识获取比产品知识获取对新产品开发速度的正向影响更大；非编码知识获取正向影响新产品创意性，负向影响新产品开发速度；在不同的时间节点，上述关系也发生变化。Zhou 和 Li（2012）对中国高新企业的数据进行了分析，结果发现对于高知识广度的企业，内部知识共享促进突变创新，外部知识获取阻碍突变创新；对于高知识深度的企业，内部知识共享阻碍突变创新，外部知识获取促进突变创新。

也有研究发现外部知识获取和创新绩效之间的关系是非线性的（Duysters & Lokshin，2011）。Laursen 和 Salter（2006）提出外部知识获取的广度和深度对企业创新绩效的影响是倒"U"形的，而且上述关系受到内部研发的负向调节。Grimpe 和 Kaiser（2010）的研究也发现，研发外包作为一种外部知识获取的方式，对创新绩效的影响是倒"U"形的，而且受到内部研发的正向调节作用。Berchicci（2013）也认为外部研发活动所占比例和企业创新绩效的关系是倒"U"形的，而且受到研发能力的调节。

综上所述，目前组织间知识获取的结果产出主要集中在组织能力、创新绩效、财务绩效等方面。在理论基础方面，主要采用知识基础理论、组织学习理论和创新理论等。不同的理论基础，导致了组织间知识获取影响企业绩效的研究结论不一致，说明在这一影响过程中存在着不同机制和情境的调节作用。

3. 组织间知识获取情境因素研究

在组织间知识获取研究中，涉及的情境变量主要分为"前因变量——组织间知识获取"调节变量和"组织间知识获取——创新"调节变量。在组织间知识获取的前因变量研究中，主要的调节变量是知识的属性，包括知识模糊性负向调节可信度对组织间知识获取的影响作用（Szulanski et al.，2004），知识可编码性负向调节关系强度对知识转移的影响（Reagans & McEvily，2003），知识多样性正向调节企业风险投资和新创企业知识转移的倒"U"形关系（Lee et al.，2015）。

战略联盟：治理机制与双边关系特征的视角

还有一些研究提出关系强度在前因变量影响组织间知识获取的关系中发挥着调节作用（Shankar et al.，2005；Lee et al.，2015）。

在现有的组织间知识获取的绩效产出研究中，调节变量主要包括组织内部因素、组织外部因素和其他因素。第一，关于组织内部因素的调节作用研究中，Zhou 和 Li（2012）从组织资源的角度出发，研究了知识的广度和深度对市场知识获取及知识共享对组织突变创新的调节作用，即知识的广度负向调节市场知识获取和组织突变创新的关系，正向调节知识共享和组织突变创新的关系，而知识的深度正向调节市场知识获取和组织突变创新的关系，负向调节知识共享和组织突变创新的关系。另外有学者从组织能力的角度出发，研究了吸收能力（舒成利等，2015；曹祖毅和贾慧英，2015）、知识整合能力（简兆权等，2014）、研发能力（Berchicci，2013；朱华桂和庄晨，2015）等因素在组织间知识获取和绩效关系中的正向调节作用。第二，组织外部因素的调节作用研究主要包括环境因素、伙伴关系、网络位置等。例如，Laursen 等（2012）的研究指出，社会资本高的地区，外部知识获取对产品创新的正向影响更大；李林蔚等（2014）的研究表明，共同愿景在联盟企业知识获取与知识应用、知识获取与知识内化的关系中起正向调节作用；吴楠等（2015）认为，网络位置正向影响市场型知识获取和突破式创新之间的关系以及联盟型知识获取与渐进式创新的关系。Frankort（2016）认为，组织间技术相关性正向调节联盟知识获取对新产品开发的影响，产品市场竞争负向调节联盟知识获取对新产品开发的影响。除此之外，Shankar 等（2005）通过对 73 家企业的纵向追踪调查，发现随时间的推移，产品知识获取和新产品创意性的关系，生产知识获取和新产品开发速度的关系都增强。

4. 小结

基于上述研究梳理和分析，本节对现有组织间知识获取的研究进展情况进行了总结。在理论基础方面，主要涉及了知识基础理论、组织学习理论、社会网络理论和社会资本理论等。不同领域的学者通过不同的理论基础，分析了组织间知识获取的概念模型，构建了现有的理论研究。在实证研究方面，现有研究主要从组织间知识获取的前因、结果以及相应的调节变量考虑，重点解决企业为什么要进行组织间知识获取以及企业通过组织间知识获取得到的收益等问题。目前的实证研究无论是从框架方面，还是从理论研究方面都已经较为成熟，理论视角相对丰富。总体来看，目前关于组织间知识获取影响财务绩效的关系研究，由于受到不同理论基础、研究目的和数据来源等问题影响，导致研究结论不一致。

· 40 ·

图 2-2 对现有研究进行了总结。图中实线部分表示现有研究已经涉及的相关变量和关系，而虚线表示尚未涉及或者研究不足的变量和关系。组织间知识获取的前因、结果研究相对较多，但是在情境的调节因素方面尚存不足，缺乏进一步研究。

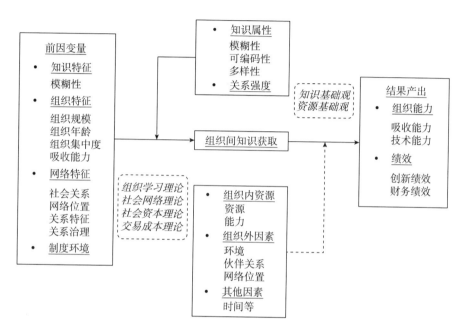

图 2-2 组织间知识获取研究分析框架

第三节 联盟治理研究综述

一、联盟治理机制

1. 联盟与联盟治理的内涵

联盟是组织间合作的一种模式，是指独立的组织之间在一个不完整的契约下共同合作的协议，也是介于市场和层级组织之间的特殊组织形式，同时具有市场机制和行政机制。由于联盟管理不善导致的联盟失败的案例层出不穷，联盟治理的概念应运而生。联盟治理就是指通过协调、监控和激励这种关系来保障联盟各方成员的利益从而促进合作效能的方式（Reuer et al.，2010）。联盟治理包括三个递进层面的内容：①决定是否要采用联盟的方式来进行组织间交易或合作（合作模式包括市场交易、联盟、并购等）；②在选择进行联盟后，决定采用何种联盟方式，通常包括股权联盟（更倾向于层级组织形式，合资企业或其他股权联盟）和非股权联盟（更倾向于市场交易，单边协议或双边协议），如图2-3所示；③在决定联盟方式后，决定采用何种控制机制来保障联盟顺利进行，通常包括正式控制和非正式控制两种。过去几十年的研究中对于前两个层面的内容已经较为深入，近年来学者更关注第三个层面的联盟治理内容（Reuer et al.，2016），因此将作进一步详细的说明和研究。

图 2 - 3　联盟组织形态的类型

资料来源：江旭．医院间联盟中的知识获取与伙伴机会主义［D］．西安交通大学博士学位论文，2008.

在联盟管理和发展过程中，由于信息不对称和不确定性等因素，组织间合作面临着竞争行为、机会主义行为、目标不一致等问题（Parkhe，1998），给联盟发展带来风险。Das 和 Teng（2001）将联盟风险分为关系风险和绩效风险两种类型。关系风险就是联盟合作不满意的可能性，主要是由于伙伴的潜在机会主义行为引起的，包括推卸责任、欺骗、扭曲信息、挪用资源等。这种风险的存在往往是由于联盟中组织和组织利益不一致或组织和联盟整体利益不一致引起的。绩效风险是指在排除了伙伴机会主义行为的可能性，源自于其他因素的风险，包括激烈的竞争、新进入者、需求波动、政策变化、伙伴能力不足等。

为了降低这两种类型的风险，可以把信任和控制看作是两种重要的控制机制（Das & Teng，2001）。其中，信任可以分为能力信任和善意信任两个维度，控制可以分为正式控制（通常指正式的规则和程序）和非正式控制（主观的监督和评估）。随后，Zhou 和 Poppo（2010）认为交易成本经济识别了三种交易风险：资产专有性、环境不确定性和行为不确定性。其中资产专有性是指在合作过程中的投入，即使交易关系提前中止也无法回收的那一部分专用资产（Williamson，1999）；环境不确定性是指交易环境中不可预测的变化；行为不确定性是指交易一方无法有效监控和测量另一方的总体绩效。当组织面临不同类型的风险时，会对两种降低风险的模式（契约和关系）有不同的倾向（Zhou & Poppo，2010）。那么，联盟具有市场机制的性质，因此，这三种风险同样存在于联盟合作中，而且针对不同的风险，需要采用不同的控制机制。

2. 联盟治理的类型

上节提到，联盟成员可以在不同层面进行联盟治理决策，包括治理选择（市场、联盟、并购等）、联盟方式选择（股权联盟和非股权联盟）、治理机制选择（信任和控制）。近年来，更多的学者开始关注不同的治理机制对联盟活动的影响。总体来看，联盟治理机制可以分为控制（Control）和信任（Trust）（Das & Teng，1998，2001）。

控制被看作是为了实现组织目标而进行的规范和监管过程，对联盟的控制包括对联盟伙伴的控制和对联盟整体的控制。战略联盟中主要有两种基本的控制方式：基于契约的正式控制（Formal Control）和基于社会关系的非正式控制（Informal Control）（Dyer & Singh，1998）。正式控制可以分为结果控制（Outputs Control）和行为控制（Behaviors Control），非正式控制又被称为社会控制（Social Control）、社群控制（Clan Control），强调了联盟伙伴间存在共同价值观、信仰和目标，更容易形成社会承诺并实现联盟目标。两种控制模式的主要区别在于，正式控制是建立在法律契约的基础上的，是按照契约规定约束各自的行为，履行各自的责任和义务，契约的完备性反映了正式控制的程度；社会控制建立在社会关系的基础之上，强调联盟各方的价值观、信仰和目标的一致性，在一定程度上体现了利他主义行为。

同时，信任也是一种能够降低和缓解联盟风险的重要机制，强调了自适应性（Adaptive），是一种完全理想的状态（Das & Teng，1998，2001），即联盟一方完全信任另一方时，就不需要对对方的行为进行控制。在对于信任的界定上，现有研究中存在着不同的观点。有些学者认为信任不属于控制的范畴（Das & Teng，1998；Madhok，1995），而是控制的替代（Aulakh et al.，1996）。这种观点对联盟治理机制的分类和对信任控制的界定如图2-4所示。基于对联盟伙伴不同特征的信任，可以将其分为能力信任（Competence Trust）和善意信任（Goodwill Trust）。前者是指联盟成员对伙伴具有完成联盟目标能力的信心和期望，后者是指联盟成员对伙伴在合作关系中能够表现出可靠、可信、忠诚、有责任等特征的信心和期望（见图2-4）。

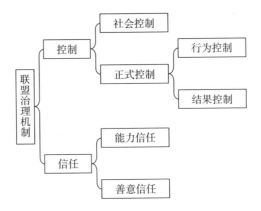

图 2 - 4　联盟治理机制的包含关系和分类（1）

资料来源：Das T K，Teng B - S. Resource and Risk Management in the Strategic Alliance Making Process [J]. Journal of Management，1998，24（1）：21 - 42.

Das T K，Teng B - S. Trust，Control，and Risk in Strategic Alliances：An Integrated Framework [J]. Organization Studies，2001，22（2）：251 - 283.

还有学者认为信任是一种非正式的社会治理机制（Lui & Ngo，2004；Smith et al.，1995），依赖于组织在联盟中的伙伴关系，与基于契约的正式治理相对应。这种观点对联盟治理机制的分类以及对信任和契约的界定如图 2 - 5 所示。

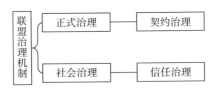

图 2 - 5　联盟治理机制的包含关系和分类（2）

资料来源：Cao Z，Lumineau F. Revisiting the Interplay Between Contractual and Relational Governance：A Qualitative and Meta - analytic Investigation [J]. Journal of Operations Management，2015，33 - 34：15 - 42.

Krishnan R，Geyskens I，Steenkamp J - BEM. The Effectiveness of Contractual and Trust - based Governance in Strategic Alliances Under Behavioral and Environmental Uncertainty [J]. Strategic Management Journal，2016，37（12）：2521 - 2542；

Lui S S，Ngo H - Y. The Role of Trust and Contractual Safeguards on Cooperation in Non - equity Alliances [J]. Journal of Management，2004，30（4）：471 - 485.

此外，不同于上述两种分类模式，Zhang 和 Zhou（2013）认为信任是一种非正式的治理机制，而事前契约和事后控制是两种不同的正式治理机制，如图2－6所示。

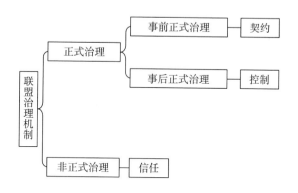

图2－6 联盟治理机制的包含关系和分类（3）

资料来源：Zhang Q，Zhou K Z. Governing Interfirm Knowledge Transfer in the Chinese Market：The Interplay of Formal and Informal Mechanisms ［J］. Industrial Marketing Management，2013，42（5）：783－791.

基于上述文献梳理发现，现有文献对于基于契约的正式治理和基于社会关系的非正式治理的概念和界定还存在争议。本书根据不同的理论基础，认为正式治理就是基于交易成本理论的契约治理，非正式治理就是基于社会交换理论的信任治理，将两者作为同一层面的概念来进行分析研究，表2－3描述了两种治理的特征对比分析。而且为了防止混淆联盟中的治理机制、控制机制以及控制等概念，本章采用契约治理和信任治理作为研究概念，来有效地解决第一章所提出的研究问题。

表2－3 契约治理和信任治理的特征对比分析

	契约治理	信任治理
理论基础	交易成本理论	社会交换理论
人性假设	自私	相互依赖
正式化程度	正式	非正式
实施机制	强制仲裁	自我监管
灵活性	较低	较高
核心要素	契约、监督	信任、互动

二、契约治理

1. 契约治理的内涵与特征

在交易成本经济学中，契约出现的两个主要前提是有限理性和机会主义（Williamson，1993）。由于组织决策者是有限理性的，在交易过程中无法对当前环境做出准确的分析和预测，如果没有对交易各方行为的约束，很容易导致机会主义出现，影响交易的进行。因此，契约是交易的基本保障，需要强调的是，契约的实施需要在一定的规范和法律制度的支持下进行（Macneil，1980）。Macneil和Ian（1978）认为契约是一种承诺，具有以下两个特点：①契约是事前制定的，可以在事后进行验证；②验证标准是客观性，是由第三方（法院等）强制执行的。现有契约研究中最常见的定义是"双方或多方共同订立的具有法律约束力的协议"（Lyons & Mehta，1997）。还有学者认为契约就是当事各方互相认可和同意彼此做出的法律承诺（Masten & Saussier，2000）。

在战略联盟研究中，基于正式契约的联盟治理机制被称为契约治理。学者们根据不同的研究目的和视角，给出了不同的定义。Lee和Cavusgil（2006）将契约治理定义为"采用正式化的、具有法律约束力的协议或契约来治理组织间的关系"。Reuer和Ariño（2007）将契约治理定义为通过契约来管理交易过程并解决交易中的争议的方式，契约详细规定了各方的权利和义务，包括各组织对联盟的投入、交易过程和预期产出。除此之外，契约还进一步限制了各组织实施的可能给联盟带来不利影响的行为。国内学者也给出了契约治理的定义，即"以合作双方达成的协议为主要控制依据，通过对联盟过程和绩效进行监测，制定相应的制度和规则，激励合作者以好的意图和标准来合作，并惩罚机会主义行为和其他不利于联盟发展的行动"，也就是说，完整的契约包括防患于未然的"事前的规则和制度的制定"和对"事后的结果测度"的奖励和惩罚方式（焦俊和李垣，2007）。Parkhe（1993）的研究中，提出了战略联盟中的契约条款模型，共包括八种类型的契约条款类型：①对所有相关交易的定期书面报告；②对任何背离协议行为的书面通知；③对CPA事务所的所有相关记录进行检查和审计的权利；④指定某些信息的所有权和保密条款；⑤禁止私自使用专有信息；⑥协议终止条款；⑦仲裁条款；⑧诉讼条款。

从联盟治理的研究中来看，契约治理主要具有以下两个特征：一是契约治理具有强制性，是建立在一定的法律规范基础上，需要依靠第三方（法院等）的强制力量（Dyer，1997）。在联盟合作中，各组织都必须详细按照契约的规定开展联盟活动，并对彼此的行为进行监督和约束。在发生背离契约的行为时，进行相应的惩罚措施；在联盟各方发生争议和分歧时，需要诉诸第三方的力量进行仲裁。二是 Hart 和 Holmstrom（1987）认为，契约无法完全预测交易过程中可能出现的情况并提出解决措施，因此契约存在不完整性。通常情况下，在联盟初步建立的时期，契约的复杂性和完备性最低，随着合作的开展，联盟各方需要根据不同的情况对契约进行谈判、调整和修订，使契约逐渐完善。这也说明了契约的另一个重要特征——可调整性。契约本身就存在遗漏和不足，无法完全预测未来发生的情况，对联盟各方所需要履行的责任和义务也无法做到事无巨细。而且，随着契约越来越完备和详细，会造成契约签订和执行的成本过高，契约治理机制的有效性变低（Poppo & Zenger, 2002）。所以契约的完备性过低和过高，都可能会导致契约治理效率低下（Li et al., 2010b）。综上所述，契约治理具有强制性、不完整性和可调整性的特征。

2. 契约治理的功能与类型

在联盟合作过程中，契约治理在控制交易风险方面发挥着重要的作用。Argyres 和 Mayer（2007）根据契约的不同内容，认为契约的功能主要体现在五个方面：角色和责任、决策和控制权利、交流、应急计划和争端解决方案。第一，对各方角色和责任进行明确详细地说明，能够降低对契约的误解和分歧；第二，规定各方决策和控制的权利有利于激励联盟成员的合作积极性；第三，对交流程序的说明有利于促进各组织之间的知识交流，提高创新机会；第四，针对突发事件提前制定应急措施更便于各组织在不确定的环境中做出快速反应，增加组织柔性和联盟柔性；第五，针对联盟成员之间的争端和利益冲突制定相应的解决方案，有利于合作顺利开展，延长合作时间。这种观点认为契约治理是联盟合作顺利进行的保障机制。例如，知识作为一种复杂、隐性或不可编码的资源，转让过程包含着很大风险，契约可以通过强制的机制来保护组织的知识投资（Lui, 2009）。通过对专有资产的界定和说明，契约能够使伙伴的专属投资风险更低（Zhou & Poppo, 2010）。随后有学者认为，契约不仅是一种保障机制，它还可以作为一种调节机制来协调交易关系（Schepker et al., 2014）。随着时间的推移，联盟各方通过对契约的谈判和调整，提高了组织间个人关系和组织关系的建立，更利于共同活动的开展（Mayer & Argyres, 2004）。除此之外，契约治理还可以作为一种适应机制，应对高度不确定性的环境（Schepker et al., 2014）。例如，契约可以针对未来环境变化制定应对方案，从而提高企业对环境的适应性（Argyres et al.,

2007；Mayer & Argyres，2004）。因此，这种观点认为契约治理有保障机制、协调机制和适应机制三种功能。

Luo（2002）认为，联盟契约不是单一结构的，而是包含多种类型。他认为，根据上述契约治理的功能，契约可以分为任务描述和应急计划两种类型。任务描述是对联盟各方确定的职能和任务进行明确详细的说明，而应急计划是对未来突发状况的预测和相应处理方案的制定和计划。联盟治理研究中最常见的契约治理的分类就是契约协调和契约控制（Lumineau & Henderson，2012；Lumineau & Malhotra，2011；Mellewigt et al.，2007；Mesquita & Brush，2008；Reuer & Ariño，2007）。契约控制是指通过行使权威或权力手段获得理想结果的过程，其目的是为了最大限度地减少合作成员的偏差行为，促使当事方遵守协议。契约协调则是在两个不同而又相互依赖的任务单元之间建立恰当的连接，以便获得预期效果的过程。Eckhard 和 Mellewigt（2005）研究发现，契约可以进一步分为控制（Safeguarding）、协调（Coordination）、应急适应（Contingency Adaptability）三种机制作用。Woolthuis 等（2005）通过对四个案例进行研究分析，发掘了除了上述三种机制之外，契约还具有信号机制（Signaling）的作用。而 Ryall 和 Sampson（2009）按照契约的内容不同，可以分为合同细节、监控和惩罚三种类型。表2-4列举了现有研究中对契约的分类情况。

表2-4 契约治理的分类

研究文献	契约的类型
Mellewigt 等（2007）；Reuer 和 Ariño（2007）；Mesquita 和 Brush（2008）；Lumineau 和 Malhotra（2011）；Lumineau 和 Henderson（2012）	契约控制、契约协调
Luo（2002）	任务描述、应急计划
Eckhard 和 Mellewigt（2005）	保护、协调、应急适应
Woolthuis 等（2005）	控制、协调、应急适应、信号
Ryall 和 Sampson（2009）	合同细节、监控、惩罚

资料来源：刁丽琳. 产学研合作契约类型、信任与知识转移关系研究［D］. 华南理工大学博士学位论文，2013.

三、信任治理

1. 信任的内涵

信任的概念最早始于德国社会学家 Simmel 的研究，他认为社会的本质就是由人与人之间的普遍信任组成的，最直接的体现就是社会、政治秩序中金钱给予人的完全感（Möllering，2001）。20 世纪 80 年代以来，信任被广泛运用于多个学科领域的研究中，包括社会学、心理学、经济学、组织行为学等。信任是一个多维度、多层面的跨学科概念，作为一种多学科的交叉研究问题，越来越受到学术界的热点关注。就信任问题的研究现状来看，国内外学者主要从社会学、心理学和经济学三个视角来挖掘信任的本质。

首先，从社会学来看，信任强调了宏观层面的因素对社会交往中社会关系形成的重要作用。社会学家认为信任的本质就是基于人们互动过程而产生的社会关系，受到个人心理和所处社会系统的共同作用，信任的建立和发展是一个复杂的过程。Barber（1983）指出，信任是行为主体对他人或组织遵守自然秩序和道德秩序的期望。社会交往中人们之所以相互信任，是因为所处的社会具有统一的规范和价值，会自觉地进行社会行动并对他人的行为进行评判和预测（叶初升和孙永平，2005）。从这个意义上来看，社会制度环境、文化与信任有着紧密的联系。

其次，从心理学来看，信任强调了微观层面的个人心理对个体行为的影响。心理学观点认为，信任的产生受到个体特征的影响，它是一种主观的、个体主义的信念和行为表现。有学者认为信任是个人的思维状态，是个体对他人行为不超出可接受范围的期望（Sako，1991）。这种个人特有的思维状态是和其过往生活体验和经历息息相关的（Blau，1964）。因此，社会心理学的观点认为，信任是行为主体在特定社会环境中对他人行为的心理反应和行为表现。

最后，经济学的观点认为，信任是行为主体为了降低交易成本，在对交易行为的收益和风险进行评估和预期后做出的理性选择。经济学的基本假设是利己主义（Self-interest）和理性（Rationality），在信息不对称的条件下，拥有信息优势的一方存在机会主义行为动机，导致交易风险提高，信息劣势方交易收益下降或为了保障收益提高监督，治理成本增加，信息优势方的收益和成本也会发生变化。在这种情况下，信任治理能够为双方提供收益保障和降低成本的作用，提高了宏观经济整体的效益（Bromiley & Cummings，1995）。

因为信任是一个复杂的概念，在不同的背景下表现出多种形式和特性（Nooteboom，2002），基于不同的研究视角，学者们也给出了信任的不同定义，详细如表 2 - 5 所示。信任的对象不仅包括个人对个人、个人对组织的期望和信心，还包括组织对组织的期望和信心。因此，在战略管理和组织研究中，战略联盟中的信任治理主要表现为联盟成员之间对彼此履行承诺的积极预期。

表 2 - 5　信任的定义

研究文献	信任的定义
Zand（1972）	信任是一个个体愿意依赖于另一个个体的包含机会主义的行为
Deutsch（1973）	信任是信任方对被信任方采取合意行为可能性的信念和预期
Zucker（1986）	个人或群体相信另一个人或群体会信守诺言
Anderson 和 Narus（1990）	信任是组织的信心，即相信其他组织会采取对本组织产生正向结果的行为，而不会做出会导致负面结果的非期望行为
Sako（1991）	组织间信任是一种心智状态，即参与合作的一方期望另一方能以一种可以预期的和相互可以接受的方式行事
Holmes（1991）	在承担风险的情况下为尊重他方而对其动机的积极预期
Moorman 等（1993）	信任是依赖于可信任的交易伙伴的意愿；是由于对合作伙伴有信心而愿意依赖对方
Sabel（1993）	信任就是合作各方相信任何一方都不会去利用另一方的易受攻击的弱点去获得利益
Morgan 和 Hunt（1994）	信任是合作的一方对另一方的可靠性和诚实度有足够的信心
Barney 和 Hansen（1994）	信任是交易双方认为没有哪一方会利用对方弱点的信心
Mayer 等（1995）	信任是尽管一方有能力监控和控制另一方，但它却愿意放弃这种能力而相信另一方会自觉地做出对己方有利的事情
Madhok（1995）	组织间信任包括双方对彼此的行为和每一方完成其应负义务的一系列期望
Hosmer（1995）	信任是个体面临预期损失大于预期收益的不可预料事件时所做出的一种非理性选择行为
McAllister（1995）	信任是一个人相信并愿意在另一个人的承诺、行为和决策基础上行动的程度
Currall 和 Judge（1995）；Inkpen 和 Currall（2004）	信任就是在面临风险状况下对另一参与方的信赖
Johnson 等（1996）	信任就是相信合作伙伴愿意而且能够完成他们的义务和做出承诺，同时合作伙伴对联盟和其他的行为都出于好的意愿
Doney 和 Cannon（1997）	信任就是对合作伙伴信誉和仁善的感知
Zaheer 等（1998）	组织信任是全体组织成员对于联盟成员持有的信任导向

续表

研究文献	信任的定义
Rousseau 等（1998）	信任是基于对另一方意图或行为正向期望基础之上的、愿意接受易受攻击的弱点的心理学状态
S. Tamer 等（2004）	信任是合作伙伴的一种信念，相信交易伙伴拥有对彼此的信誉和仁慈

资料来源：江旭. 医院间联盟中的知识获取与伙伴机会主义［D］. 西安交通大学博士学位论文，2008. 笔者整理。

2. 联盟信任治理的内涵

随着学者们对战略联盟研究的关注，联盟中组织和组织之间的关系研究日益增多，信任在联盟关系中的重要作用也得到了学者们的普遍认同（Ariño et al.，2001）。在战略管理研究中，信任被看作是组织间合作的基础，对联盟的成功与否起着至关重要的作用（王蕾，2000）。在战略联盟运行过程中，如果联盟伙伴间缺乏对彼此的信任，会严重阻碍联盟的发展和成功（Macneil，1980）。此外，信任和承诺被认为是维持伙伴关系的重要因素（Aulakh et al.，1996），有利于增强对联盟发展的信心，能够缓解合作伙伴的消极合作和机会主义行为，降低联盟风险和失败的可能（Das & Teng，1998）。经济学观点认为信任是行为主体的理性选择，因此信任治理被认为是一种基于联盟伙伴间社会关系，通过组织间互动交流达成对可接受行为的统一期望和愿景，从而降低联盟风险的治理模式。

现有研究认为联盟信任的产生存在三个基本条件：第一，联盟存在不确定性，包括未来事件的不确定性和联盟成员行为的不确定性，也有学者称为联盟中环境不确定性和行为不确定性。在双重不确定性存在的情况下，信任提供了恰当反应行为的标准，确保联盟成员对该反应行为能够接受和认同，因此不确定性越大，组织间信任越有必要。第二，联盟风险的存在是信任产生的必要条件。Lewis 和 Weigert（1985）认为联盟信任是组织通过对相关信息的收集和处理，最终得出的对未来事件发生的理性预期。当风险不存在时，组织间信任治理的作用就消失了。第三，联盟信任是基于成员之间互相依赖的程度而存在的。Sheppard 和 Sherman（1998）的研究发现，当联盟一方对另一方的依赖程度较高时，就必须给予更多的信任。对于两个完全独立的组织，信任就失去了存在的必要。总结现有组织间信任的研究，可以发现联盟信任治理具有以下基本内涵：①信任治理是非强迫性的机制，即信任给予者不能控制伙伴的行为，也不能强迫伙伴按照自己的期望实施行为，也不能控制伙伴的行为。②信任治理强调了有限理性，认为联盟合作中很多问题无法完全依靠契约解决，共同的意愿和统一的价值观能够促进合作活动的顺利开展。③信任治理是基于共同愿景基础上的意图，而不是实际行动，是伙伴间默契的形成对行为的潜移默化的影响。④信任治理伴随风险性，是依赖于对方按照自己的期望行事，但另外也承认当对方违背了期望时自身会受到损害的可能。⑤信任治理具有动态性，是在社会互动中产生的复杂的、不断演化的过程。

3. 联盟信任的发展和分类

联盟管理研究中，许多学者提出信任是一个不断演化的过程（Inkpen & Currall，2004）。在联盟的不同阶段，信任的性质和功能也在不断发生变化。Shapiro 等（1992）及 Lewicki 和 Bunker（1996）提出，按照信任的动态变化，可以将信任分为三个类型：基于威慑（计算）的信任（Deterrence – based Trust，Calculus – based trust）、基于知识（了解）的信任（Knowledge – based Trust）和基于共识（认同）的信任（Identification – based Trust）。基于威慑（计算）的信任是最低度的信任，是联盟成员对合作中的得失进行详细计算的结果。当联盟各方对彼此的信息了解不足时，只能通过对联盟事宜的共同讨论过程中对各自投入和回报、伙伴的行为进行评估和衡量，在此基础上逐渐形成联盟信任，这种信任往往是不稳定的。基于知识（了解）的信任是基于联盟成员对伙伴的认知，逐渐能够通过对方的需求、偏好等信息预测和把握伙伴可能的行为，从而形成基于认知的信任。这类信任通常比基于计算的信任更稳定，能够对伙伴施以一定程度的无形规范，很大程度上降低机会主义行为发生的可能，在促进联盟目标的实现。基于共识（认同）的信任是在联盟伙伴间频繁的交流互动中形成的默契，在这一过程中，联盟各方的偏好和价值观、行为准则和规范逐渐趋于一致，在行为过程中会充分考虑伙伴的利益，并从互惠互利的过程中形成双方长期稳定的合作倾向。这类信任能够促进独立存在的组织关系协调性趋同于组织内部关系，是很难实现的一种状态。

很多学者认为联盟伙伴间信任会随着组织间长时间互动合作而积累（Inkpen & Currall，2004），也可能在一瞬间消失殆尽（Rousseau et al.，1998）。尽管信任的建立和发展需要消耗较长的时间，是一个组织内生的状态，但是现有研究提出了很多建立和提高信任的方式。首先，通过对伙伴的主动学习，收集伙伴的需求、偏好等信息，对伙伴行为有了一定程度的把握，有利于形成对伙伴的信任（Shapiro et al.，1992）。其次，通过伙伴间频繁的互动和交流可以实现信息交换，深入认识伙伴的价值观、行为准则和可信赖程度等，有利于建立伙伴信任，消除日常运营中的冲突和分歧（Larson，1992）。最后，确保联盟合作投入和回报的公平性，能够促进联盟成员的满意度，从而提升联盟信任。因为联盟成员对分配、互动、程序公平的感知会影响它们对联盟的积极性和信心（Kumar et al.，1995）。这些方式决定了联盟信任治理的可行性，就是在联盟合作中，组织可以利用信任来控制联盟中存在的风险，促进联盟活动顺利进行。

联盟信任是一个复杂的、多维度的概念，除了上述根据联盟信任的发展分为计算型信任、了解型信任和认同型信任三个维度的分类方式（Lewicki & Bunker，1996；Shapiro et al.，1992），还可以从其他不同的研究视角对信任进行分类。McAllister（1995）基于理性和感性两个方面，将信任分为认知型信任（Cognitive – based Trust）和情感型信任（Affect – based Trust）两个维度。在此基础上，Lewis 和 Slack（2002）认为可以进一步分为计算型信任、认知型信任和情感型信任三个维度。而 Rousseau et al.（1998）根据信任产生的基础，将信任分为计算型信任（Calculus – based Trust）、关系型信任（Relational Trust）和制度性信任（Institutional Trust）三个维度。

Sako（1991）将信任划分为能力信任（Competence Trust）、善意信任（Goodwill Trust）和契约信任（Contractual Trust）三个维度。类似地，Mayer 等（1995）认为信任包含能力信任、仁善信任和正直信任（Integrity）三个维度。另外有学者将 Mayer 等（1995）中仁善和正直两个维度合并为善意信任（Goodwill Trust），认为这两个维度都是基于情感的信任（Das & Teng，1996，2001；Nooteboom，1996）。随后，其他学者又将信任划分为能力信任和有意信任（Intentional Trust）（Nooteboom，2002；Woolthuis et al.，2005）。表 2 – 6 列举了对信任的不同维度的主要划分方式。

表 2 – 6　信任的不同维度

研究文献	信任的维度
Sako 和 Helper（1998）	能力信任、善意信任、契约信任
Shapiro 等（1992）	威慑型信任、知识型信任、认同型信任
McAllister（1995）	认知型信任、情感型信任
Mayer 等（1995）	能力信任、仁善信任、正直信任

续表

研究文献	信任的维度
Lewicki 和 Bunker（1996）	计算型信任、了解型信任、认同型信任
Das 和 Teng（1996，2001）；Nooteboom（1996）	善意信任、能力信任
Rousseau 等（1998）	计算型信任、关系型信任、制度型信任
Lewis 和 Slack（2002）	计算型信任、认知型信任、情感型信任
Nooteboom（2002）；Woolthuis 等（2005）	能力信任、有意信任

资料来源：刁丽琳. 产学研合作契约类型、信任与知识转移关系研究［D］. 华南理工大学博士论文，2013.

四、联盟治理研究框架

从已有的组织间关系治理研究来看，学者们主要关注研究问题主要包括以下四个方面：一是组织间关系治理的内涵和分类（在前文中已做详细总结）；二是影响契约治理、信任治理的不同倾向的因素研究；三是契约治理、信任治理影响企业战略行为及创新绩效的研究；四是联盟治理作为调节因素的研究。正文后附录 B 详细总结了组织间关系治理的研究内容。

总体上看，治理的关系包括战略联盟（包括共同研发、合资企业等）、供应购买关系、生产销售关系、跨境合作、其他。治理的类型包括正式治理和关系治理，其中正式治理以契约治理为主，还包括集中控制、行政治理、权力治理等；关系治理主要包括信任、关系规范、共同目标等。

1. 契约治理、信任治理的影响因素研究

现有研究中对契约治理和信任治理的前因变量研究主要包括联盟合作层面的影响因素和其他层面的影响因素。

第一，早先对于两种治理的研究中，很多学者关注契约和信任的相互作用关系，即两者互为前因。Poppo 和 Zenger（2002）的研究发现定制契约和关系治理之间是相互促进的关系，而且两者对绩效的交互作用是正的。另外，其他学者也认同并实证说明了契约能够促进信任和合作规范（Goo et al.，2009；Handfield & Bechtel，2002；Malhotra & Lumineau，2011；Schilke & Cook，2015）；信任也可以促进契约（Liu et al.，2007；Yang et al.，2012）。

第二，关于联盟合作层面的影响因素主要包括两个：①在合作风险方面，资产专有性（Mellewigt et al.，2007；Lui et al.，2009；Yang et al.，2012；Zhou et al.，2008；Zhou & Poppo，2010）、环境不确定（Cai & Yang，2008；Yang et al.，2012；Zhang & Hu，2011；Zhou & Poppo，2010）、行为不确定（Zhou & Poppo，2010）、挥发性和不明确（Carson et al.，2006）等因素能够影响契约或信任治理的倾向；②在合作关系方面，相互依赖程度（De Jong & Woolthuis，2008；Gençtürk & Aulakh，2007；Handfield & Bechtel，2002；Ren et al.，2010）、正式化和社会化关系（Gençtürk & Aulakh，2007）、开放程度（De Jong & Woolthuis，2008）、合作经历（Li et al.，2010d；Lusch & Brown，1996）、长期导向（Lusch & Brown，1996）、交易频率（Cai & Yang，2008）、合作制度化（Li et al.，2010d）等因素也会影响治理机制。

第三，关于其他层面的影响因素主要包括三个：①在外部环境方面，环境风险（Yang et al.，2012）、合法性压力（Zhilin et al.，2012）、市场不确定（Zhilin et al.，2012）、文化环境（Schilke & Cook，2015）会影响契约或信任治理的倾向；②在企业战略合作动机方面，战略重要性（Mellewigt et al.，2007）、知识获取的动机（Li et al.，2008）、对资源获取和能力学习的动机（苏中锋等，2007）、对知识资源和有形资源获取的动机（王龙伟和刘朋朋，2013）会影响组织对契约或信任治理机制的选择；③在治理的对象方面，有任务连接性和安全性（Jayaraman et al.，2013）、知识资产和财务资产（Hoetker & Mellewigt，2009）。

2. 契约治理、信任治理影响企业行为及绩效产出研究

契约治理和信任治理的结果变量主要包括战略行为（合作行为、资产投入、谈判战略、组织团结）（Liu et al.，2009；Lui et al.，2009；Lumineau & Henderson，2012）、知识交易活动（知识共享、知识交换、知识获取、知识接触、知识泄露）（Chen et al.，2013b；Li et al.，2010a；Lui，2009；Zhang et al.，2012）、联盟绩效（机会主义、联盟强度、联盟稳定性）（S. Tamer et al.，2004；De Jong & Woolthuis，2008；Wu et al.，2007；Yang et al.，2011）、过程绩效（谈判效率、生产效率）（Mesquita & Brush，2008）、创新绩效（Arranz & De Arroyabe，2012；Charterina & Landeta，2010；Wang et al.，2011）、关系绩效（冲突、顾客承诺、顾客满意度、关系满意度）（Burkert et al.，2012；Gençtürk & Aulakh，2007；Lee & Cavusgil，2006；Rai et al.，2012；Ren et al.，2010）、经济绩效（Chen et al.，2013a；Gençtürk & Aulakh，2007）、组织能力（Li et al.，2010b；Wu et al.，2007）、竞争力（Yang et al.，2012）等。

大量研究表明，联盟契约治理和信任治理都能够降低联盟风险和机会主义

（Liu et al.，2009；Lui et al.，2009），促进组织间学习和知识交换（Lui，2009）。契约能够为组织间合作提供法律和制度保障，促进组织间合作的开展。现有研究认为，契约通过详细的条款规定联盟各方的行为、责任、义务以及违约处罚，从而对联盟过程和结果进行监测和控制，降低联盟过程中机会主义行为发生的可能（De Jong & Woolthuis，2008；Liu et al.，2009），并激励联盟成员的合作意愿和行为（Burkert et al.，2012；Lui et al.，2009；焦俊和李垣，2007），还能够促进联盟伙伴间的知识交换和共享（Li et al.，2010a；Lui，2009；Zhang et al.，2012）。联盟契约按照内容可以分为条款专有性（Term Specific）和未来适应性（Contingency Adaptability）两个部分（Luo，2002）。从条款专有性来看，任何契约都无法保障是完备的，对合作中的相关事项进行事无巨细的说明，而且过于关注详细的协议条款，会给联盟组织带来很高的签订和执行成本；从未来适应性来看，联盟组织无法对未来事件的发生和环境的变化进行完全预测。因此从这两个维度上看，本节认为契约是具有不完整性的，联盟治理机制存在缺陷（Lewis & Roehrich，2009）。另外，契约是需要在一定的规范和法律制度的保障下进行的，涉及第三方（法院等）的强制执行，因此联盟所处法律环境会影响联盟契约治理的作用（S. Tamer et al.，2004）。

信任对联盟关系稳定和发展也具有重要的作用。第一，信任有利于降低组织间的交易成本，包括事前信息搜集、协商和签约等成本，也包括事后谈判和监督成本。因为当联盟成员间存在较高信任时，有利于促进事前的接触和协商更顺利地开展，减少事后谈判过程中分歧和争端（Granovetter，1985）。第二，信任能够促进联盟成员间合作的意愿和行为。因为基于信任的合作关系有利于建立诚实、公平的合作关系，能够营造积极向上的合作氛围（Smith et al.，1995）。第三，信任有利于降低联盟合作风险和不确定性。因为基于信任的合作关系能够降低机会主义行为出现的可能，促进集体主义行为，使联盟更适应内外部环境的变化（Yang et al.，2011）。第四，信任能够在联盟中创造开放的学习氛围，协调联盟成员的互动行为，提高联盟成员的合作意愿，最终促进联盟成员间知识交换和共享（Liu et al.，2009；Lui，2009；Zhang et al.，2012）。另外，信任的建立需要长时间的积累和资本的投入（Inkpen & Currall，2004），可是却能在瞬间消失（Rousseau et al.，1998）。此外，信任治理的非正式性和非强制性也从很大程度上影响了其作用的稳定发挥（Cannon et al.，2000）。因此信任治理也存在很大的局限性。

在这个意义上，有学者指出，两种不同的治理机制对于不同类型的知识获取影响不同。Lui（2009）按照学习动机将组织间学习活动分为知识获取（Knowledge Acquisition）和知识接触（Knowledge Accessing），研究结果指出，能力信任比正式契约更能促进组织知识接触，正式契约比能力信任更能促进组织知识获取。Li等（2010a）按照知识的性质将知识获取分为显性知识获取（Explicit Knowledge Acquisition）和隐性知识获取（Tacit Knowledge Acquisition），结果显示，信任能够正向影响企业对显性知识和隐性知识的获取，但是对隐性知识获取的作用更强，而且正式契约能够促进信任对显性知识获取和隐性知识获取的正向作用。另外，两种机制的理论基础、作用路径和机制存在很大差异，因此对于不同类型的创新活动或绩效的影响也不尽相同。Lui等（2009）从理论上提出，正式契约通过降低机会主义行为提高合作绩效，而信任通过促进合作行为提高合作绩效，实证结果支持了后一假设。Li等（2008）的研究结果显示，正式控制促进企业渐进创新，阻碍企业突变创新；社会控制促进企业突变创新，阻碍企业渐进创新。Lui等（2009）的研究认为，在控制机会主义方面，交易机制（契约和专项投资）比关系机制（信任和关系规范）更有效；在提高关系绩效方面，关系机制比交易机制更有效。Arranz和De Arroyabe（2012）也提出，在应用性的共同研发项目中，契约治理对绩效的积极影响更大；而在探索性的共同研发项目中，信任治理对绩效的促进作用更强。

还有一些研究重点关注两种治理机制的交互作用如何影响绩效产出，探索两者关系是互补还是替代。一方面，部分研究认为两种治理机制对绩效的交互作用是负向的。一是契约代表了某种程度的不信任，因此会对关系治理有不利影响，从而降低关系对绩效的正向影响（S. Tamer et al.，2004；Lee & Cavusgil，2006）；二是伙伴间关系较强时，可能会导致契约的强制执行力下降，所以降低了契约对绩效的正向影响（Wang et al.，2011）；三是有学者认为两种机制的功用相同，因此同时采用两种机制是多余的（Yang et al.，2011）。Rai等（2012）对契约治理和关系治理进行了分维度研究，结果显示契约治理的三个维度目标期望、行为期望、契约柔性和关系治理的三个维度信息交换、信任、冲突解决对满意度的作用都是替代的。另一方面，有研究认为两种治理机制对绩效的作用是互补的（Liu et al.，2009；Poppo & Zenger，2002）。他们认为，同时使用两种机制能够互相弥补，契约的不完整性的问题能够通过信任得到缓解，而契约也可以弥补由于信任的不确定性带来的不足（Cao et al.，2013）。大量实证研究也证实，同时使用两种机制能够通过促进知识转移（Li et al., 2010a；Zhang & Zhou, 2013），促进创新（Wang et al., 2011）和获得机会（Lazzarini et al., 2008）来提高绩效。面对两种不同的观点，有的学者把正式控制分为契约和集中控制，认为契约和关系治理是互补关系，而集中控制和关系治理是替代关系（Zhang & Zhou, 2013；Zhou & Xu, 2012）。有的学者把信任进行分类，认为善意信任和契约时替代作用，而能力信任和契约控制是互补作用（Lui & Ngo, 2004；江旭和李垣, 2011）。还有的学者认为在不同的情境下，二者的交互作用影响会发生变化。Li 等（2010d）的研究发现，在国内关系中，正式控制和社会控制是替代关系；在跨国关系中，正式控制和社会控制是互补关系。李瑶等（2014）提出，在交易时间较短时，契约和信任分别促进企业的创新绩效的提升，并且对企业创新绩效的交互作用是正向的；当交易时间较长时，信任有利于企业创新绩效的提升，契约不利于企业创新绩效，并且二者对企业创新绩效的交互作用为负。

3. 情境因素的研究

治理机制研究中的情境因素影响主要分为两部分：一方面是关于治理机制前因影响的调节作用，另一方面是影响结果变量时的权变效应。在前因调节研究中，Li 等（2010d）研究了 380 对国内供应购买关系和 200 对跨国供应购买关系，发现合作时间越长国内关系中更倾向于采用正式控制机制。而跨国关系中更倾向于采用社会控制机制，国际关系中合作制度化对正式控制的正向影响比在国内关系中更强。Zhou 和 Poppo（2010）的研究认为，法律可执行性能够正向调节交易风险（包括资产专有性、环境不确定性和行为不确定性）对正式契约的影响，负向调节交易风险对关系治理的影响。

另外研究关注治理机制和绩效关系的调节作用研究。调节变量可以分为环境因素和其他因素。环境因素方面，交易不确定性（Cannon et al., 2000）、环境不确定性性（Chen et al., 2013b；Lee & Cavusgil, 2006；Wang et al., 2011）、市场不确定（Gençtürk & Aulakh, 2007）、复杂性（Mesquita & Brush, 2008）可以影响治理机制和绩效产出的关系；其他因素包括合作项目性质（Arranz & De Arroyabe, 2012）、知识转移类型（Li et al., 2010a；Lui, 2009）、关系强度（Yang et al., 2011）、关系长度（Lui, 2009）、对未来的期待（Lui, 2009）、社交管理和监管（Poppo & Zhou, 2014）、资产专有性（Mesquita & Brush, 2008）、对法律环境的敌意（S. Tamer et al., 2004）。

4. 作为一种调节变量

在现有的联盟治理研究中，主流学者认为契约治理和信任治理是企业进行联盟活动的助燃剂和推动力，更多关注的是两种治理机制对联盟活动或绩效产出的直接影响。随着组织间关系治理研究的发展，有些学者提出，联盟治理机制是组织为了控制交易风险和机会主义行为，创造联盟顺利发展的积极氛围而采取的一种措施和手段，因此能够作为调节变量，在联盟活动中发挥催化剂的作用（Li et al.，2010b；Lumineau & Henderson，2012；Yang et al.，2014；Zhou et al.，2014）。但是现有文献中关注契约治理和信任治理的调节作用的研究仍然比较少，其中 Chen et al.（2013b）研究了 117 家美国医院供应链的管理，认为信任可以正向调节知识交换对医院供应商整合的影响。Li 等（2010b）提出，在海外原始设备制造商（OEM）合作中，契约治理呈倒 "U" 形调节学习动机对能力提升的正向影响，而信任正向调节学习动机对能力提升的影响。Lumineau 和 Henderson（2012）认为，契约控制机制负向影响合作关系经验对合作谈判战略的影响；契约协调机制正向调节合作关系经验对合作谈判战略的影响。Zhou 等（2014）提出，供应商关系对特有知识获取的影响是倒 "U" 形的；当契约专有性较高时，倒 "U" 形关系变得更陡峭。Yang 等（2014）的研究发现，关系治理能促进探索联盟对绩效的正向影响，阻碍探索联盟对绩效的正向影响。

5. 小结

综合上述四个方面的研究，本节对现有组织间关系治理的研究进展情况进行了总结。在理论框架方面，主要涉及了交易成本理论和社会交换理论。组织间关系的种类包括市场交易、战略联盟、外包等，基于不同的背景，学者们构建了契约治理和信任治理的概念模型，分析了两种治理机制的前因变量、绩效产出以及调节变量。这些研究解决了企业为什么要采用契约和信任来控制交易风险和机会主义，以及如何采用两种治理机制来促进联盟活动等问题。但是，目前的研究忽视了两种机制在联盟发展过程中相关活动和绩效关系的影响，也就是说，很少有研究考虑契约治理和信任治理在联盟活动中的调节作用。有关组织间治理机制的框架分析如图 2 - 7 所示，对两种治理机制的前因、结果研究相对较多。但是，对两种治理机制调节作用的研究尚且不足，需要进一步探索。

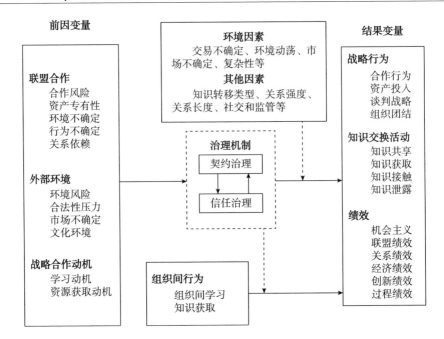

图 2 - 7　联盟治理研究框架

第四节　各变量间相关研究回顾

一、联盟伙伴间知识获取与企业绩效相关研究

本章第二节重点梳理了知识获取的研究框架，其中包含了知识获取影响企业绩效产出的相关研究。通过文献梳理发现，现有研究中关于知识获取影响绩效产出的研究结果尚不一致。大部分学者发现知识获取正向影响企业绩效（Maurer et al.，2011；江旭等，2008；鲁喜凤，2017），也有学者发现外部知识获取可能会在一定条件下对创新绩效产生不利影响（Cohen & Levinthal，1990；Dhanaraj et al.，2004）。有一部分学者研究发现外部知识获取和创新绩效之间的关系是非线性的倒"U"形关系（Berchicci，2013；Duysters & Lokshin，2011；Grimpe & Kaiser，2010；Laursen & Salter，2006）。究其原因，主要有以下三个方面的因素：

第一，由于知识本身的特质会对主效应产生不同的影响。例如，Dhanaraj 等（2004）将知识本身分为显性知识与隐性知识，而研究发现隐性知识的获取对于企业而言会产生负向影响，而显性知识则是正向影响。显性知识获取对企业的积极影响被归结于其较低的获取成本以及可被企业采用的特征。隐性知识的绩效影响则存在滞后效应，企业也需要时间适应、消化隐性知识。在隐性知识的获取过程中，还难免会存在偏见与错误的发生。还有学者认为知识获取时知识的广度与深度也会产生异质影响（Katz & Du Preez，2008；Taylor & Greve，2006；Zhou & Li，2012）。在知识获取的广度方面，一派学者认为企业获取知识的面越广，新思想出现的可能性越高（Taylor & Greve，2006）。广泛的知识面可以帮助企业获得更多信息，理解潜在的变化，而这些都能够提高企业对于新机会的把握能力，进而提高企业绩效（Chesbrough，2003）。相反，另一派学者则认为如果企业自身没有足够知识合成与利用能力，广泛的知识获取并不会对企业有任何益处（Laursen & Salter，2006）。在知识获取的深度方面，一派学者认为越"深"则越精，越有利于企业对于知识的消化和利用（Zahra & George，2002），进而对企业有利。很多企业缺乏竞争优势的原因就是缺乏高精尖技术知识和深度挖掘知识的能力（Katz & Du Preez，2008）。而另一派学者则强调，在某个领域获取的知识越深入，会使企业产生认知惰性，而影响企业的可持续发展（Tripsas & Gavetti，2000）。一旦企业获取知识的程度太"过"了，就会对企业产生负面作用（Laursen & Salter，2006）。

第二，情境因素导致了现有研究结论的不一致。有学者认为知识获取影响企业绩效的作用效果取决于相应的情境因素，例如组织的吸收能力（曹祖毅和贾慧英，2015；王伏虎和赵喜仓，2014）。企业从外部获取重要知识后，在内部能否充分、合理利用好知识，很大程度上取决于企业自身的知识吸收能力。在企业的知识吸收能力较高的情境下，可以有效降低知识获取成本、消化成本，并提高组织效能。还有学者基于知识基础观和高阶理论，从领导力的角度分析了家长式领导对企业绩效的影响（吕兴群和蔡莉，2016）。在企业新创期，家长式领导能够从整合资源、抵抗风险、提高效率等方面促进知识获取对企业绩效的积极影响。而在企业发展的成长期，家长式领导与企业高速发展的不匹配将阻碍知识获取对企业绩效的积极影响。

第三，不同的学者采用了不同的理论基础对主效应进行分析。例如，知识基础理论、组织学习理论和创新理论等。前文已介绍了基于知识基础理论在组织间知识获取方面的研究，主要强调在联盟关系中，知识作为有价值的、稀缺的企业资源，可以为企业带来竞争优势，进而影响企业绩效（Appleyard，2002；Lane et al.，2001；Reuer et al.，2002；Tallman & Jenkins，2002）。在相关理论介绍中，本节阐述了组织学习理论在组织间知识获取方面的研究。强调通过组织学习，获取新知识，进而提升组织竞争力。创新理论则认为，企业的绩效提升依赖于其商业化发展，而非初期的创新阶段。但商业化过程大部分集中于组织外部，除了确定商业模式外，更多的是构建快速响应能力。商业化过程对于消费者需求、市场信息等外部知识的要求更高。此时，外部知识获取将有利于企业收集重要信息，进行商业化拓展（杨曦东，2012）。此外，其他学者从组织惰性视角、知识匹配视角与资源限制视角等，分别发现知识获取与企业绩效的复杂影响（Berchicci，2013；Cohen & Levinthal，1990；Zhou & Li，2012）。

经过文献梳理，本节整理了联盟中知识获取影响绩效的研究框架（见图2-8）。虽然知识获取影响绩效产出的结果有积极结论的支持（Liao et al.，2012；鲁喜凤，2017），但仍有不少学者发现两者之间存在负向、不显著或者非线性相关的结果（Dhanaraj et al.，2004；Laursen & Salter，2006；熊捷和孙道银，2017；周立新，2016）。此外，该主效应的影响还受到知识类别、范围与情境因素等影响。因此，关于知识获取影响绩效的关系尚未充分研究，还需重点关注。

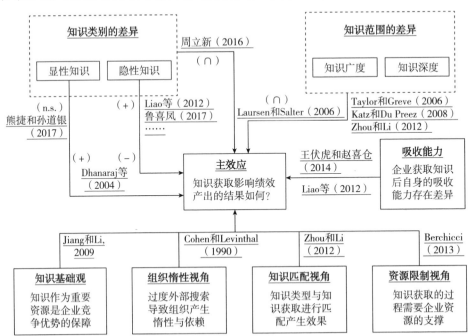

图2-8 知识获取影响绩效的研究框架

注："+"表示正向影响；"-"表示负向影响；"∩"表示倒"U"形关系；"n.s."表示关系不显著。由于空间原因，图中仅列出部分代表文献。

二、联盟伙伴间知识获取与治理机制相关研究

通过文献回顾，发现现有知识获取与治理机制的相关研究中，较多集中在讨论不同治理机制作为前因对知识获取的影响。根据梳理结果，本节整理了治理机制与知识获取相关的研究，研究框架如图2-9所示。

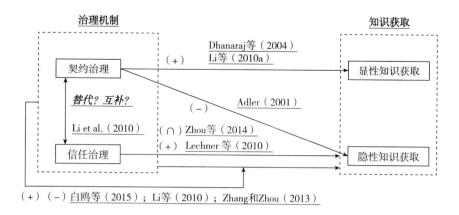

图2-9　治理机制影响知识获取的研究框架

注："＋"表示正向影响；"－"表示负向影响；"∩"表示倒"U"形关系。由于空间原因，图中仅列出部分代表文献。

在阐述治理机制影响企业行为及绩效产出时，本节简单介绍了治理机制影响知识交易活动的研究，涉及了知识获取、知识泄露等（Chen et al.，2013b；Li et al.，2010a；Lui，2009；Zhang et al.，2012）。该类研究普遍认可在复杂环境下，知识获取对企业竞争优势的积极作用。但是，契约与信任两种治理机制对于显性和隐性两类知识而言，影响也存在差异（Li et al.，2010a；李晓冬和王龙伟，2016）。

回顾相关研究，治理机制对企业知识获取呈现复杂影响（刁丽琳和朱桂龙，2015）。一派学者认为契约与信任治理可以有效促进联盟企业间知识传递，帮助企业获取重要知识。契约治理的刚性控制可以保障联盟企业间显性知识的有效传递，为知识获取提供了制度约束的平台（Li et al.，2010a）。区别于契约治理，关系治理依赖于彼此信任与良好的社会关系，这种互惠基础可以有效地帮助联盟企业获取重要的隐性知识（李晓冬和王龙伟，2016）。企业间隐性知识的传递缺乏途径与平台，联盟企业间极难深度沟通，而彼此信任为双方提供了交换的基础（Li et al.，2010a）。而相对于显性知识，隐性知识更能够帮助企业提高竞争优势（张淑华等，2015）。

另一派学者则发现组织间的契约治理反而会对知识获取产生消极影响。特别是在中国情境下的契约治理会导致联盟双方的互不信任，而这种负面效应导致企业不愿意共享重要知识（白鸥等，2015）。由于契约治理的刚性特征，只能保障基础显性知识的传递而无法促进隐性知识的传递（Li et al.，2010a；李晓冬和王龙伟，2016）。此外，其他学者发现契约治理与联盟知识获取之间存在倒"U"形关系（江旭，2008）。契约与信任两种治理机制的同时使用，才会对知识获取产生积极影响（李晓冬和王龙伟，2016）。

除了上述治理机制作为知识获取的前因外，部分研究还关注了治理机制的权变调节作用（Li et al.，2010a）。重点考察了在契约治理作为情境的背景下，信任治理对于知识获取的影响（白鸥等，2015）。与其方法上类似的，还有部分学者检验了契约治理与信任治理的互补作用（李晓冬和王龙伟，2016）。虽然较多学者考察了治理机制作为知识获取的前因与调节，但是鲜有研究关注治理机制在联盟知识获取影响企业绩效方面的影响。

第五节　现有研究述评

一、联盟伙伴间知识获取研究述评

根据文献综述可知，联盟伙伴间知识获取的研究获得了大量学者的关注。在驱动因素、绩效产出、情境因素方面都有涉及，特别是在驱动知识获取的前置因素方面，不同的学者从不同角度给予了各自的认识。虽然现有文献数量的不断增长从侧面反映出该领域的重要性，但是联盟伙伴间知识获取还有如下几个问题急需解决（见图2－10）：

第一，以往的研究大多关注联盟伙伴间知识获取的动机，即前因变量，重点回答哪些因素促进或阻碍组织间知识获取的问题。相对而言，知识获取影响绩效的研究较少。学者分别从知识特征（知识模糊性）、组织特征（组织规模、年龄、组织权利分化及吸收能力）、网络特征（结构维度、关系维度和认知维度）和治理机制出发，系统地探索了知识获取的前因（Chen et al.，2014；Coff et al.，2006；Jiang & Li，2009；Laursen & Salter，2006；Lee et al.，2015；Li et al.，2010a；Walter et al.，2007；Zhang & Zhou，2013；Zhou et al.，2014）。但是，

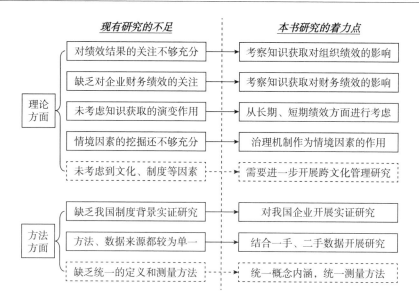

图 2 - 10   本书研究与联盟伙伴间知识获取现有研究的关联

注：黑色实线部分为本书的研究重点，虚线部分为未开展工作。

联盟伙伴间知识获取是否有利于组织绩效及发展的问题，结论不一致。学者从隐性知识获取、显性知识获取、获取知识的深度与广度等进行考虑（Laursen & Salter，2006），得出了不同结论。因此，关于联盟伙伴间知识获取是否有利于组织绩效及发展的问题仍需继续关注。此外，以往关注联盟伙伴间知识获取的绩效产出研究大多集中在组织能力、创新绩效。虽然部分研究也涉及公司财务绩效，但是相关的实证数据较少。以往研究较多关注学习联盟、产学研联盟，研究对象也较多关注技术研发型企业（黄少卿等，2016；鲁喜凤，2017）。在上述企业中，知识获取对创新绩效的关系是学者大多关心的话题。但是对于一般企业而言，知识获取究竟如何影响企业财务绩效的问题有待继续探讨。

第二，现有研究尚未考虑联盟伙伴间知识获取的演变作用。基于知识基础观，以往研究都强调了知识对于组织发展的重要性。联盟伙伴间可以取长补短，共享知识。短期内，企业可以通过知识获取迅速弥补自身的不足，将联盟伙伴的互补性知识直接用于自身经营。但是，为了维持企业长期发展，必须将伙伴知识和自身知识整合并创造新知识。这说明随着联盟的发展，知识获取通过不同的知识管理过程作用于企业绩效。而上述问题在现有文献中较少涉及，在未来研究中可以重点考虑。

第三，以往研究中关于影响联盟伙伴间知识获取对组织绩效作用的调节因素考虑不多。上述结论不一致，反映出情境研究的重要性。现有文献虽然从组织内部因素、组织外部环境因素等初步考察了上述关系（Berchicci，2013；Zhou & Li，2012；曹祖毅和贾慧英，2015；舒成利等，2015），但是情境因素的重要作用尚未充分挖掘。特别是在外部的环境因素、伙伴关系、网络位置和治理机制方面，仍需继续探讨。对于情境因素的考虑，有助于更好地理解联盟伙伴间知识获取对组织绩效的影响机理。

第四，转型经济背景下的相关研究需求。以往联盟伙伴间知识获取的研究大多采用资源基础观、知识基础观、交易成本理论等，但是否同样适用于转型背景下的中国企业？因此，有必要进一步探索在不同文化、制度背景下的联盟知识获取产出效率问题。同时，通过跨文化研究对西方理论进行检验。

第五，虽然现有文献中已有不少相关研究，但是通过梳理发现在方法部分还存在以下问题。例如，以往大部分研究对象都是西方联盟企业，缺乏我国企业的研究。现有研究大部分采用调查问卷的方式来收集数据，研究方法与数据来源较为单一。此外，对于知识获取的定义和测量较为多样，不同的学者采用了差异化的测量方式，这也是导致研究结论不一致的原因之一。

二、联盟治理研究述评

如何避免联盟关系中的风险、降低投机行为、保障联盟的结果成为学者关心的重点问题。联盟治理作为对上述问题的控制机制，不断受到关注。在联盟伙伴间知识获取领域，以往研究大多侧重探索不同联盟治理机制对知识获取的影响。例如，分别基于经济学、社会学、心理学等理论视角，分析契约治理、信任治理等对联盟伙伴间知识获取的影响。这些研究从侧面反映出，在联盟关系中治理机制具有重要的理论意义与实践价值。但是，通过综述发现现有联盟治理研究还存在一些问题值得继续关注（见图 2 - 11）：

第一，现有研究大多关注联盟治理机制作为知识获取的前因，对于治理机制作为一种情境的考察并不多。学者通过分析不同治理机制（契约治理和信任治理）对不同类型知识（显性知识、隐性知识）的获取情况（Li et al.，2010a；李晓冬和王龙伟，2016）。但是，在联盟背景下，治理机制作为重要的情境因素，也应该受到重点关注。通过梳理发现，仅在 Chen 等（2013b）、Li 等（2010b）、Lumineau 和 Henderson（2012）等少部分研究中涉及。未来研究可以重点将两类治理机制视为不同的情境，探究其内部作用机理。

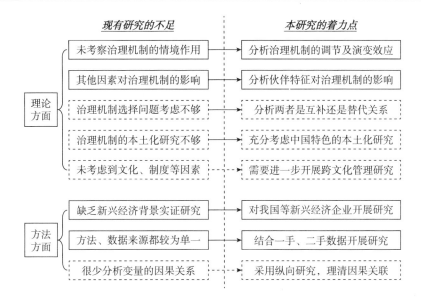

现有研究的不足　　　　　*本研究的着力点*

理论方面

现有研究的不足	本研究的着力点
未考察治理机制的情境作用	分析治理机制的调节及演变效应
其他因素对治理机制的影响	分析伙伴特征对治理机制的影响
治理机制选择问题考虑不够	分析两者是互补还是替代关系
治理机制的本土化研究不够	充分考虑中国特色的本土化研究
未考虑到文化、制度等因素	需要进一步开展跨文化管理研究

方法方面

现有研究的不足	本研究的着力点
缺乏新兴经济背景实证研究	对我国等新兴经济企业开展研究
方法、数据来源都较为单一	结合一手、二手数据开展研究
很少分析变量的因果关系	采用纵向研究，理清因果关联

图 2 - 11　本书研究与联盟治理现有研究的关联

注：黑色实线部分为本书的研究重点，虚线部分为未开展工作。

第二，虽然已有研究尝试将治理机制视为情境因素，检验了其在不同问题下的调节作用，但是鲜有研究关注权变影响的效果问题。即契约治理和信任治理作为两类调节变量的权变效应是否会受到其他因素的深层次影响？在未来研究中，可以尝试深入探究该问题。

第三，在不同研究问题中两种治理机制选择研究需要补充。以往研究中，虽然涉及了契约治理和信任治理之间的均衡状态问题，但是相关的实证数据仍然较为缺乏。特别是针对不同的研究问题，契约与信任究竟是互补还是替代，值得学者重点关注（李晓冬和王龙伟，2016）。这一矛盾观点将为学者提供更为开阔的理论空间，具有重要意义。

第四，治理机制的本土化研究趋势。与西方发达国家不同，中国社会固有的"关系"特质使得契约治理与信任治理的作用具有特殊性。一方面，中国转型过程中反映的制度缺陷会给契约治理产生何种影响？另一方面，中国社会的"关系"标签又将如何影响信任治理的作用？甚至对契约治理又是如何影响的？上述问题都是亟须解决的重点（陈灿，2012）。

第五，通过文献梳理，同样发现在方法部分存在与上部分类似的问题。例如，大部分研究都是基于西方背景，小部分来源于中国企业，但是我国企业虽然也处于转型经济背景下，其环境特征与其他转型经济体也存在差异。未来学者可以更多地考虑新兴经济体背景下的相关研究。另外，不同的学者从不同角度对治理机制进行了分类，甚至对信任机制等进行多维度划分，因而研究结论方面也变得多样化。以往研究中仅简单验证了变量间的关系，却很少探索因果关系。因此，未来研究中可以采用纵向研究设计来分析治理机制的影响。

三、本书研究与现有研究的关系

信息化时代的高速发展对企业发展提出了更高要求，知识成为企业获取竞争优势的重要资源。但是，在激烈的环境中，企业仅仅通过自身有限的内部知识很难完成绩效提升的任务。在这种情况下，通过联盟来获取外部知识，弥补自身知识短板成为多数企业的选择。但是，联盟伙伴间知识交流过程中往往会出现核心知识泄露、知识产权纠纷、投机行为等问题。

现有研究虽然对联盟伙伴间知识获取领域进行了相关研究，但是还存在一些不足。根据前文对现有文献的梳理与评述，本节总结了本书研究与现有研究之间的关系：

第一，以往研究在考察联盟伙伴间知识获取的结果产出时，多从组织能力、创新角度进行考虑，且结论不一致。而本书侧重于对企业财务绩效的考量，探索联盟伙伴间知识获取对于企业财务绩效的影响。本书分析联盟伙伴间知识获取对企业财务绩效的影响，主要是基于如下考虑：现有文献中关于知识获取影响绩效的研究结论不一致，理论基础的差异、测量方式的差异、维度划分的差异等原因导致了复杂结论。这种复杂性进一步阻碍了学者、管理者对上述关系的理解。因此，有必要基于现实数据，理清上述关系。

第二，现有研究中虽然考虑到了联盟伙伴间知识获取的结果产出，但是未考虑到该影响的演变。本书从长短期来分析联盟伙伴间知识获取价值体现的演变规律，主要是基于如下考虑：现有研究中很多学者将联盟视为一个静态的组织（Oliver，2001），认为联盟成员投入资源做出承诺后就可以自然而然地实现预先设定的目标，联盟的发展过程被大大地忽视了。但也有学者指出，联盟不仅是一个静态的合作结构，还是一个发展和演化的过程，对联盟知识的管理在很大程度上是一个联盟各方相互作用的动态过程，且联盟管理会随着联盟发展阶段的不同而表现出不同的特点（Das & Kumar，2007；Dwyer et al.，1987）。从而，有必要对联盟的发展过程或发展阶段进行分析，从一个动态的知识管理过程视角对联盟的管理问题进行研究，探索联盟伙伴间知识获取影响财务绩效的演变规律。

第三，虽然理论界考虑了联盟伙伴间知识获取对财务绩效的影响，但是缺乏相关情境因素的考虑。本书选择契约治理与信任治理作为调节变量，主要是基于如下考虑：现有研究基于资源和能力的视角，认为组织资源和能力会影响企业对联盟知识获取的协调和整合，因此影响联盟伙伴间知识获取对企业财务绩效的有效作用（Berchicci，2013；Zhou & Li，2012）。还有的研究基于制度理论的视角，认为市场环境、制度环境等外部因素会影响联盟知识获取转化为企业财务绩效的有效性（Frankort，2016；Laursen et al.，2012）。契约治理和信任治理被广泛认为是能够降低联盟不确定性风险和促进知识交流的有效途径（Chen et al.，2013b；Krishnan et al.，2016；Li et al.，2010d；Poppo & Zenger，2002），一方面能够提高企业对知识管理的能力，另一方面能够降低环境带来的不利影响。因此，有必要考虑联盟治理机制的情境作用。另外，现有研究更多关注联盟治理机制对企业知识获取、机会主义、合作绩效等的直接影响（Li et al.，2010a；Liu et al.，2009；Muthusamy & White，2005；Rolland & Chauvel，2000），认为契约和信任能够降低联盟过程中的机会主义，从而促进联盟伙伴之间更加开放和深入的信息交流，提高联盟绩效。有学者提出，契约和信任不仅能够降低机会主义，还可以促进联盟伙伴之间关系和合作的协调柔性（Li et al.，2010a）。也就是说，在企业知识获取转化为企业绩效的过程中，联盟治理机制能够发挥调节作用，提高知识获取的效用。基于此，本书从正式治理（契约治理）和非正式治理（信任治理）两个情境角度，分析联盟伙伴间知识获取在长短期方面对企业财务绩效的影响。

第四，现有研究忽视了上述情境因素是否也受到其他因素的影响。为了弥补该不足，本书从规模差异与合作时间分别来探索调节效应。进一步探索规模差异与合作时间的二重调节影响，主要是基于如下考虑：组织间的知识管理活动包含多个不同却又相互关联的内容：知识获取（或知识转移、知识分享）、知识创造（或知识开发、知识创新）、知识应用以及知识保护（或其相反的方面，即知识泄露）等。相比较而言，已有文献对战略联盟背景下合作特征（包括关系强度、直接或间接关系、伙伴相似性等）组织间的知识转移与获取进行了比较多的研究，但对于不同的合作特征，联盟治理机制如何影响知识获取和绩效关系的研究却依然有限，致使目前仍然不清楚联盟伙伴间合作特征对契约和信任的影响过程和机制等根本性问题。本书认为联盟伙伴间的关系极为复杂，因此其联盟关系中的知识获取价值体现，还受到双方规模差异的影响。此外，双方合作时间又会影响彼此的信任感，影响联盟整体稳定性等方面。

为了更清楚地展示本书研究与现有研究之间的关系，本书构建了图2－12。图中上半部分为联盟伙伴间知识获取领域相关的研究（基于第二节），下半部分为联盟治理领域相关的研究（基于第三节）。通过对两部分相关文献的回顾与梳理，本书选择了联盟治理机制作为调节变量，同时进一步探索规模差异与合作时间的二重调节作用。

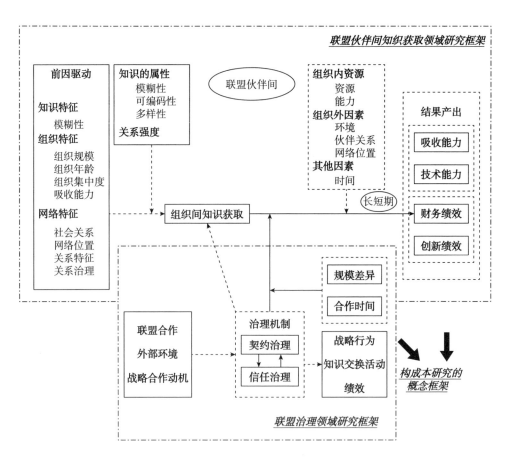

图2－12　本书研究与现有研究的关系

本章内容主要梳理了本书相关的理论与文献，介绍了知识基础理论、交易成本理论与社会交换理论，为下一章的理论模型奠定基础。同时，对联盟伙伴间知识获取与治理机制方面的研究进行回顾，通过述评发现不足，并为本书提供了方向思路。通过本章内容的阐述，将帮助读者更好地切入下一章理论模型的构建。

第三章　概念模型及假设提出

　　本章首先对理论模型的基本构成要素的概念进行详细分析与界定，针对第一章中所提出的问题，在理论综述的基础上，构建关于联盟伙伴间知识获取、联盟治理机制（契约治理与信任治理）、伙伴特征（合作时间与规模差异）以及企业长短期绩效的理论分析模型。本章进一步阐述了模型中各变量之间的关系，分析了联盟伙伴间知识获取对企业短期绩效和长期绩效的影响，契约和信任在这一关系中的调节作用，以及联盟伙伴合作时间和规模差异对契约和信任的调节作用的影响。基于上述分析，本章重点回答在不同伙伴特征背景下，联盟企业如果利用不同的联盟治理机制来进行风险控制和知识管理，从而维持联盟伙伴间知识获取对企业财务绩效的促进作用，并提出了相关假设。

第一节　研究概念界定

一、联盟伙伴间知识获取

　　现有研究中，两个主体间知识流（Knowledge Flow）的分类通常包括单向流动和双向流动。单向流动包括知识接触（Knowledge Access）、知识应用（Knowledge Application）、知识获取（Knowledge Acquisition）、知识内化（Knowledge Assimilation）、知识创造（Knowledge Creation）等（Das & Kumer，2007；Gilbert & Cordey－Hayes，1996；Grant & Baden－Fuller，2004；Inkpen，2005）。双向流动主要指知识共享（Knowledge Sharing），这些概念之间存在细微差别，且不同学者给予了特别界定。在联盟活动中，知识转移、知识共享和知识获取是共同存在并且紧密联系的，现有文献中往往视为同一个概念。现有研究认为相对于知识的整合与商业化应用等内容，大部分企业更注重知识获取（徐淑英和刘忠明，2012）。本章研究对象是试图通过联盟获取知识的焦点企业（Focal Firm），知识流方向是单向的（从伙伴流向焦点企业），因而本章重点关注知识获取。在本章中，联盟伙伴间知识获取被定义为企业通过与外部主体建立联盟的方式从伙伴处获得知识。现有研究中，知识获取主要包括企业内部知识源的自有知识和来自于企业外部知识源（外部合作者）的创新组合（Yli–Renko et al.，2001），本章关注从联盟伙伴处获得的外部知识。

二、契约治理与信任治理

现有文献认为联盟治理机制主要分为两种类型：一种是契约治理，强调企业间合同和正式规定在控制联盟伙伴机会主义行为及伙伴间冲突时的重要性。契约治理是指通过在合同条款中注明双方的职责、权利，并采用特定的程序来监控和惩罚不符合条款的行为以确保合作的目标顺利实现（Mesquita & Brush，2008；Reuer & Ariño，2007；Ryall & Sampson，2009）。另一种治理机制是信任治理，也称为社会治理、关系治理，是指一种基于社会关系和共同标准对伙伴的能力和行为充满信任感的非正式控制手段（Poppo & Zenger，2002；Zhou & Xu，2012）。

在联盟治理过程中，企业往往同时采用契约治理和信任治理两种机制来控制联盟过程中的风险和机会主义行为。实际上，契约和信任不是仅局限于联盟治理中的概念。在组织间关系管理和组织合作等更广义的情境中，契约治理和信任治理的作用也被充分探讨。Cao 和 Lumineau（2015）综述了在组织间关系的管理中，契约治理和信任治理在不同的研究领域（供应链管理、营销、战略管理、创业、国际商务等）有着不同的界定和内涵。其中，该研究将组织间关系分为跨国合作、外包、买家供应商关系、战略联盟、分销商制造商关系等。因此，本章探讨的契约和信任是指在战略联盟的情境下的联盟伙伴关系治理机制。

基于交易成本理论，契约治理来自于经济理性，通过监督和激励的结构设计来实现治理的目标。一个完备的合同被视为是保护专用性投资、遏制机会主义行为的主要工具（Williamson，2000）。合同通过明确权利和义务以及对违约行为的惩罚，减少了合作伙伴采取机会主义行为的能力和意愿。现有研究认为契约治理是控制交易风险的重要手段（Poppo & Zenger，2002；Weber & Mayer，2011），而且能够促进组织间关系的协调（Malhotra & Lumineau，2011；Schepker et al.，2014）。不言而喻地，契约治理不是万能的，很多时候这种正式的控制机制无法发挥作用甚至带来反效果。例如，合同条款中无法预测所有可能发生的情况（Lewis & Roehrich，2009），因此在一些无法预测的突发事件出现时，契约治理有效性大大降低（Woolthuis et al.，2005）。另外，在合作过程中，过度依赖契约治理可能会导致伙伴间信任度降低（Ghoshal & Moran，1996；Poppo & Zenger，2002）。

而信任治理源于社会交换理论，强调社会交往和社会联系在经济活动中所起的作用。社会机制通过一系列分散的非正式压力来维系和强化合作（Ring & Van de Ven，1992）。作为社会机制，信任是交易双方的关系纽带，能够把交易双方的情感和利益牢牢联结在一起，它既能够消除一些组织内部冲突，同时也能够促进组织更加有效地运转。因此，一旦双方合作关系中建立了信任，会增加对关系投入的意愿和长期关系导向，创造出比企业自身单独能达到的更高绩效。信任通常建立在对被信任方的判断（如对方的可靠性和忠诚度等）和当其不可信赖时可能带来的成本（如风险）的估计基础之上（Rousseau et al.，1998），反映了对合作伙伴承诺的可靠性及其履行合作义务的诚意的感知。这种信任通常存在于联盟伙伴之间的互相依存的关系，因此信任是一种社会资本（Li et al.，2010b；Liu et al.，2009；Yang et al.，2014）。在中国这样的新兴市场经济环境中，这种依赖于关系存在的信任发挥着尤其重要的作用（Luo，2002）。在多数研究中，信任被看成是多维度的复杂概念（Bigley & Pearce，1998；Lewicki et al.，1998）。

在不同学科领域，信任存在不同的内涵，可以分为不同的类型。现有研究对于信任的看法有不同的观点。有学者认为信任应该是双向的，不对等的信任难以维系联盟关系（黄俊等，2012）。然而，有学者提出在长期维持的联盟关系中，一方单方面高度信任另一方的这种正反感情并存（Ambicalence）的情况是普遍存在的（Lewicki et al.，1998）。而且，在企业做战略决策时，无法准确知晓联盟伙伴对自身的信任程度。因此"单方信任"更符合本章所要探讨的概念。还有很多研究将信任分为善意信任和能力信任（Das & Teng，2001；Jiang et al.，2013；Malhotra & Lumineau，2011；Lui & Ngo，2004），而本章的研究目的是为了探索契约治理和信任治理两种机制的不同作用。因此，本章将善意信任和能力信任作为信任治理的不同维度，它们独立存在，但又共同组成信任治理这一概念的完整结构。

三、合作时间和规模差异

企业知识获取过程中知识吸收、转化会受到联盟伙伴特征的影响，包括伙伴间交流的频率（Frequency）和伙伴间关系的紧密程度（Strength）（Lee et al.，2015；Reagans & McEvily，2003）。但是没有考虑企业和伙伴合作的时间长度，它和交流频率、关系强度等都属于不同的概念。尽管合作时间从某种程度上代表了伙伴间的关系，但是和交流频率、关系强度相比，合作时间更加强调的是企业对伙伴了解的程度。因为在合作过程中，即使没有频繁的交流和紧密的联系，企业也可以通过与伙伴的长期合作，对其经营内容、发展状况、核心竞争优势、关键技术等有深刻的体会。

现有研究认为，随着时间的推移，企业有很多的机会了解彼此（Schreiner et al.，2009）。长期合作通常代表了联盟关系曾经经历过或是冲突或是互相影响的一个相对动荡的时期，进入了关系相对稳定的阶段。在这种情况下，长期的合作经历能够促进一个联合度相对较高的战略联盟行为（Heide & Miner，1992；Parkhe，1993）。鉴于研究合作时间的必要性，本章将合作时间定义为联盟企业和当前伙伴之前合作的时间长度，用来表示联盟企业和当前伙伴的联盟经验。

此外，知识发送方和接收方之间的差异，会影响联盟伙伴之间的关系和相互理解，从而对联盟过程中知识的吸收转化产生影响。Darr 和 Kurtzberg（2000）指出，组织间的战略相似性意味着组织间知识结构的匹配，并影响使用对方知识的能力。Cummings 和 Teng（2003）提出，知识提供方与接受方之间重叠知识的相似程度直接影响着知识转移的效率。在第二章，总结了影响知识转移的因素包括知识相似性、文化相似性、管理模式相似性。而大量实践表明，联盟经常发生在大企业和小企业之间，因为它们往往抱有不同的联盟目标，或者兼并，或者吸收前沿技术和学习先进的管理经验等。很多学者发现，企业规模差异对企业间活动有显著性的影响。沈华和胡汉辉（2006）指出，企业规模差异会正向影响企业间知识溢出，而企业间兼并的概率负向影响知识溢出。由于联盟过程中伙伴规模差异会给企业带来很大的挑战，例如小企业和大企业在学习竞赛（Learning Race）中学习速度不同，小企业被沦为大企业的利用工具，小企业如何争取更多的联盟价值分配等（Yang et al.，2014）。鉴于研究规模差异的必要性，在本章中，规模差异被定义为联盟企业与当前伙伴在企业规模方面的差异情况。

四、企业短期绩效和长期绩效

本章重点关注联盟伙伴间知识获取影响企业财务绩效，因此所关注的短期绩效与长期绩效分别指短期财务绩效与长期财务绩效。在管理研究领域，企业财务绩效是衡量组织战略实现和组织目标达成的一种方式。企业财务绩效作为战略研究领域的重要变量，长期以来都受到学者的关注。例如，战略学者一直关心的一个问题就是"为什么不同的企业，其绩效水平会存在差异"（Richard et al.，2009）。倪昌红（2011）在对战略管理期刊（Strategic Management Journal）三年间发表的文献进行整理，发现近30%的实证研究主题是围绕企业财务绩效的。财务绩效主要基于财务和市场指标，可以反映公司经济目标的实现情况。运用较多的财务指标有投资回报率（ROI）、资产回报率（ROA），以及销售增长等。对于企业财务绩效测量指标与来源的选择并没有严格的定论。陈晓萍等（2012）认为二手数据在某些方面的性能优于一手数据，例如具有时间跨度和较高程度的客观性，二手数据经常作为问卷数据的补充信息，例如 ROA、净资产收益率（ROE）等财务指标可以用来补充问卷中的主观性绩效。

此外，现有研究中，关于联盟的动态性得到了普遍的认可（Khanna et al.，1998）。认为联盟伙伴间知识获取是一个动态的过程，需要联盟成员依据联盟的发展对学习的知识进行调整，以最大化联盟价值创造的潜力。同时，在联盟发展过程中，不同类型的知识转移、不同的知识获取过程会发生变化，用于降低知识转移过程中的风险和机会主义行为并提高知识转移效率的治理机制的效用也会发生变化。因此，本章为了进一步了解联盟动态过程中伙伴间知识获取对企业绩效的影响，基于 Lunnan 等的方法，将企业财务绩效分为短期绩效（3年以下）和长期绩效（5年以上）。试图解决联盟伙伴间知识获取对企业绩效影响结论不一致的问题，并对联盟中两种治理模式作用机制的演变过程进行分析。

为了更加精确地反映企业不同时期的财务绩效，本章采用了二手数据来对研究中的短期绩效和长期绩效进行测量，并选取了运用较多的资产回报率（ROA）作为指标。根据《中国民营企业发展报告 No. 1（2004）》，我国中小企业平均寿命只有2.9年，而大企业也只有7年。因此，本章认为短期绩效可以采用两年时间窗口（2006~2007年）的税后净利润和总资产的平均值来计算；长期绩效采用两年时间窗口（2011~2012年）的税后净利润和总资产的评价值来计算（Landsman & Maydew，2002；Lunnan & Haugland，2008）。

第二节　理论模型的构建

通过对联盟伙伴间知识获取、契约治理、信任治理等相关文献的评述，并结合第一章提出的实践背景和理论缺陷，认为有必要进一步分析联盟伙伴间知识获取和企业绩效的关系，联盟治理机制对伙伴间知识获取影响企业绩效的调节效应，以及合作时间和规模差异对上述调节效应的权变影响。基于此，对联盟伙伴间知识获取、治理机制、伙伴特征以及企业短期绩效和长期绩效之间的关系进行了深入研究，整体研究思路如下：

在战略管理研究中，外部知识获取是企业获得竞争优势的重要来源（Li et al.，2010a）。本节将知识管理研究置于战略联盟情境中，探索联盟伙伴间的知识获取对企业绩效的影响。虽然外部知识获取能够为企业提供知识资源，弥补内部知识不足，有利于企业持续竞争力的提升，但是目前知识管理与联盟管理的研究中对于联盟伙伴间知识获取影响企业绩效的研究结论仍不一致。一方面，从联盟伙伴获取知识能够为企业提供互补性知识、提高知识存量、拓展企业知识广度，进而帮助企业提高组织能力（Li et al.，2012）、创新能力（Berchicci，2013；Maurer et al.，2011）和组织发展（Chen et al.，2016；Maurer et al.，2011；Naldi & Davidsson，2014）。另一方面，在联盟关系中，资源的流向不是单方的，而是双方互惠的过程。这就意味着在伙伴间知识获取的过程中，可能会出现知识泄露、知识产权纠纷以及 Hamel（1991）提出的学习竞赛等机会主义行为。

另外，知识管理可分为知识接触、知识应用、知识整合与知识创新这几个主要过程。知识获取并不是企业建立战略联盟的最终目的，而知识将其应用转化为自身的创新管理能力，甚至进行知识整合与创新才是企业长期可持续发展的有效途径。但是，如果缺乏对伙伴知识获取过程的管理，可能会导致联盟伙伴间知识获取所带来的价值随着时间的推移而被侵蚀，甚至给企业带来负面影响。现有实证研究证实，外部知识获取可能会在一定条件下给绩效产生不利影响（Cohen & Levinthal，1990；Zhou & Li，2012）或非线性的影响（Berchicci，2013；Grimpe & Kaiser，2010；Laursen & Salter，2006）。

基于上述主导研究的分析，本节认为导致联盟伙伴间知识获取对企业绩效影响结论不一致的原因可能有以下两点：第一，现有研究尚未考虑到联盟伙伴间知识获取的演变作用。基于知识基础理论，以往研究都强调了知识对于组织发展的重要性。联盟伙伴间可以取长补短，共享知识。但是，从知识管理过程角度考虑，联盟伙伴间知识获取对企业短期绩效和长期绩效的影响依赖于不同的知识管理过程。短期内，知识获取对企业绩效的影响依赖知识管理中的知识接触和应用。长期来看，知识获取对企业绩效的影响则更依赖于知识管理中知识整合和创新。尽管有研究强调联盟动态性以及伙伴间知识获取的过程性（Hamel，1991；Khanna et al.，1998），但没有揭示知识获取对不同时期绩效的影响过程。因此，本节基于知识基础理论，深入分析联盟伙伴间知识获取对不同时期财务绩效的影响作用和机理。

第二，现有研究忽视了联盟治理机制在联盟伙伴间知识获取和企业绩效关系中的作用。联盟伙伴间知识获取涉及多个组织，交易风险不可避免，这种情境将会影响联盟伙伴间知识获取的有效性。联盟需要治理机制来控制相关风险，改善联盟合作环境。在联盟治理研究中，契约治理和信任治理被广泛认为是能够降低联盟不确定性风险和促进知识交流的有效途径（Chen et al.，2013b；Krishnan et al.，2016；Poppo & Zenger，2002）。交易成本理论强调联盟的本质是一种契约安排，制定契约能够明确每一位联盟成员的权利、义务以及对机会主义行为的惩罚等（Argyres & Mayer，2007；Poppo & Zenger，2002）。因此，契约作为一种正式治理成为控制联盟风险的一个合理思路。社会关系理论强调了联盟伙伴间关系的重要性（Li et al.，2010a；Zhou et al.，2014），认为联盟伙伴间的信任有利于促进联盟稳定和合作意愿，从而促进双边学习和互补性资源更加有效地结合。因此，信任作为一种非正式治理成为另一种控制联盟风险的思路。通过文献回顾，大部分研究关注联盟治理机制对伙伴间知识获取、机会主义、合作绩效等的直接影响（Muthusamy & White，2007；Li et al.，2010a；Liu et al.，2009；Rolland & Chauvel，2000），认为契约和信任能够降低联盟风险和不确定性，促进伙伴间信息交流，提高联盟绩效。但是，很少有研究将联盟治理作为一种情境因素，研究其在联盟伙伴间知识获取和企业绩效关系的调节作用。

在现有情境因素的研究中，学者从资源和能力的角度或制度理论提出，组织资源、能力等组织内部因素（Berchicci，2013；Zhou & Li，2012）和市场环境、制度环境等组织外部因素（Frankort，2016；Laursen et al.，2012）会影响组织间知识获取对绩效的直接作用。但是，对于联盟中治理机制对上述关系的权变影响研究相对缺乏。现有研究较多关注如何促进联盟成员从组织外部获取知识，而忽视了知识获取后的知识管理过程。还有学者关注如何控制联盟中的不确定风险，忽视了风险控制对组织外知识获取价值的影响。综合这两点内容考虑，有必要同时考虑联盟风险治理和知识管理方面的问题，从而更好地认识和解决边界困境的问题。因此，需要进一步探索联盟治理（契约治理和信任治理）如何影响联盟伙伴间知识获取对企业绩效的作用。

进一步地，在联盟治理研究中，对契约治理和信任治理的作用机制的认识尚且不足。一方面，很多学者认为契约治理或信任治理在联盟合作中，能够降低联盟风险和不确定性，提高伙伴间知识交流的有效性（Jiang et al.，2013；Lui，

2009；Yang et al.，2011）。另一方面，其他学者认为契约治理或信任治理都存在不完善性，在一定的环境中可能无法降低和控制联盟风险和不确定性，甚至不利于联盟合作活动的顺利开展（Liu et al.，2007；Krishnan et al.，2016）。上述矛盾的原因可能包括以下两点：

第一，联盟动态治理的重要性（Reuer et al.，2016；Schepker et al.，2014）。联盟伙伴间知识获取是一个动态的过程，仅仅考虑某一个联盟状态下的边界困境还不足以解决现存的联盟治理问题。现有研究大多关注联盟为知识获取提供了有利环境，但是没有关注联盟伙伴间知识获取的过程性（Das & Kumar，2007）。联盟伙伴间知识获取随联盟的发展而变化，因此治理机制也会对知识获取活动在不同时期的作用带来不同的影响。基于动态的视角，联盟伙伴间知识获取的不同时期面临的风险和不确定性是不同的。企业面临的联盟短期的行为不确定性更高，因为没有专业人员对伙伴的专有知识的价值进行识别和衡量（Lubatkin et al.，2001；Lui，2009）。同时，面临的联盟长期的环境不确定性更高，因为对于一个较长时间的市场环境的变化和动态性的进行预测是一项难度很高的工作。对于不同类型的不确定性，契约和信任的效用会发生变化，这可能导致契约和信任的调节作用不一致。但是现有研究中尽管有很多学者强调了对联盟动态管理的重要性和必要性，却没有研究深入探讨在这个动态的过程中，治理机制对知识获取和企业绩效关系的作用如何变化。因此，本节重点关注和检验契约和信任如何影响联盟伙伴间知识获取对不同时期企业绩效的作用机制，解决现有研究中对于联盟治理是需求（Require）还是利用（Leverage）的困境，依据联盟伙伴间知识获取的动态变化，设计最优的联盟治理模式，来保障企业绩效的可持续提升，填补联盟动态管理方面的研究。

第二，对情境因素的忽视也可能是契约治理和信任治理的调节作用结论不一致的原因。契约治理和信任治理影响知识获取向企业绩效转化过程中，不能忽略联盟伙伴特征因素的情境作用。以往文献指出，知识发送方和接收方的特性（意愿、能力、经验等）、转移方和接收方的相似性（组织文化、管理模式等）都会对知识获取产生影响。但是，对于在不同联盟伙伴特征情境下，契约和信任对知识获取和企业绩效关系的作用机制是否会发生变化这一问题尚不明确。其中，合作时间和规模差异显得尤为重要，因为这两个因素是在企业寻找联盟伙伴时最直观的因素，对企业而言也是最易获得的信息。合作时间体现了联盟企业对伙伴的了解程度，有较长时间的合作经验有利于提高转移方对知识编码、表达、解释和传送的能力以及接收方对知识吸收、整合和再利用的能力。上述能力会对契约和信任治理的调节作用产生何种影响是现阶段亟须探讨的问题。规模差异体现了地位不对等与信息不对称。同时，联盟成员中大企业往往具有更高的讨价还价能力和话语权，更容易从联盟中分得更大的权利和收益。在联盟学习过程中，规模差异不同的伙伴关系也可能会影响契约和信任对风险控制的效果。因此，将进一步探讨合作时间与规模差异对契约和信任调节作用的权变影响。图3-1更清晰地展示出发点与具体做法。

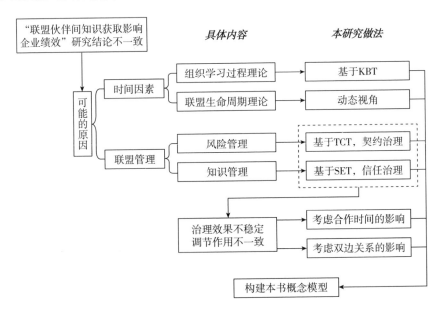

图3-1　模型构建思路与过程

本章基于知识基础理论、交易成本理论、社会交换理论，尝试构建关于联盟伙伴间知识获取、联盟治理（契约治理和信任治理）、伙伴特征（合作时间和规模差异）与企业绩效（短期和长期）的概念模型。目的是为了分析联盟伙伴间知识获取和不同时期企业绩效之间的关系，联盟治理机制以及伙伴特征作为情境因素对上述关系的影响。

概括起来，本章的研究主要分四个方面的内容：①分析在联盟动态发展过程中，联盟伙伴间知识获取对短期绩效和长期绩效的作用如何变化。②进一步分析契约治理和信任治理在联盟伙伴间知识获取和企业绩效之间关系中分别发挥着怎样的调节作用。③随着时间的推移，契约治理、信任治理在联盟伙伴间知识获取和企业短期绩效和长期绩效的关系中调节作用如何变化。④在不同的伙伴特征下（合作时间的长短不同、伙伴规模差异不同），契约治理、信任治理的调节作用会受到怎样的影响。基于以上研究内容，提出了如图3-2所示的研究框架，在这一研究框架下，将进一步提出假设并进行论证。

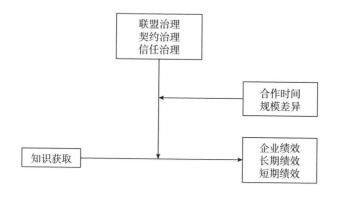

图3-2 研究框架和概念模型

第三节 假设的提出

本节根据相关理论基础、以往研究结论以及企业管理实践，对联盟伙伴间知识获取、契约治理、信任治理、伙伴合作时间、伙伴规模差异以及企业短期绩效和长期绩效等因素之间的关系进行详细分析与阐述，并在此基础上提出可以检验的理论假设。

现有研究中关于组织间知识获取影响企业绩效结论并不清晰。基于不同的理论视角和样本数据，学者们获得了多样化的研究结论。基于知识基础观、组织学习等理论，已有研究认为企业需要将自身知识和外部知识进行整合，并获得新创意和开发新产品，进而形成企业创新能力（Vorhies et al.，2002），提高创新绩效（Jiang & Li，2009），并实现企业长期竞争优势（Zahra & George，2002）。但是，基于组织惰性视角，Cohen 和 Levinthal（1990）提出过度搜索外部知识源可能会使组织对外部主体产生依赖，丧失自身核心技术能力，从而不利于组织创新绩效。从知识匹配的视角出发，Zhou 和 Li（2012）提出，企业知识广度和内部知识共享匹配能够促进创新，企业知识深度和外部知识获取匹配能够促进创新，反之却阻碍创新。还有学者基于资源限制视角，认为组织间知识获取和企业绩效呈现倒 "U" 形关系，适当地进行组织间知识获取才有利于企业绩效的提升（Ber-chicci，2013；Grimpe & Kaiser，2010；Laursen & Salter，2006）。

从组织学习过程理论来看，联盟伙伴间知识获取是一个动态演变的过程（Hamel，1991；Grant & Baden‐Fuller，2004），知识获取的内容会随着学习和认知的层次而发生改变。而生命周期理论也认为联盟是处于不断发展变化的过程（Borys & Jemison，1989；Dwyer et al.，1987）。因此，联盟伙伴间知识获取会随时间的推移而改变。知识获取方式包括知识搜寻、知识接触、知识应用、知识内化、知识创造等，若缺乏对伙伴知识获取过程的管理，可能导致联盟伙伴间知识获取所带来的价值随时间推移而被侵蚀。因此，有别于现有研究，本节认为联盟伙伴间知识获取影响企业绩效这一关系结论不一致的一个重要原因是没有考虑知识管理的过程性和联盟的演变效应。因此，需要进一步探索联盟伙伴间知识获取对不同时期绩效的影响。

一、联盟伙伴间知识获取对企业短期绩效的影响

鉴于上述关于联盟动态性的考虑，本节分别从长期与短期的角度来考虑知识获取对企业绩效的影响。基于知识基础理论，认为联盟伙伴间知识获取对企业短期绩效起积极作用，主要基于如下原因：

第一，知识基础理论认为知识作为重要资源，是企业获取竞争优势的保障（McEvily & Chakravarthy，2002）。尤其是那些有价值的、稀有的、难以模仿和替代的知识资源，更是促进企业创新、提升绩效的关键资源。与一般的有形资源不同的是，知识是一种可以重复利用的资源。企业通过联盟的方式能够和其他组织建立起知识接触和转移的途径，这种知识往往是企业内部不存在的互补性知识。因此，可以将这种异质性知识为企业所用，并从中获取利益（Grimpe et al.，2010）。在战略联盟情境下，企业从联盟伙伴处获取知识，可以将所获知识用于技术创新，提高研发能力。通过自身能力的提升，开发新产品、提高工艺水平等，进而开拓新市场，最终获得竞争优势（江旭，2008）。

第二，从知识管理的过程性来看，短期内知识获取的方式具有更高的效率，更有利于促进企业短期绩效。在联盟关系中，企业主要通过两种知识管理方式将获取的知识转化为企业价值，一种是将联盟伙伴的知识资源和技术能力直接用于企业发展，从而增强企业竞争力；另一种是基于获取的知识资源与自身的资源整合起来创造新的知识来提高企业竞争力（杨阳，2011）。根据 Grant 和 Baden –

Fuller（2004）的观点，前者主要是指联盟成员能够接触和利用对方的知识，知识接触是组织间知识获取的出发点，而后者主要是指联盟成员能够将伙伴的知识吸收和内化，变成自身的知识资源。短期内，当企业可以接触和利用外部的知识和能力时，就不需要再将其吸收和内化（Barney，1991；Lavie，2006）。因为复制知识（Replication）的成本低于创造知识（Creation）的成本，知识接触比知识内化具有更高的效率（Grant & Baden-Fuller，2004）。因此，短期内企业往往通过直接获取知识的方式，而避免成本较高的知识整合方式，来促进企业短期绩效。

第三，联盟伙伴间知识获取能够充分节省开发新知识所需要的时间和成本，提高知识的利用率。联盟伙伴间知识获取为企业提供了获取新知识的途径，避免了企业对知识的重复开发，降低了成本，充分利用了现有知识资源（Kogut，1988；Inkpen，1998）。联盟伙伴间知识获取往往是以知识接触和利用为起点的（Grant & Baden-Fuller，2004），短期内企业通过直接复制和转移伙伴的知识和技能来实现知识获取，节约了研发成本。这个过程主要涉及显性知识获取，这类知识属于能够编码、可形式化的知识，易于储存和转移，比较容易进行控制（Werker，2001；Li et al.，2010a）。而且这类知识的获取不一定要求必须是该领域的专家，一般非专业人员或其他领域的人员都可以利用这类知识。因此短期伙伴知识获取需要投入的成本较低，但是却能够给企业带来较高的短期收益。

第四，短期内企业可以利用从伙伴处获得的知识来改善策略或执行方式，促进绩效提升（Das & Kumar，2007）。在联盟合作初期，企业可以直接获得伙伴企业的管理条例、技术文件、市场资料等可移植性知识（一般是显性知识）。这些信息能够为企业技术和管理的发展提供一定的指导作用，企业可以根据自身存在的问题进行产品策略、销售渠道的调整或行政管理的改善，进而使企业在短期内获得额外收益。

第五，多样性的知识来源可以帮助企业更好地应对环境动荡性、处理合法性问题（Laursen & Salter，2006）。在高速发展的动态环境中，外部稀缺的知识资源可以帮助企业获得重要市场信息，快速响应市场的变化和需求。但是，外部知识、信息等可以帮助企业解决合法性问题，进而获得竞争优势并提高企业绩效（Hou et al.，2016）。

现有研究也强调了联盟伙伴间知识获取对企业绩效的积极影响。早期研究中，Hamel（1991）强调了伙伴间学习的重要性，认为战略联盟中组织间的"学习竞赛"决定了讨价还价能力和企业竞争力。Gilbert & Cordey - Hayes（1996）通过案例分析详细说明了组织面对技术变化的环境如何进行知识获取、交流、吸收和转移，从而最终成功实现技术创新的过程。Inkpen（1998）认为通过联盟能够建立一个更广泛的知识库，联盟中企业可以从中获取重要的知识和技术，从而推动自身发展和竞争力提升。Jiang 和 Li（2009）以德国 127 个合作企业为研究对象，发现知识共享可以促进企业绩效。Maurer 等（2011）对 218 个德国工程项目进行分析，发现知识转移是社会资本影响组织成长和创新绩效的中介因素。还有一些研究表明，组织间知识获取和共享能够促进组织能力的提升。上述组织能力包括组织的探索和应用能力（Li et al.，2012）、组织吸收能力（Li et al.，2014）等。

国内研究也得到了类似的研究结论，李艳华（2013）基于 432 家中小企业的数据分析，发现企业外部知识获取通过促进内部知识获取并作用于企业技术能力。简兆权等（2014）采用北京、广州和厦门 193 家高新企业作为研究样本，发现知识获取完全中介了政治和商业关联对组织创新的影响。曹祖毅和贾慧英（2015）从理论上提出，服务外包中知识获取能够为发包方和接包方提供沟通合作的渠道，有利于接包方提前预测发包方需求变化，从而提高绩效。舒成利等（2015）基于 205 家联盟企业 410 份样本的分析，发现知识获取能够帮助企业提高绩效。基于上述理论推理与现有研究结论，提出如下假设：

假设 1：联盟伙伴间知识获取正向影响企业短期绩效。

二、联盟伙伴间知识获取对企业长期绩效的影响

根据 Grant 和 Baden - Fuller（2004）的观点，联盟中企业一方面可以通过知识接触的方式直接转移伙伴的知识，另一方面可以通过知识吸收和内化的方式将伙伴的知识转化为自身的知识和能力。联盟伙伴间知识获取是一个逐步积累的过程，能够长期推动联盟组织发展。在建立、发展和维持长期互惠的关系过程中，知识获取为企业创新活动提供了资源和基础，促进创新能力的提升，从而积极影响组织生存、成长和长期绩效（Hitt et al.，1997）。Szulanski（2000）对知识转移的过程进行了分析，认为知识转移可以分为初始（Initialization）、实施（Implimentation）、提升（Ramping - up）、整合（Integration）四个发展阶段。从长期导向来看，联盟企业可以将伙伴的知识吸收、内化，并与自身的知识进行整合。在此基础上获得创新能力的提升，促进长期绩效。然而，在联盟伙伴间知识获取过程中，联盟伙伴关系是互惠的，因此知识流向并不是单向的。在这种情况下，联盟企业的私有知识或核心知识可能会泄露给合作伙伴，从而失去原有的竞争优势。当联盟伙伴间进行频繁的交流和沟通时，更容易发生联盟企业的知识泄露（杨薇和江旭，2016）。因此，知识泄露的情况更多发生在知识整合和内化的过程中，会给企业发展带来负面影响（Jiang et al.，2013）。因此，联盟伙伴间知识获取对长期绩效的影响作用尚不清晰。

一方面，联盟企业知识整合和创造能够给企业长期绩效带来积极影响。企业通过战略联盟进行知识获取能够促进企业内部知识积累，这种积累填补了创新活动的知识欠缺（Lane et al.，2006）。可以帮助企业突破现有的资源和知识瓶颈，发展新的产品和工艺，并开拓新产品和市场，从而提高企业的长期绩效和竞争优势。而且，联盟企业从合作伙伴处获得的互补性知识能够减少企业的资源投入，缩短创新活动的时间，降低企业成本。另外，联盟企业从伙伴处获得知识，并将其嵌入自身的组织文化和管理运营中，创造出伙伴们前所未有的新知识（Gulati，1995；Mowery et al.，1996）。这是一个持续的、不断自我超越的过程，可以从根本上拓宽和加深企业的知识存量，为企业创新发展提供更丰富的资源，为企业长期发展提供更广泛的方案选择，提高企业在动荡的技术环境和激烈的竞争环境中的适应能力和创新能力。从这个意义上来看，联盟伙伴间知识获取是知识创造的源泉，有利于推动联盟长期发展和保持持续性竞争优势。

另一方面，联盟企业知识整合和创造的过程中，具有较高的风险和不确定性，可能会给企业长期发展带来不利影响。战略联盟可视为所有组织的知识池，集中储存和处理知识。联盟企业愿意对伙伴开放和共享部分自己的知识、技术和信息，也可以从中获取自己独自运营无法接触和获得的互补性知识、技术与信息（江旭和高山行，2007）。Hamel（1991）强调了"学习竞赛"的重要性，他认为战略联盟中，从伙伴处获得知识和向伙伴转移知识是同时发生的，能够更快获得知识的企业，其讨价还价能力与企业竞争力就越强。这意味着，企业在伙伴间知识获取的过程中，不仅要从伙伴处获得重要的知识资源，还必须保护自身有价值的知识，防止知识泄露等伙伴机会主义行为以及其他交易风险。当企业处于这种竞合关系中时，就需要重视知识获取过程中存在的风险。因为有限理性的存在，合作伙伴可能为了获得更强的竞争地位和实现自己的利益而实施机会主义行为，从而给焦点企业的长期绩效带来不利影响。

此外，随着联盟企业知识获取的长期开展，其知识的广度与深度逐渐增加，企业学习和掌握的信息、技术等知识的规模也在增长。企业需要处理、筛选大量的知识，进而影响知识的利用效率，甚至会错误地采用知识并造成资源浪费。Cohen 和 Levinthal（1990）认为过度依赖外部知识获取并不利于组织创新绩效。因为企业过分寻求从合作伙伴处获取现有的成熟知识，会忽视联盟外部空间以及内部研发对创新的重要性（Berchicci，2013；Kim et al.，2011），导致企业视野受限，形成组织惯性，阻碍企业的长期发展。

同时，从长期来看，企业为了将伙伴知识和自身的知识进行整合并创造新知识，需要投入大量成本提高自身的吸收能力、整合能力。而这种知识内化和创造的过程同时还存在较大的不确定性。新产品、新技术的开发不仅需要经历一个长期的过程，还存在较高的失败可能，即使成功也不一定适应市场的需求（March，1991；Rothaermel & Deeds，2004）。而且，在知识整合和创造的过程中，相比于直接价值，给企业带来的间接价值更高。这种价值往往是无形的，无法直接反映到企业财务绩效中（杨阳，2011）。因此，本节认为联盟伙伴间知识获取对长期绩效的作用机制是正负交叉的复杂作用，其结果并不显著。

现有研究结果表明，联盟伙伴间知识获取对企业长期绩效的影响是不一致的。例如：Zhou 和 Li（2012）对中国高新企业的数据进行了分析，结果发现对于高知识广度的企业，外部知识获取阻碍突变创新；对于高知识深度的企业，外部知识获取促进突变创新。而突变创新被认为能够有效促进企业长期绩效（Levinthal & March，1993）。Laursen 和 Salter（2006）认为外部知识获取与企业创新绩效呈倒"U"形关系，而且受到内部研发的负向调节作用。Grimpe 和 Kaiser（2010）的研究也发现，外部知识获取对创新绩效的影响是倒"U"形的，但是内部研发正向调节上述关系。Berchicci（2013）也认为外部研发活动所占比例和企业创新绩效呈倒"U"形关系，而研发能力与外部研发活动的交互作用负向影响企业绩效。上述分析与研究结论表明，联盟伙伴间知识获取对企业长期绩效的影响既有积极的一面，也有消极的一面。基于上述分析，提出如下假设：

假设 2：联盟伙伴间知识获取对企业长期绩效的影响是不显著的。

关于企业联盟知识获取和企业绩效的关系，目前的研究结论仍然不一致（江旭等，2008；舒成利等，2015）。一方面，我们认为知识获取是一个动态过程，因此在不同的时期，会对绩效产生不同的影响，这一点我们在上文进行了详细讨论。另一方面，我们认为在联盟中伙伴知识获取是存在风险和不确定性的，包括行为不确定性和环境不确定性（Poppo & Zenger，2002；Williamson，1985），因此会给结果绩效带来影响，而且如何管理从联盟伙伴处获取到的知识会影响知识的利用率和最终对绩效的影响作用。从联盟中风险管理和知识管理的角度考虑，我们认为联盟治理机制能够在"联盟伙伴间知识获取－企业绩效"的关系中发挥非常重要的调节作用。

联盟生命周期理论认为，联盟是一个动态发展的过程，因此联盟风险也会随着联盟企业的知识转移和获取过程的发展发生变化。例如在联盟企业知识获取的初期阶段，企业面临的行为不确定性更高。由于对伙伴的专有知识或技术等价值不了解，伙伴可能会利用对方的这种不了解而进行投机行为，将过时的技术或不准确的信息传递给想要学习先进知识和技术的企业。这种行为影响了知识获取的有效性，降低了其对企业绩效的作用。而从长期来看，联盟企业面临的环境不确定性也更高。在快速变化的产品市场中，技术发展、政策法规也会随之改变，企业很难对长期环境进行准确预测和判断。因此，可能导致初期被认为有价值的知识和技术在进行长期学习和内化后被降低其价值水平，从而降低知识获取对企业绩效的促进作用。而不同的联盟治理机制在应对不同的风险时，作用机制会发生变化。因此，本节认为对于联盟伙伴间知识获取和企业绩效的关系中，契约治理和信任治理发挥着不同的调节作用。而且，对于联盟伙伴间知识获取和不同时期的企业绩效的关系中，契约治理或信任治理的调节作用会发生变化。

三、联盟治理在知识获取和企业短期绩效关系中的调节作用

交易成本理论认为，由于外部环境不确定性与伙伴行为不确定性的同时存在，正式控制方式在联盟管理中体现了重要作用。契约治理的本质是按照契约规定完成各自的责任和义务来达到联盟目标。从联盟企业的知识转移和获取来看，联盟伙伴会通过订立严格的契约，明确界定可供分享的知识与需要保护的核心技术，并明确规定对机会主义行为的惩罚来提高违约成本。这类约束规范了联盟各方的行为和活动，为实现联盟共同目标提供了保证。契约治理有利于对知识转移的范围、深度和广度进行详细说明，从而使企业有效监督合作伙伴的知识转移情况。可以控制合作伙伴以次充好及知识侵占等机会主义行为，从而提高知识获取的有效性，有利于企业绩效的提升。

首先，契约治理在伙伴知识获取的短期阶段内，对伙伴行为不确定性的控制效果不尽如人意。联盟企业在最初的伙伴知识获取活动中，由于处于知识搜寻和接触的阶段，缺乏对伙伴知识的掌握和了解，无法清晰认识所要转移的知识所包含的内部机制和原理（Duso et al.，2010；Grant & Baden－Fuller，2004；Inkpen，2005）。例如，专利技术等复杂知识难以在短期内快速掌握。在这种情况下，联

盟伙伴可能会利用焦点企业认识不足的弱点，在联盟中实施机会主义行为。例如，将已不具价值的知识和技术通过技术许可的方式高价转让给接收方企业。而转移方企业对于这种技术的价值没有评估能力时，契约便容易成为转移方企业的利用工具，不但不能控制知识转移过程中潜在的风险，反而让接收方企业认为在知识获取过程中已经得到了监管和控制，培育了机会主义行为的温床。而且，契约治理在短期内存在不完整性，它是随联盟合作的不断发展而不断修订和完善的。这就意味着，意图在短期阶段制定一个完善的、正式的契约来对未来的未知事项进行控制的方式会给企业带来很大的困难，无形中提高了契约治理的成本。采用契约治理对联盟风险进行控制时，尤其是对行为不确定性的控制结果无法和制定成本成比例增高时，联盟伙伴间知识获取和企业短期绩效之间的正向关系就会被削弱。

其次，契约治理在伙伴知识获取的短期阶段内，对知识接触和应用的过程管理存在很大的局限性。正如前文所述，在这个阶段，联盟企业为了更高效地利用从伙伴处获取的知识来快速获得收益，往往倾向于采用直接将整个知识模块进行转移和商业化应用的方式。例如，技术许可和技术外包等。在这个过程中，由于联盟企业无法掌握和了解伙伴的知识内容，在知识转移过程中只能制定与转移方式相关的契约，保障知识转移的顺利进行。但是，这种机制却不能保障所获得的知识一定是对企业发展是有价值的。而且，由于对想要转移的知识中哪些部分会带来更多的价值不能清晰地认识，就很难采用契约治理对知识内容进行详细的界定，指明针对某些部分合作伙伴行为允许和不允许的范围。因此，详细的条款和规则无法保障企业能够获得对企业发展有利的知识。如果试图通过完备的契约对知识相关的内容进行管理，就要求联盟企业短期内投入大量的时间和精力对各种未知事项进行调查和取证。陈浩然等（2007）认为，随着契约控制的加强，需要对契约进行反复谈判和修订，签订契约的成本、监督成本以及实施契约的成本都会增加。在这一阶段，契约并不能有效地进行知识管理和风险管理。一味增加契约治理的强度反而会降低联盟伙伴间知识获取对企业绩效的积极影响。

最后，很多学者认为正式契约可能会被合作伙伴当作是一种不信任的表现，从而给联盟伙伴间的知识交流和转移过程设置障碍。因为契约是正式的、复杂的、强制性的监控手段，需要建立在制度、政策和规则的基础上，在执行的过程中需要对合作过程和伙伴行为进行长期密切的监控，可能会给联盟伙伴的合作意愿带来不利影响（Cavusgil et al.，2004）。在契约治理水平较高时，合作伙伴可能会对严密的监控和限制有不适感，认为焦点企业利用契约对其内部事务进行干涉，降低其在联盟中的话语权和决策权，从而给伙伴关系带来破坏性的影响（Ghoshal & Moran，1996）。江旭（2008）认为，过度的契约控制会导致转移方在知识转移过程中不尽力的行为（道德风险）或转移方隐瞒自己的真正实力（逆向选择），造成联盟环境的合作氛围下降，竞争氛围增强。从而降低了伙伴知识获取的有效性，减弱知识获取对短期绩效的影响。因此提出如下假设：

假设 3：契约负向调节联盟伙伴间知识获取和企业短期绩效之间的关系。

在组织间合作文献中，信任作为影响合作成功的重要因素受到国内外学者的关注。信任治理是指企业相信伙伴具有维持联盟关系并实现联盟目标的能力，同时相信伙伴在联盟过程中是正直、友善、仁慈和忠诚的（Cavusgil et al.，2004；Das & Teng，2001；Liu et al.，2009）。信任被认为是合作一方对另一方的善意和能力的正面预期（Gulati，1995；Nooteboom，1996；Rousseau et al.，1998），是在特定社会环境下的主观心理以及由此产生的行为表现。本节认为信任治理能够降低和控制联盟合作过程中的风险和不确定性，促进伙伴间知识获取对短期绩效的积极影响。

首先，从联盟风险来看，信任能够有效降低联盟伙伴的机会主义行为。当信任存在时，能够减少联盟企业对合作伙伴的机会主义行为的担心（Gulati，1995），增加联盟伙伴间沟通的频率和途径，提高交流的广度和深度，从而建立起伙伴间亲密关系（Li et al.，2010a；Poppo & Zhou，2014）。在这种情况下，合作双方都相信对方能够更自觉地履行各自约定的责任，而不会利用自身的弱点来实施机会主义行为。这种正面的预期和积极的心理状态能够降低合作双方对自我价值损失的感知，促使知识发送方愿意承受一定程度的可控关系风险，减少对另一方的控制和防御行为。通过采取更加开放的态度传递有价值的知识，双方发生机会主义行为的可能性就会降低。因此，当联盟企业对合作伙伴的信任水平较高时，说明合作双方之间存在紧密联系的关系，不再担心核心知识的流失和泄露。这种紧密关系为伙伴知识获取的短期阶段内的有效性和可靠性提供了坚实的保障。而且，联盟企业在知识获取初期阶段对伙伴的知识并不了解，为了更快速地从知识获取过程中获得收益，往往更倾向于直接获取和利用伙伴的知识和技术进行运营和发展（Duso et al.，2010；Grant & Baden – Fuller，2004；Inkpen，2005）。在这一时期的伙伴知识获取中，企业对伙伴知识的熟悉度降低，在转移的过程中很可能会给伙伴创造了利用焦点企业的认知空白实施机会主义行为的机会。联盟伙伴间信任可以提供有效的控制机制来消除伙伴对其进行危害行为的倾向，避免不利结果的产生。相反，根据社会交换理论，如果联盟伙伴间信任水平较低，合作一方感知到对方的不信任时，也会对其伙伴的信息真实性和知识可靠性产生怀疑，从而不利于联盟发展，甚至导致联盟关系意外中止。

其次，从知识管理方面来看，信任能够促进联盟伙伴的合作倾向，更愿意提供对焦点企业有价值的知识。根据社会交换理论，当合作一方感知潜在的社会交换价值较高时，基于互惠原则，也会给对方贡献更多的资源和知识作为回报（江旭，2008）。在信任治理水平较高时，联盟合作伙伴对未来潜在的社会交换价值的预期更为正面积极，促进联盟伙伴间相互理解，并期望能够建立长期持续的联盟合作关系，从中实现互惠互利和双赢的局面（Li et al.，2010a）。不仅如此，联盟伙伴信任能够在双方关系上建立积极正向的信念，促进相互之间的利他主义行为。在知识转移过程中，信任说明联盟伙伴具备有价值的知识（能力信任）并愿意和焦点企业共享（善意信任）。因此，联盟伙伴之间相互信任，知识发送方更愿意提供真实的信息和有价值的知识，知识接收方愿意相信对方的知识是有利于促进自身发展的。彼此信任因此提高了伙伴知识获取的有效性，使其对企业短期绩效的促进作用更加明显。

最后，联盟信任治理机制能够有效降低企业在伙伴知识获取中投入的成本，并提高伙伴知识获取给企业带来的收益。在短期内，联盟企业要从伙伴处获得有价值的知识，必须对伙伴知识进行了解和评估。而评估工作需要投入知识搜寻成本、信息成本和决策成本等。而联盟信任治理可以促进合作双方建立紧密的关系和互惠的意愿，知识发送方愿意提供有价值的知识给知识接收方，降低其知识搜寻成本和相关信息成本（江旭，2008）。此外，合作双方关系的融洽可以使得确定转移知识内容的谈判和决策过程更加顺利，有利于降低决策成本。在联盟伙伴间知识获取过程中，信任治理能够在短期内促进联盟伙伴间的交流和沟通，扩大了信息传递量，使伙伴间知识转移更加顺利，降低了知识转移的执行成本（Szulanski et al.，2004）。同时，信任治理为联盟伙伴间知识获取营造了积极互利的氛围，促进了企业短期内从伙伴处获得的知识中创造收益。相反地，如果联盟伙伴间缺乏信任，知识发送方感受到知识接收方对自己不信任，就不愿意为其提供有价值的知识。因为信息不对称，知识接收方无法获得关于知识发送方的真实有效的信息，就会对知识发送方的知识和行为产生怀疑。合作双方不信任很可能会给联盟关系带来破坏性的伤害，一旦联盟关系意外中止，事前为建立联盟而投入的大量资本也无法收回。这对联盟企业来讲无疑是一种巨大的浪费，而且严重危害了企业绩效增长。基于上述分析，提出如下假设：

假设 4：信任正向调节联盟伙伴间知识获取和企业短期绩效之间的关系。

四、联盟治理在知识获取和企业长期绩效关系中的调节作用

联盟伙伴间知识获取在长期积累的过程中，能够通过伙伴互补性知识和自身知识的整合和内化形成有价值的、难以模仿的知识资源，拓展联盟企业的知识储备，提升自身的竞争优势，实现企业的长期可持续发展（Duso et al.，2010；Gilbert & Cordey – Hayes，1996）。然而，在知识整合和创造过程中，需要企业投入大量的人力、物力、财力资本。这对企业研发能力、吸收能力等都有较高要求，且面临的不确定性更高。尤其是随着技术的快速发展、市场需求的不断变化以及我国政策法规的不断完善，联盟企业很难对一个长期的环境进行准确预测。因此，长期来看，联盟伙伴间知识获取面临的环境不确定性较高。Krishnan 等（2016）发现，契约对于环境不确定性的控制更加有效。契约治理水平较高时，环境不确定性降低，联盟伙伴间知识整合和创造的成功概率增加，更有利于企业长期绩效的增长。

首先，契约治理机制能够降低联盟活动中的行为不确定性和环境不确定性的不利影响。一方面，契约治理主要是以正式的、书面的形式为联盟成员分配任务、职责、目标和利益等。详细说明在任何情况下联盟各方都必须按照契约规定的行为允许范围内进行活动，而且针对违反契约的行为制定了相应的惩罚机制，从而提高成员违约成本，控制联盟成员的机会主义行为（刁丽琳，2013）。在经历了一定时间的联盟活动后，企业对于想要从伙伴处获得和整合的知识有了一定的评估和判断，能够通过详细的契约条款，包括知识转移过程、知识产权保护、保密协议、核心知识泄露处罚等内容，对知识发送方在知识转移过程中可能发生的机会主义行为进行有效的监督和控制。从而避免知识发送方传递失真的信息，保障知识接收方所获取的知识是有价值的（Lui & Ngo，2004）。另一方面，契约治理为联盟伙伴间知识交流提供了正式渠道。通过对联盟活动进展的定期汇报和对伙伴知识获取过程中的意外事项发生的不定期通知（Reuer & Ariño，2007），能够提高联盟对外部环境变化的反应速度和适应能力（Krishnan et al.，2016），有利于联盟长期稳定地发展。从焦点企业的角度出发，联盟合作的长期发展保障了该企业从联盟中获得持续性的收益，实现绩效的长期增长。

其次，联盟契约作为一种正式的、书面的治理方式，能够为联盟伙伴间知识整合和创造建立系统的发展程式，促进这一过程顺利进行。随着联盟伙伴间知识转移过程的进行，联盟企业对于转移方提供的知识和技术越来越熟悉，在知识积累的过程中不断形成和充实了自己的知识储备（Inkpen，2005）。契约就提供了一种正式的沟通交流的渠道，通过有形的文档，能够为后续的知识获取活动提供一个可搜索、核对以及对相关知识和技术重新审视的可跟踪学习的程序（Argyres & Mayer，2007）。随着时间的推移，联盟伙伴间互动和交流增多，共同实施的联盟行为重叠和交叉更复杂。合作双方依据合作的进展对契约进行不断地谈判、修订和完善，并根据详细合作过程的记录构成汇报总结。这些正式的、书面的契约就构成了一个有形的知识库，可以供联盟企业参考和查阅，促进联盟伙伴间知识整合和创造的进行，从而为企业长期绩效创造价值。知识整合和创造需要知识发送方和知识接收方进行共同研发活动，由于双方的认知基础、知识构造、理解沟通方式的不同，在进行共同研发活动时容易出现分歧。正式契约能够详细记录知识转移的内容和过程，有效降低相关知识和技术的认知偏差，解决知识获取过程中的冲突（Cavusgil et al.，2004），提高知识整合和创造的有效性，促进企业长期绩效的提升。

最后，在经历了较长时期的联盟伙伴间知识获取后，联盟契约治理能够降低企业在知识整合和创造中投入的大量成本，并提高了企业从中获取长期收益的可能性。从焦点企业的视角来看，联盟伙伴愿意提供知识给焦点企业的原因可能存在两种情况。一种是焦点企业提供有形资源（设备、场地）、无形资源（专利技术、专有知识）以及相关人员（技术人员、研发人员等），伙伴企业为其提供一定的知识和技术支持，使其获得自己的知识资源并成功转化为焦点企业自身的知识，并从通过接触和应用焦点企业的互补性知识来实现自身发展。另一种是焦点企业和联盟伙伴都投入有形资源、无形资源及相关人员进行共同研发活动，最终实现知识整合和创造，将对方的知识和创造的新知识转化为自身知识。无论是哪种情况，一旦焦点企业的伙伴提前实现了自己的目的，例如利用焦点企业的知识获得了应有的收益或是从共同研发中率先学到了伙伴知识，在随后的共同活动中就可能不再给焦点企业提供帮助。那么在此之前焦点企业投入的大量无形资本和有形资本中属于专有性资产的那一部分就无法收回，并且没能从知识获取过程中获得理想收益（Hamel，1991）。当焦点企业采用详细的契约对联盟活动的中止条件进行规定并对提前中止联盟活动的行为制定相应的惩罚机制，就可以避免专有性资产的浪费。从而节约了机会成本，保障知识整合和创造的最终实现（Luo，

2002）。综合上述分析，提出如下假设：

假设5：契约正向调节联盟伙伴间知识获取和企业长期绩效之间的关系。

随着联盟伙伴间知识获取的进行，联盟企业与伙伴的知识交流活动有了进一步的加深。学者认为信任作为一种基于自我监管的非正式治理，很难对复杂的知识整合和创新过程中互动交流、任务执行进行有效管理（Cannon et al.，2000）。而且近年来一些学者开始提出信任的消极作用（Dark Side），信任会限制组织对环境不确定性的认知，导致学习过程中的判断出现偏差（Krishnan et al.，2006，2016）。面对新兴经济下产品市场快速变化和政策法规不断完善的环境特征（Sutcliffe & Zaheer，1998；Wholey & Brittain，1989），联盟信任的正向作用随时间推移逐渐变弱，负向作用逐渐显现出来。

第一，联盟信任在伙伴知识整合和创造阶段，无法有效控制环境不确定性带来的不利影响。信任建立在联盟企业对伙伴具有联盟能力及正直、诚实、可靠和仁慈等特性的信心（Das & Teng，2001；Woolthuis et al.，2005）。当联盟企业对伙伴的信任程度较高时，认为知识发送方提供的知识是有价值的，不会对伙伴的知识产生怀疑。然而，当环境不确定性较高时，企业相信伙伴的判断和决策，就会忽视对行为和环境的监控，造成企业对环境的认知局限，影响企业在知识获取过程中对环境变化做出快速反应（Gargiulo & Ertug，2006；McEvily et al.，2003）。信任治理就像认知启发（Cognitive Heuristics），能够促进决策的同时也会引入系统性偏差。合作伙伴不一定充分了解焦点企业所处的环境，即使在高度信任和考虑他人利益的情况下，也会导致对环境和决策的判断失误（Krishnan et al.，2016）。在这种情况下，信任会导致联盟企业过度依赖伙伴，阻碍企业在联盟学习过程中对环境进行快速反应，从而降低了知识获取的有效性，降低了对企业绩效的正向作用。除此之外，当联盟伙伴间信任水平较高时，联盟企业就不愿意改变它们的学习结构和合作模式。即使面临高度的环境不确定性，它们也会因为过于担心和伙伴的紧密关系受到影响而努力维持一贯的学习模式。这种情况会导致组织惯性的产生，从而降低知识获取的有效性。

第二，联盟信任在伙伴知识获取经历了较长时间后，无法有效管理知识整合和创造的过程。通过长期的联盟学习，企业已经不满足于仅依靠知识接触和利用来获取利益，他们会倾向于不断地积累知识，将伙伴的互补性知识和自身的知识进行整合和创造并转化为自身特有的知识（Duso et al.，2010）。在这种复杂的知识转移和形成过程中，合作双方的知识转移不再是单向的，而是在互补性知识的结合和碰撞中进行的，涉及双方的知识、专有技术、研发人员等多个投入要素。联盟焦点企业希望通过和伙伴之间的知识交流最终实现企业持续竞争优势的提升和长期绩效增长。由于合作双方认知基础、知识构造、理解沟通方式的不同，在进行知识交流过程中很容易带来模棱两可和误会的局面出现（Cannon et al.，2000）。此时，信任作为一种非正式的、基于双方自由意愿的治理机制，将不利于解决知识获取过程中的冲突和分歧，从而降低了其对企业长期绩效的积极影响。综上所述，提出如下假设：

假设6：信任负向调节联盟伙伴间知识获取和企业长期绩效之间的关系。

五、合作时间对联盟治理在短期阶段调节作用的影响

合作时间是指焦点企业和联盟伙伴过去曾经合作的历史时间（Das，2006；Lui，2009）。当焦点企业和联盟伙伴曾经有过较长时间的合作经验，对彼此的行为规范、习惯偏好等都有比较熟悉的认识，双方的合作机制相对更加成熟和规范，合作过程中的默契程度更高（Xin & Pearce，1996）。在这种情况下，联盟企业认为通过非正式的规范的方式来控制合作和交易风险比采用正式契约的方式更加有效。尤其是在中国这种注重"关系"（Guanxi）的合作环境中，制定详细的、特有的契约被认为是对伙伴的不信任或伙伴是不值得被信任的（Li et al.，2010b；Luo，2002），因此，契约治理更适用于合作双方没有坚实的合作关系或较少合作经验的情况。

首先，契约治理在伙伴知识获取对企业短期绩效的影响关系中，无法对行为不确定的风险进行有效控制。当联盟企业和伙伴曾经合作过较长时间，契约不仅不利于降低行为不确定的风险，甚至可能引起伙伴企业的机会主义行为。在伙伴知识获取的短期阶段，联盟伙伴可能会利用焦点企业对其知识不熟知实施机会主义行为，而焦点企业无法通过详细的契约对伙伴的行为风险进行有效控制。如果合作双方曾经经历过较长时间的合作，联盟伙伴会认为和焦点企业具有一种较好的合作默契，此时契约会被视为一种形式化的过程。当焦点企业试图采用较高水平的契约治理来对伙伴行为进行控制时，会让联盟伙伴认为自己是不被信任的，这将降低其向焦点企业转移知识的意愿（Lovett et al.，1999），可能产生不利的结果。例如以次充好，或将潜在价值较低的知识转移给焦点企业，抑或是在知识转移的过程中消极对待，降低知识转移的效率。具体来讲，联盟企业和伙伴曾经有较长时间的合作经历时，双方都更倾向于基于一种自愿的形式来进行合作和交流。偏向在更宽松自由的环境下进行开放式的组织间学习，而不是受到严格的、强制性的规定、限制、监管、控制以及违规处罚等（Woolthuis et al.，2005）。一旦具有长期合作经验的联盟伙伴感受到自己不被信任，就可能破坏它们之间合作的关系规范，提高了行为不确定的风险（Malhotra & Lumineau，2011）。

其次，契约治理在知识接触和应用过程的管理中力所不及，当联盟企业和伙伴过去合作时间较长时，可能会从正反两方面影响契约治理的效果。一方面，在伙伴知识获取的短期阶段内，联盟企业更倾向于进行知识接触和应用，从而更快速高效的获得收益。但是，联盟企业对伙伴知识内容不了解，很难采用契约治理的方式来对知识转移的内容和方式进行具体说明，所以不利于知识接触和应用活动的顺利开展。而随着合作时间的延长，双方的合作关系得以深入，建立了独特的理解和沟通机制，使得双方的协作和沟通更为有效（Kotabe et al.，2003）。这样能够弥补契约对知识获取过程管理的不足。另一方面，联盟企业和伙伴经历过长期的合作，合作机制趋于稳定和成熟，这种稳定性可能会带来契约的固化和刚性（Klein，1996）。在新的联盟合作与知识转移过程中，源于历史经验的正式契约不一定适用。契约将过度关注以往合作过程中知识转移的关键信息，而忽视本次知识转移过程中出现的新内容，降低伙伴知识获取过程管理的有效性。从这个意义上来看，随着合作时间的延长，契约治理能够对那些和过去经历的伙伴知识获取过程类似的部分进行更加有效的管理，但会对和过去经历的伙伴知识获取过程不同的部分的管理产生不利的影响。

最后，在联盟合作中，焦点企业对新伙伴更加宽容，面对伙伴知识获取过程的分歧和不尽如人意的结果更容易接受（Levinthal & Fichman，1988）。而随着合作时间的延长，伙伴间互相容忍的程度降低（Lui，2009）。在焦点企业和伙伴之前没有合作经验的情况下，因为对伙伴的行为规范、习惯偏好不了解，所以更容易给予更宽泛的允许行为范围，出现分歧的时候更愿意相信是彼此之间的差异等客观因素所造成的。相反地，焦点企业和伙伴以前曾经长期合作，彼此更了解的情况下，一旦出现分歧，焦点企业会认为是伙伴有意而为之。在这种情况下，联盟伙伴对彼此的责任和义务要求更高，限制更严格。如果采用契约治理的方式对联盟成员的责任和义务进行详细规定，并明确界定可转移和不可转移的知识以及允许和不允许的行为范围，对应的契约制定、谈判、修订、执行等方面的成本将会提高。而在这一阶段，契约对知识管理和风险管理的效果并不理想，并不能促进联盟伙伴间知识获取对企业短期绩效的积极影响，反而给企业资源造成浪费。因此，提出如下假设：

假设 7：联盟伙伴过去合作时间越长，契约对联盟伙伴间知识获取和企业短期绩效之间关系的负向调节作用增强。

当焦点企业和联盟伙伴曾经有过较长时间的合作经验时，它们之间的合作关系会被认为是成熟稳定的（Sandy D. & Ganesan，2000），其关系资本更强（Kotabe et al.，2003）。在这种情况下，基于频繁互动和沟通关系基础上的信任治理被认为是控制联盟风险和进行知识管理更加有效的方式（Luo，2002），且实施成本更低。

首先，信任治理有利于降低联盟伙伴的机会主义行为，随着合作时间的延长，信任的效果越来越显著。当焦点企业和联盟伙伴曾经合作过较长时间时，对双方的行为规范、习惯偏好相对更加了解。彼此能够理解对方的信念和想法，价值观在长期互动和交流过程中趋于一致，双方对彼此的归属感和认同感较强（Dyer & Chu，2000）。在这样的关系基础上，合作双方之间相互依赖性较强，有利于联盟信任的建立。尤其是在联盟伙伴间知识获取的短期阶段内，信任的存在能够为知识的价值和可靠性提供保障，促进知识发送方向知识接收方提供所要转移的知识（刁丽琳，2013）。同时，能够降低合作伙伴进行机会主义行为的倾向（Gulati，1995），有效控制行为不确定的风险。如果缺乏合作经验，联盟信任的建立需要焦点企业和联盟伙伴开展频繁的互动和交流活动。相反地，如果焦点企业曾经和知识发送企业有长时间合作经验，能够为联盟信任的建立和知识交流提供关系基础。从这个意义上来看，合作时间越长，信任对风险控制和知识管理的效果越好。

其次，信任治理有利于促进伙伴知识接触和应用的顺利进行，且曾经的合作经验能够促进信任治理的协调效应。在焦点企业直接接触和利用不熟悉的知识时，无法对所要转移知识的潜在价值进行评估和判断。信任治理保障了焦点企业和联盟伙伴之间的互惠关系，能够促进联盟伙伴对焦点企业的善意，愿意提供有价值的知识给焦点企业（江旭，2008）。当焦点企业和联盟伙伴有过往合作的经历，代表伙伴企业对焦点企业的习惯、偏好和需求比较了解，这就有利于知识发送方能够准确认识焦点企业需要的知识内容，从而促进知识转移活动更加高效顺利地开展（Kotabe et al.，2003）。也就是说，在焦点企业进行知识接触和应用的过程中，信任治理为联盟关系提供了互惠和善意对待的基础，避免联盟伙伴提供不真实的信息。长时间的合作经历提高了伙伴知识对焦点企业的需求匹配的准确性。在二者的共同作用下，联盟伙伴间知识获取过程的管理效果更加直接和有效。

最后，随着合作时间的延长，不仅能够提高联盟信任治理在风险控制和知识管理方面的有效性，还可以降低建立联盟信任的成本。在联盟伙伴间知识获取的短期阶段，联盟信任治理需要建立在联盟伙伴间频繁互动和交流的基础之上，双方互相有充分的了解才能形成相互依赖关系，从而产生信任。Barney 和 Hansen（1994）认为联盟信任可以分为计算型信任、认知型信任和认同型信任。如果焦点企业和联盟伙伴之前没有合作经验，只能依靠对伙伴企业有限的认识对其进行理性的判断，从而形成对伙伴能力和善意的期望水平。这种类型的信任比较脆弱，需要经历不断的监控和考察来进行强化。当过去有过较长时间的合作经验，合作伙伴之间的认识更进一步，透明度更高，焦点企业进行理性评估和判断的成本降低。与此同时，熟识程度的加深有利于联盟伙伴间建立更高层次的认知型信任，更容易形成统一的关系规范来控制联盟伙伴的行为。且最高层次的认同型信任很难形成，必须要建立在长期的时间积累和不断磨合的基础之上，只有经历长期稳定的合作，才有可能建立共同的价值观和一致的行为默契。因此提出如下假设：

假设 8：联盟伙伴过去合作时间越长，信任对联盟伙伴间知识获取和企业短期绩效之间关系的正向调节作用增强。

六、规模差异对联盟治理在短期阶段调节作用的影响

在实践中，很多联盟都是发生在大企业和小企业之间。它们往往抱有不同的联盟目标，或者兼并，或者吸收前沿技术和学习先进的管理经验等。因此在进行联盟伙伴间知识获取的过程中，无论是在风险控制方面，还是在知识管理方面，规模差异会给联盟中契约治理和信任治理的作用产生影响。联盟伙伴间规模差异越大，意味着在双边关系中规模较大的企业拥有更高的话语权和讨价还价能力。企业运营模式、知识管理模式等差异越大，伙伴间信息不对称的情况越显著。本节认为在各方面都存在较大差异的情况下，契约能够更好地发挥作用。

首先，联盟伙伴间规模差异较大时，契约治理对伙伴知识接触和应用的风险控制效果更加有效。当焦点企业和联盟伙伴的规模差异较小时，更倾向于在联盟活动中建立更平等的地位，对彼此的认可度更高（Luo，2008）。在这种情况下，焦点企业试图采用较高水平的契约治理对不熟悉的知识转移过程进行明确的界定，不仅无法对伙伴机会主义行为进行有效的控制，反而给伙伴企业一种被严格约束、监管和控制的感知。这样容易降低知识发送方向焦点企业转移知识的意愿。例如，知识发送方利用焦点企业这个时期对知识的认识不足，将过时的技术或失真的信息转移给焦点企业，造成焦点企业从伙伴获取的知识无法通过直接接触和应用转化为企业短期绩效。相反地，如果焦点企业和联盟伙伴的规模差异较大，合作双方在权威地位、责任义务、联盟目的等方面都有明显差异，更倾向于依赖联盟契约来进行清晰地说明。尽管在伙伴知识获取的短期阶段内，联盟契约并不能有效地针对知识转移的内容和过程进行明确的界定。但是面临较大的伙伴间规模差异，可以通过详细地规定联盟成员的基本责任义务和联盟目标，对联盟风险进行一定程度的控制，提高知识转移的有效性。

其次，战略联盟中伙伴规模差异会给组织间知识接触和应用带来挑战，联盟契约有利于缓解由于伙伴规模差异带来的不利影响。在联盟伙伴间知识获取的短期阶段，由于焦点企业对想要转移的知识认识不足，通过契约对知识内容进行界定的范围和程度有限，并不能促进知识接触和应用的有效性。当联盟发生在大企业和小企业之间时，合作双方知识获取的动机、资源投入、最终目标等方面都存在较大差异，导致合作双方对伙伴的技术优势和知识需求认识不足，给知识接触和应用带来不利影响（Cummings & Teng，2003；Darr & Kurtzberg，2000）。例如，大企业和小企业希望通过战略联盟获得互补性知识，大企业具有更强的组织管理能力，而小企业对市场需求的变化反应敏捷。它们都希望通过不同的方式从对方获得自己需要的市场信息和组织管理知识。焦点企业利用正式的契约能够准确描述合作双方的知识需求，有利于知识发送企业针对焦点企业的技术需求提供准确的知识资源。而且，小企业和大企业在学习竞赛（Learning Race）中学习速度不同，小企业往往沦为大企业的利用工具，小企业只能分配到较少的联盟价值（Yang et al.，2014）。同时小企业"搭便车"现象会损害大企业的利益。契约针对利益分配和投机行为的惩罚进行说明，从而实现对知识接触和应用的有效管理。

最后，联盟伙伴间规模差异较大时，可能会给企业间沟通和交流带来一定的阻碍，而契约治理机制有利于缓解或排除伙伴间规模差异带来的交流障碍（Lavie et al.，2012）。规模的差异带来企业运营模式、沟通模式、决策模式的差异。在焦点企业和联盟伙伴进行知识获取相关活动时交流行为不协调，更容易出现分歧和冲突，合作双方对彼此的认识和期待容易出现偏差。在这种情况下，无论是大企业还是小企业都会尽力追求自己的目标和价值最大化，导致缺乏共同的行为规范（Kale et al.，2000）。如果焦点企业采用契约治理对双方的运营、沟通和决策模式进行统一的规定，建立正式的、系统的联盟活动规范，就能够促进联盟伙伴间知识获取过程的顺利进行，从而保障企业从中获得短期收益。综合上述分析，提出如下假设：

假设9：联盟伙伴间规模差异越大，契约对联盟伙伴间知识获取和企业短期绩效之间关系的负向调节作用减弱。

知识发送方和接收方之间的规模差异，会影响联盟伙伴之间的关系和相互理解。在运营模式、沟通模式和决策模式等方面的固有差异会降低信任治理对联盟风险和知识管理的有效性（Cummings & Teng，2003；Darr & Kurtzberg，2000），不利于焦点企业接触和应用伙伴知识来提高短期绩效。具体来说，在伙伴间规模差异较大的情况下，信任治理对知识接触和应用过程的管理效果不尽如人意，也无法对伙伴的机会主义行为进行有效控制。

首先，联盟伙伴间规模差异较大时，会阻碍信任治理对联盟中行为不确定的风险进行有效控制。在联盟企业对不熟悉的知识进行接触、获取和利用的过程中，信任能够提供一种非正式的保障，限制联盟伙伴以次充好并将利用价值较低的知识和技术转移给核心企业的行为。信任建立在联盟双方有效互动的基础上，需要双方互相尊重和具有相似的价值观和传统（Lusch & Brown，1996）。如果联盟伙伴间规模差异较大，意味着合作双方在企业运营、沟通方式、决策过程、管理模式等方面都存在较大的差异。在此基础上建立的价值观不一致，不利于伙伴间信任的建立和发展（Costa et al.，2012）。而且，信任水平很大程度上依赖于关系公平，包括分配公平、程序公平和互动公平（刘衡，2011）。伙伴间规模差异会给关系公平带来不利影响，从而影响联盟信任对行为不确定风险的控制。具体来说，在大企业和小企业之间形成战略联盟关系过程中，大企业的资源优势会给其带来更高的讨价还价能力和话语权，通常占据更权威的地位，具体表现为权力不对称（Zhou & Xu，2012）。这时，大企业更倾向通过类似于严格的层级管理的模式来维持和小企业之间的长期合作关系，这种地位不对等会导致双边相互依赖关系的不对称，从而大大削弱联盟信任治理的有效性。

其次，从知识管理方面来看，联盟信任有利于促进伙伴间知识接触和应用过程的顺利进行，而联盟伙伴间规模差异较大的情况下，联盟信任的作用被削弱。在联盟伙伴间知识获取的短期阶段内，信任治理有利于促进联盟伙伴间的互惠互利关系，提高知识发送方的合作意愿，自觉地考虑焦点企业的利益，为其提供有价值的知识（江旭，2008）。如果联盟伙伴间存在较大的规模差异，大企业和小企业对同样的知识内容和转移方式等方面存在认知差异。联盟伙伴间信任水平较高时，知识发送企业会基于自己对知识内容和转移方式的认知，选择最有效的转移方式向焦点企业提供自己认为有价值的知识，但不一定是焦点企业习惯和偏好的最优方式。这将导致双方供需不匹配，降低联盟伙伴间知识获取的有效性，并降低焦点企业从中获得的效益。因此，联盟伙伴间规模差异存在时，会削弱联盟信任对伙伴间知识获取过程的管理作用。

最后，在联盟伙伴间规模差异较大的情况下，采用联盟信任治理的成本更高。在联盟伙伴间知识接触和应用的过程中，焦点企业需要和联盟伙伴进行频繁的交流和互动，从而加深对彼此的认识和了解，才能建立联盟关系中最基本的信任。如果联盟伙伴间存在较大的规模差异，就会给伙伴间的交流设置了障碍。正如上文所述，规模差异较大的企业在信息交流和决策过程等方面都存在很大不同，那么在频繁的交流和互动过程中就会发生各种冲突和分歧，增大联盟伙伴间信任建立和发展的成本（Lavie et al.，2012）。对于规模差异较大的企业来说，通过和伙伴的合作与交流，能够对伙伴企业有一定的认识和了解。在经过自己的评估和判断，认定伙伴的能力和善意值得信任的水平。基于认识和计算建立的信任通常处于比较低层次的信任状态，短期内很难上升到更高层次的信任，比如认知型信任和认同型信任。而在规模差异较小的企业之间，组织运营、沟通模式、决策过程等方面比较趋于一致，沟通和交流的障碍相对较少。即使是短期内也可能建立起比计算型层次更高的认知型信任，甚至认同型信任。因此，提出如下假设：

假设10：联盟伙伴间规模差异越大，信任对联盟伙伴间知识获取和企业短期绩效之间关系的正向调节作用减弱。

七、合作时间对联盟治理在长期阶段调节作用的影响

与短期阶段的作用机制类似，本节认为随着合作时间的延长，契约治理对知识整合、知识创造和企业长期绩效关系的积极作用逐渐减弱，而信任治理的不利影响会得到缓解。

首先，契约治理能够降低联盟伙伴知识整合和创造过程中的行为不确定和环境不确定的风险。但随着合作时间的延长，契约治理对风险的控制效果被削弱。一方面，在知识整合和创造阶段，焦点企业对伙伴的知识内容有了一定的认识，联盟契约能够通过详细地说明知识转移过程中联盟成员的任务、职责、目标和利益分配等内容。但过去的长期合作经历会使联盟伙伴间拥有较高的默契，会倾向于在宽松自由的环境中进行知识转移。如果通过详细的契约对知识内容和转移方式进行明确的界定，会给知识发送企业带来一种被严格监管和控制的感知。在这种情况下，伙伴企业对于联盟合作的意愿降低（Lovett et al.，1999），更倾向于

独立目标的完成。而对焦点企业的利益关注较少，可能会实施机会主义行为，削弱契约对风险控制的效果。另一方面，联盟企业和伙伴有过往合作经验，合作机制逐渐成熟和稳定。这种合作惯性容易给契约的形式带来固化和刚性（Klein，1996），使合作双方在交往过程中受到很大的限制。在面临知识整合和创造过程中的环境不确定的风险时，使联盟和企业个体都不容易做出及时反应，从而降低了契约对环境不确定风险的控制效果。

其次，契约治理能够对联盟伙伴知识整合和创造过程进行有效管理，但如果联盟企业和伙伴过去合作过较长时间，契约治理对知识管理的效果会被削弱。在联盟伙伴间知识整合和创造阶段，契约治理作为一种正式的、书面的形式，有利于对复杂的知识转移过程进行记录和储存，形成一个可跟踪学习的程序（Argyres & Mayer，2007）。当伙伴间过往合作时间较长时，合作模式和契约形式的稳定性较强，这就可能造成对学习过程的重复记录，造成在契约治理上重复投入资源的浪费。而且，在知识整合和创造的过程中，由于合作双方需要进行共同研发等频繁复杂的知识交流活动，契约的正式性和明确性有利于处理和解决互动交流过程中产生的认知偏差和分歧（S. Tamer et al.，2004）。若焦点企业和联盟伙伴曾有长时间合作经历，双方之间的默契程度更高，认知和行为规范趋于一致，联盟契约的功能不能充分体现出来。因此，契约治理对知识整合和创造的管理功能不能得以发挥。

最后，随着过去合作时间的延长，联盟契约的制定、谈判、修订、执行等方面的成本增加。和假设7的逻辑类似，在联盟合作中，企业往往对于那些从未合作过的新伙伴更加宽容（Levinthal & Fichman，1988）。即使在伙伴间知识获取和转移过程中出现分歧和冲突，会认为是初次合作双方缺乏对彼此的认识和了解，交流沟通过程缺乏磨合等客观原因引发的，因此会给予较高的容忍（Lui，2009）。而对于有过较长时间合作经验的伙伴，在伙伴间知识获取过程中出现的行为、目标不一致等情况时，焦点企业更容易归结为伙伴的机会主义和利己主义的倾向。因此，会对伙伴企业有更严格的要求和限制。当焦点企业将这种要求通过契约反映出来的时候，就意味着联盟伙伴要投入大量的时间和精力不断地进行契约谈判、修订和完善，而且对伙伴进行监控和执行契约的过程很难实现（江旭，2008）。从这个意义上看，契约治理不适合用来管理历史合作时间较长的伙伴关系。因此，提出如下假设：

假设 11：联盟伙伴间合作时间越长，契约对联盟伙伴间知识获取和企业长期绩效之间关系的正向调节作用减弱。

当焦点企业和联盟伙伴的过往合作时间较长时，一方面能够降低联盟信任建立的成本，使其更好地进行风险控制和知识管理，另一方面也可能使信任治理的负面影响更加明显。但总体来看，合作时间越长，能够积累更多关系资本（Kotabe et al.，2003），在此基础上建立起来的联盟信任被认为是更适合的治理机制。

首先，随着合作时间的延长，信任建立和维持的成本更低，采用信任治理进行知识整合则更加有效。在联盟伙伴间知识整合和创造的过程中，联盟信任能够提高伙伴的合作意愿，倾向于将有价值的知识提供给焦点企业，从而保障了知识的价值和可靠性（刁丽琳，2013）。焦点企业和联盟伙伴有过长期合作的经验，能够使合作双方更熟悉对方的行为规范和习惯偏好，更理解对方的想法和价值观，提高伙伴间相互依赖性，增强伙伴间归属感和认同感（Dyer & Chu，2000），为信任的建立和维持提供基础。和假设 8 的逻辑类似，对待未曾合作过的新联盟伙伴，焦点企业只能依靠对伙伴的有限认识来进行理性判断，形成对伙伴能力和善意的期望水平，这种计算型信任建立需要较高的隐性成本，很容易受到信息不对称等因素的影响，需要进一步强化。而对待有过合作经历的联盟伙伴，焦点企业更了解伙伴的行为和偏好，更容易建立更高层次的认知型信任和认同型信任（Barney & Hansen，1994）。从这个意义上讲，联盟伙伴间合作时间能够降低信任建立和维持的成本，提高信任治理的有效作用。

其次，联盟信任不利于复杂的知识整合和创造的进行，容易引发模棱两可和分歧等问题，曾经有过合作经验有利于缓解信任带来的负面效应。在知识整合和创新的过程中，需要联盟伙伴间进行频繁的知识互动和交流，才能将伙伴的知识内化和吸收。合作双方认知基础和理解能力存在差异，作为一种基于自由意愿和自我约束的非正式治理，信任的不明确性很容易给这一复杂的知识交流活动带来模棱两可和误会（Cannon et al.，2000）。因此不利于联盟知识获取对企业长期绩效的促进作用。如果焦点企业和联盟伙伴第一次合作，对彼此的行为和偏好不熟悉，会加重误会和分歧出现的可能。相反地，当联盟企业间曾经有过较长时间的合作经验，合作双方对彼此的认知基础和理解方式更加了解，有利于降低非正式治理方式带来的不明确和分歧（Kotabe et al.，2003）。

最后，对于曾经合作较长时间的联盟伙伴，采用信任治理对联盟伙伴间知识获取过程进行管理是更为有效的方式。联盟信任能够为伙伴间知识获取提供能力和善意保障，即知识发送企业具有对焦点企业有价值的知识并愿意将其提供给焦点企业，降低了伙伴机会主义行为（江旭，2008）。而长时间的合作经历能够让知识发送企业更准确地识别焦点企业对知识的需求（Xin & Pearce，1996），从而使联盟伙伴间知识整合和创造更加顺利进行，提高企业绩效。因此，提出如下假设：

假设12：联盟伙伴间合作时间越长，信任对联盟伙伴间知识获取和企业长期绩效之间关系的负向调节作用减弱。

八、规模差异对联盟治理在长期阶段调节作用的影响

与短期阶段的作用机制类似，本章认为，与规模类似的联盟伙伴关系相比，规模差异较大的联盟伙伴关系中，契约治理对知识整合和创造与企业长期绩效的关系的积极作用更强，信任治理的不利影响加剧。

首先，联盟伙伴间规模差异较大时，契约治理对伙伴间知识整合和创造的风险控制效果更好。针对伙伴间知识整合和创造阶段，契约能够通过正式的、强制的方式对联盟成员的责任和义务进行详细说明，从而有效控制联盟成员的机会主义行为（刁丽琳，2013）。尤其是在联盟伙伴间规模差异较大时，联盟目标、联盟动机等方面都具有较大差异。企业大多倾向于利用联盟契约来进行明确的界定，从而防止联盟伙伴的机会主义行为。相反地，如果契约治理的水平较低，可能会造成联盟伙伴间的误会和冲突，不利于联盟伙伴间知识获取的顺利进行。而且，契约治理为联盟伙伴间知识交流提供了正式渠道。通过对联盟活动进展的定期汇报和意外事项发生的不定期通知（Reuer & Ariño，2007），能够提高联盟对外部环境变化的反应速度和适应能力（Krishnan et al.，2016），从而有效控制环境不确定风险，保障联盟长期稳定的发展。当联盟伙伴间规模差异较大时，合作双方的行为模式、习惯偏好存在差异。这种正式的汇报和通知就显得愈加重要，它能够降低伙伴间知识获取过程中的不利因素。因此，本章认为联盟伙伴间规模差异较大时，联盟契约治理对行为不确定和环境不确定风险的控制作用能够更好地发挥。

其次，当联盟伙伴间规模差异较大时，能够通过契约治理对合作双方的知识转移过程进行统一规定，从而促进伙伴间知识整合和创造过程的顺利进行。在这一阶段，联盟伙伴对伙伴的知识有了进一步了解，能够通过契约对知识积累和产出的详细过程进行记录。可以形成一个可以搜索、核对和对相关知识和技术重新审视的可跟踪学习的程序（Argyres & Mayer，2007），从而能够使焦点企业更好地理解和认识联盟伙伴的知识的价值和处理方式，提高伙伴间知识整合和创造的有效性。如果联盟伙伴间存在较大的规模差异，合作双方的知识获取相关的动

机、资源投入、最终目标等方面都有很大差别，它们都习惯采用各自的方式进行知识交流，就容易造成沟通不顺畅的结果。而契约治理能够通过对知识交流和转移方式的明确说明，消除联盟伙伴间知识获取过程中的分歧和冲突，提高知识整合和创造的有效性，促进焦点企业从中获取长期收益。

最后，和假设9的逻辑类似，当联盟伙伴间规模差异较大时，由于企业运营模式、沟通模式、决策模式的差异，在一定程度上阻碍企业间沟通和交流。而契约治理能够有效缓解和降低伙伴间规模差异带来的交流障碍（Lavie et al.，2012）。由于联盟双方目标不一致、资源优势不同等，规模差异较大的企业在进行沟通和交流时更容易出现分歧和冲突。在这种情况下，联盟伙伴更容易进行独立任务的完成和个体目标的实现，减少了互动合作的机会，缺乏伙伴间深入交流，不利于伙伴间知识整合和创造，从而不利于焦点企业的长期绩效。综合上述分析，提出如下假设：

假设13：联盟伙伴间规模差异越大，契约对联盟伙伴间知识获取和企业长期绩效之间关系的正向调节作用增强。

信任治理不利于联盟伙伴间知识获取对企业长期绩效的正向影响，而对于规模差异较大的联盟伙伴，在进行伙伴间知识整合和创造的过程中，信任治理对风险控制和知识管理方面的不利影响将进一步加剧。

首先，伙伴间规模差异会带来管理模式、沟通模式和决策模式等多方面的差异，不利于联盟伙伴间相互理解（Cummings & Teng，2003；Darr & Kurtzberg，2000），从而阻碍了联盟信任的建立和发展。一方面，联盟信任建立在联盟双方有效互动的基础上，需要双方的互相尊重和理解，具有共同的行为规范和价值观（Lusch & Brown，1996）。如果伙伴间规模差异较大，意味着合作双方的行为模式和价值规范存在较大差别。因此，在此基础上要建立统一的行为规范的价值观难度较大，信任的建立和维持的成本较高。另一方面，信任水平很大程度上建立在伙伴间相互依赖的基础上，和关系公平，包括分配公平、程序公平和互动公平有着极其密切的关系（刘衡，2011）。而伙伴间规模差异会不利于关系公平的建立，原因在于联盟中大企业往往具有更强的资源优势、更高的讨价还价能力和更权威的地位。在这种地位不对等、权力不对称的情境下，大企业更倾向于采用类似于层级管理的模式来维持和小企业之间的长期合作关系。这种模式和信任治理的基础相互冲突，因此会削弱信任治理的有效性。

其次，联盟信任机制可能会给企业带来认知局限，导致企业在学习过程中出现判断偏差（Krishnan et al.，2006，2016），而伙伴间规模差异会使信任治理的消极作用进一步加剧。当联盟信任水平较高时，焦点企业愿意相信联盟伙伴的能力和善意，认为伙伴愿意将有价值的知识和自己共享。在这种情况下焦点企业通常会对伙伴选择的知识内容和转移方式表示认可，忽视对外部环境的监控。这就限制了焦点企业对环境不确定的认知，不利于其在伙伴间知识整合和创造过程中对环境变化做出快速反应（Gargiulo & Ertug，2006）。如果信任发生在规模差异较大的联盟伙伴间，伙伴针对知识内容和转移方式的选择和决策不一定同样适用于焦点企业所处的环境，那么即使知识发送企业基于焦点企业的利益角度考虑，也可能导致对环境和决策的判断失误（Krishnan et al.，2016）。因此，伙伴间规模差异会使联盟信任变得更加不利于焦点企业对环境变化的适应，降低联盟伙伴间知识整合和创造的有效性。

最后，联盟信任机制在知识管理过程中具有不明确性和模棱两可的特点（Cannon et al.，2000），规模差异会加剧信任的不利影响。信任治理是一种基于双方自由意愿的非正式治理机制，针对联盟伙伴间知识获取过程中的管理主要是建立在自我约束和默契的基础上进行的（Liu et al.，2009；Rousseau et al.，1998）。这就很容易造成合作双方对联盟伙伴间知识获取过程认知上的不明确和模棱两可。而当联盟伙伴间规模差异较大时，由于合作双方的认知基础、知识构造和沟通方式不同，会给伙伴间知识交流和沟通带来冲突和分歧。对知识内容和转移过程的认知会更加模糊，很大程度上阻碍了伙伴间知识整合和创造的有效进行。因此，联盟伙伴间规模差异使联盟信任对知识管理的不利影响更加严重。综合上述分析，提出如下假设：

假设14：联盟伙伴间规模差异越大，信任对联盟伙伴间知识获取和企业长期绩效之间关系的负向调节作用增强。

小　结

本章基于现有组织间知识获取研究和联盟治理研究，结合中国企业的战略联盟实践，提出了知识获取、联盟治理机制、联盟伙伴特征与企业短期绩效和长期绩效的研究框架，并具体分析了契约治理与信任治理在知识获取影响企业短期绩效和长期绩效中的调节作用，以及过去合作时间和伙伴间规模差异在这一过程中的二重调节作用。第一，联盟伙伴间知识获取能促进企业短期绩效，但是对长期绩效影响不显著。第二，在联盟伙伴间知识获取对企业短期绩效的影响作用中，契约发挥负向调节作用，信任发挥正向调节作用；在联盟伙伴间知识获取对企业长期绩效的影响作用中契约发挥正向调节作用，信任发挥负向调节作用。第三，在上述关系中，联盟伙伴特征（合作时间与规模差异）会影响契约治理和信任治理的调节作用：即伙伴关系合作时间越长，契约治理在短期的负向调节作用越强，在长期的正向调节作用越弱，信任治理在短期的正向调节作用越强，在长期的负向调节作用越弱；规模差异越大，契约治理在短期的负向调节作用越弱，在长期的正向调节作用越强，信任治理在短期的正向作用越弱，在长期的负向调节作用越强。本章在研究框架的基础上提出了 14 个研究假设，具体如表 3 - 1 所示：

表 3 - 1　假设的归纳

假设	假设内容
假设 1	联盟伙伴间知识获取正向影响企业短期绩效
假设 2	联盟伙伴间知识获取对企业长期绩效的影响是不显著的
假设 3	契约负向调节联盟伙伴间知识获取和企业短期绩效之间的关系
假设 4	信任正向调节联盟伙伴间知识获取和企业短期绩效之间的关系
假设 5	契约正向调节联盟伙伴间知识获取和企业长期绩效之间的关系
假设 6	信任负向调节联盟伙伴间知识获取和企业长期绩效之间的关系
假设 7	联盟伙伴过去合作时间越长，契约对联盟伙伴间知识获取和企业短期绩效之间关系的负向调节作用增强
假设 8	联盟伙伴过去合作时间越长，信任对联盟伙伴间知识获取和企业短期绩效之间关系的正向调节作用增强
假设 9	联盟伙伴间规模差异越大，契约对联盟伙伴间知识获取和企业短期绩效之间关系的负向调节作用减弱
假设 10	联盟伙伴间规模差异越大，信任对联盟伙伴间知识获取和企业短期绩效之间关系的正向调节作用减弱
假设 11	联盟伙伴间合作时间越长，契约对联盟伙伴间知识获取和企业长期绩效之间关系的正向调节作用减弱
假设 12	联盟伙伴间合作时间越长，信任对联盟伙伴间知识获取和企业长期绩效之间关系的负向调节作用减弱
假设 13	联盟伙伴间规模差异越大，契约对联盟伙伴间知识获取和企业长期绩效之间关系的正向调节作用增强
假设 14	联盟伙伴间规模差异越大，信任对联盟伙伴间知识获取和企业长期绩效之间关系的负向调节作用增强

第四章　研究方法

　　本章采用了战略管理领域常用的实证研究方法来对上述理论假设进行检验。首先，介绍样本选取和数据收集的方法，着重强调科学性和可操作性，并进一步对数据收集的情况做详细说明；其次，对所选取的变量测度指标进行详细介绍；最后，进一步说明所使用的统计回归和相关检验方法。无论是调研数据的测度指标，还是档案数据的处理方法，都基于以往学者的研究成果和经验，并结合研究对象的特点综合提出。

第一节　数据的收集

一、数据收集背景

　　本章中的一手数据来源于一项国家自然科学研究基金项目，该基金课题基于理论上的探索和对实践中的企业进行了解和访谈，分析和解决在制度转型背景下的我国企业管理中的一些重要问题，主要目的是为了探索当前经济全球化和中国复杂动荡的经济环境背景下更符合中国特色的管理理论，特别是资源缺乏的新兴经济下企业战略、创新和学习等互相影响的过程，为我国企业的成长和发展提供实践依据，并为政府制定相关政策提供参考和借鉴。通过前期的文献检索，理论准备以及专家调研，课题组设计了针对资源管理过程、企业战略、技术创新、组织学习、联盟合作以及国际化等方面的调研问卷。调查问卷共分十部分：第一部分为企业的一般信息；第二部分为企业的绩效；第三部分为企业资源管理过程；第四部分为企业外部环境；第五部分为企业社会关系；第六部分为企业的产品与服务；第七部分为企业的经营导向；第八部分为企业的组织管理与能力；第九部分为企业的联盟合作信息；第十部分为企业国际化信息。本章中所需要的数据主要来源于该问卷的第一部分（企业的一般信息）、第四部分（企业外部环境）和

第九部分（企业的联盟合作信息）。

另外，一些研究认为，多数据来源有利于促进研究人员对研究的问题更全面地分析，避免 Percept – percept 偏差（Collins & Clark，2003；Scandura & Williams，2000）。因此，除了采用问卷调研的方式进行数据收集，还有一部分数据来源于中国国家统计局发行的《中国工业企业数据库》。

二、问卷设计

本问卷的指标大多数直接来源于英文文献，通过查询已经正式发表的顶级期刊，引用这些已经经过反复检验的成熟量表作为问卷指标；还有一部分指标由美国得克萨斯农工大学的著名学者 Michael Hitt 教授及其团队成员经过反复设计和修正最终形成。本章采用回译（Back Translation）的方式来获取调研问卷（Brislin，1980）。针对问卷中的所有指标都由四位有着相关学术背景的博士研究生将原有英文量表翻译成中文，问卷中的每一个指标首先由两位博士研究生单独进行翻译，然后再由不参与翻译量表工作的两位博士研究生对已翻译的中文量表进行统一和修改，从而保证翻译结果的准确性和完整性。针对统一后的中文量表进行反复核对和校正，避免问卷中的语句不通顺和歧义等问题。最后，问卷将由一位西安交通大学管理学院的海外兼职教授（熟练掌握中、英文的华人教授）对问卷的中文版和英文版进一步核对和修改，确保两版问卷的统一性和准确性，最终得出本书的调研问卷。

由于目前对企业高层管理人员的问卷回收率都比较低，例如 Gaedeke 和 Tooltelian（1976）指出高层管理者的回答达到 20% 就是可以接受的。为了确保较高的问卷回收率，采取了如下措施：①问卷的设计采用结构化的方法。将不同类型的问题归为大类和小类，便于问卷填写人思考和填写；②除了要求调研小组成员阅读背景资料熟悉调研内容以外，还对调研小组成员进行了面谈技巧和调研中应注意问题的培训；③小组成员需要对被调查者提出的问题做出明确回答，向他们全面解释应该如何填写这份问卷并向他们保证回答是保密的。这些事前工作可以减少我们同被调研者在某些问题上的不同理解，提高问卷的回收率和准确率。

三、抽样和调研过程

一手数据是通过问卷调研的方式获得的，为了消除由于区域文化和经济差异而导致的系统性偏差，本次调研选择了分布在中国中部、西部以及发达的东部沿海地区的企业，以江苏、山东、广东、河南、吉林、陕西六省的企业为发放问卷的对象。其中广东和山东属于中国东部发达地区，企业运作市场化程度高。吉林属于中国东北地区并且是中国重工业基地，传统的大型国有企业比例高。河南属于中国中部地区，中小型国有企业比例相对较高。陕西位于中国西部，发展水平相对落后，企业运作的市场化程度较低。本次调研在上述六省一共发放700份问卷，调研企业主要来自电子、机械、制药、加工行业。

此次调研过程主要包括预调研、正式调研、建立数据库三个阶段。

（1）预调研阶段。课题组选择了陕西省18家企业进行访谈和问卷调查，调查对象在该18家企业中担任职务并且是西安交通大学管理学院的MBA学生。进行试点调查有两个目的：一是确保问卷更加适合我国转型时期企业的特点，能够更加全面地反映出不同隶属关系、不同行业、不同业绩状况企业的现状，以使问卷的结构和内容能够涵盖课题组成员所研究的各种问题；二是在大规模的调查展开之前能够尽量消除调查方法和文字表述等方面存在的漏洞，使调查的结果更为准确。每一家试点单位的调查都由经过西安交通大学管理学院培训的若干调查人员进行，调查人员首先与企业副总经理（或副厂长）及以上的高层管理人员进行1~2小时的访谈，在调查人员的讲解下，被访者亲自填写问卷的各项内容，并对问卷中的问题以及问卷本身的设计提出建议。预调研所取得的数据被排除在最终的调研范围之外，所得到的数据也不录入最后的数据库。

在此过程中访问者与被访者沟通讨论，考察问卷中题目的措辞、相关术语等是否能被正确理解，考察问卷题目设置是否能确保被访者顺利作答，考察不同被访者是否对问题有相同的理解。预调研结束后，12位访问者就调研中发现的问题共同讨论，对问卷进行相应的修改。修改后的中文问卷交由精通中英文的外籍教授审阅和修订，确保符合英文问卷的原意。在此基础之上，3位企业家与12名访问者共同对问卷进行逐项讨论和修订。修订后的问卷由一位美籍华裔教授进行最终审阅，确保修订后的中文问卷与英文问卷意义吻合。

（2）正式调研阶段。为了保证调研过程中调研人员和调研对象之间有效的沟通，本章对学习过管理研究方法相关课程且具有较好专业知识背景和能力的12位博士研究生开展了进一步的培训，统一了调研的规范程序。培训的内容包括详细介绍调研目的和理论模型，问卷中每个问题的含义，调研当中的技巧和基本流程，调研的组织方式和主要的联系人等。这些调研人员参与了集体讨论，并参与了预调研及其后的问卷修订工作，对问卷有一致的理解。

在调研过程中，对问卷进行统一编号，同一编号下对应内容相同的A、B两份问卷。A 卷由熟悉企业整体战略的首席执行官（CEO）填写，B 卷由熟悉企业整体运作过程的首席运营官（COO）填写。在一家企业同时由两位访问者对 CEO 和 COO 进行面对面调研，当场填写 A 卷和 B 卷，并在问卷完成后现场进行初步审核，发现漏填及时询问补充。拿回问卷后，对 A、B 卷进行细致核对，就答案差异较大的题项再次致电或上门分别确认。根据各地的调研对象的数量，在调研所涉及的各省以及直辖市派驻了 5~10 位调研员展开正式调研工作。调研的基本程序是首先通过各省的联系人与调研范围内的企业联系。由于本次调研的对象限定在企业的主要负责人，因此我方的联系人先电话询问该企业以及该企业的主要负责人是否有时间和兴趣参与本次调研。在得到对方的同意后约定访谈时间。我方的调研员按照约定的时间到该企业进行调研。调查开始前，先向对方说明此次调查的目的和方式，同时做出保密声明，然后调查人员对问卷中的有关问题进行解释，并指导被调查者填写问卷。调查对象主要是企业的总经理、副总经理或其他重要的高层经理。在调研时遵循以下标准：①在访问人指导下，由企业主要负责人当场填写；②填满率低于 95% 的问卷为无效问卷；③请填写人按照第一反应填写；④问卷中连续出现相同回答的，视为无效问卷。

（3）建立数据库阶段。调查结束后，课题组利用 Access 2003 建立了数据库，为了保证问卷录入的准确性，采用分组录入的办法。同一份问卷分别由两个人录入，录入完毕后，将两个人录入的数据进行核对，对于录入不一致的问题根据问卷纠正核对，核对完成之后继续核对，直到两次录入完全一致为止。为了验证问卷中问题的有效性，按照吴明隆（2000）等的建议，对问卷的效度进行了分析。具体的做法是将每个有效样本包含的所有问题的得分进行加总，求出每个样本的总分，然后按照总分进行排序，将分数最高的前 27% 的样本作为高分组，将分数最低的后 27% 样本作为低分组，然后针对每个问题求出其在高分组和低分组的平均分，最后对每个问题在高分组和低分组的平均分作 T 检验，如果两者间有显著的差异，则说明这个问题是有效的，如果 T 检验的结果表明，两个平均数间没有显著差异，则问题是无效的。本章的检验结果表明，问卷中的所有问题都是有区分度的。

本章数据来源有两个，一个是此次调研所建立的一手数据库，另一个是由中国国家统计局发行的名为《中国工业企业数据库》的二手数据库。上述调研一共发放 700 份问卷，收回有效问卷 508 份，问卷有效率为 72.6%。将 508 个有效样本和《中国工业企业数据库》中的样本进行匹配，得到最终有效样本

117 个①。

四、样本特征描述

通过对问卷调查样本和二手数据样本的匹配，最终得到的有效样本在 6 个省份均有分布。从一定程度上表明了在有效问卷中，抽取的样本和未被抽取的其他样本在地域分布上没有明显差异。表 4 - 1 显示了有效样本的省份分布、数量及百分比。

表 4 - 1 有效样本的地区分布及所占比例

序号	省份	有效样本数量（个）	所占百分比（%）
1	广东	24	20.5
2	山东	29	24.8
3	江苏	9	7.7
4	河南	18	15.4
5	陕西	27	23.1
6	吉林	10	8.5
合计		117	100

为了保证调研的准确性，保证调研对象了解整个问卷设计的内容，本章选择企业的高层管理人员作为调研对象。另外，由于问卷不仅涉及战略管理内容还涉及企业的运作过程和内部资源管理过程，因此选择企业的 CEO 和 COO 作为最终调研对象。要求 CEO 和 COO 或了解战略或运作情况的高层分别回答问卷。调研结果显示，问卷填写人绝大多数为企业的 CEO 或其指定的其他企业高层管理人员，例如副总经理、总经理助理等。被访问人年龄大部分居于 30～45 岁，本科及以上学历的被访问者占总体样本的69.2%，绝大部分被访者都受过高等教育且具备一定的经济管理理论基础，在调研人员的配合下，他们能够正确地理解问卷中的问题。被访者在企业工作年限均值为 6.9 年，能够保证被调研对象对企业的历史，现在的战略管理和运作过程以及未来的发展前景和外部环境有充分了解，同时也能够满足 5 年研究区间的要求。

从企业总体特征来看，所调查的企业，既包括大企业，也包括小企业；既包

---

① 为了保证样本的可靠性，在后面的样本可靠性检验部分，对未回应偏差和回应者间差异进行了检验。

括高新技术企业，也包括传统工业企业；既包括国有企业，也包括民营、集体企业和外商合资企业。从总体分布来看，企业规模和企业年龄分布都比较均匀。参与企业中高新企业和非高新企业基本持平，分别占总样本的 54.7% 和 45.3%。在企业所有制方面，私有企业所占比重最大，约为 39.3%。表 4 - 2 显示了参与调研的企业总体特征。

表 4 - 2　有效问卷的规模、企业年龄等特征的分布特征

企业的特征	所占百分比（%）
1. 员工人数	
≤50	26.5
51 ~ 200	24
201 ~ 400	14.5
401 ~ 1000	12.8
> 1000	22.2
2. 企业年龄	
≤5	22.2
6 ~ 10	28.2
11 ~ 15	23.1
16 ~ 20	5.1
> 20	21.4
3. 所有制类型	
国有企业	14.5
私有企业	39.3
集体企业	5.1
国有企业改制	18
合资企业	12
外资企业	11.1
4. 是否高新技术企业	
是	54.7
否	45.3

五、样本的可靠性检验

样本可靠性检验主要包括未回应偏差的检验、共同方法偏差的检验及回应者

间差异的检验。

未回应偏差（No-response Bias）是指所收回的样本与所考察的总体样本在数据分布上存在差异，致使收回的样本不能代表总体。一般可以采用两种方法来测量未回应偏差问题。首先，将问卷第一部分关键变量与问卷第二部分关键变量进行 T 检验，看两者之间是否存在显著性差异。若不存在显著性差异，说明两个样本属于同一个大样本（Armstrong & Overton，1977；Lambert & Harrington，1990）。其次，可以采用 χ^2 检验比较填写问卷企业与未填写问卷企业在组织特征（如企业规模、行业类型和所有制类型）上的差异。如果填写问卷企业与未填写问卷企业在组织特征测量指标没有存在差异（所有的 p 值都大于 0.1），就表明了调研中不存在显著的未回应偏差问题。两种方法的检验均表明本次调研中不存在显著的未回应偏差问题。对本章中抽取的配对样本和其他未被抽取的样本之间的差异性也做了 T 检验，结果表明二者之间不存在显著性差异，说明最终样本是可以代表总体的。

共同方法偏差（Common Method Bias）是指所收集的自变量和因变量由相同的被访问者填写，被访问者个人的认知偏差会导致自变量和因变量之间人为的共变（Podsakoff & Organ，1986；Podsakoff et al.，2003）。为了避免这种问卷法中普遍存在的系统误差，本章对自变量和因变量测量时，采用了不同的数据来源，即自变量通过问卷调查的方式获取，因变量通过查询二手数据库来获得。现有研究表明，采用多数据来源更有利于全面和科学的分析研究问题（Collins & Clark，2003）。因此这种采用多数据来源的方法从根本上避免了共同方法偏差，保证了研究方法的科学性。

另外，本章对问卷进行了回应者间的差异检验（Inter-rater Reliability Test）（Combs & Ketchen，2003），检验发现绝大部分指标不存在明显的不同回应者差异。因此，在随后的数据处理中，可以通过算术平均的方法，计算求得各变量的样本得分。

六、样本的整理

最后，本章将问卷调研所得的一手数据和来自于《中国工业企业数据库》的二手数据进行了统一编码，以便进行下一步的数据处理。将 2005 年定义为初始阶段（T），将 2006~2007 年定义为短期阶段（T+1），将 2011~2012 年定义为长期阶段（T+2），这种定义方式更便于理解框架，从而更好地反映本书的逻辑性。在初始阶段，基于问卷调研数据，得到了企业相关数据，包括企业特征、企业联盟战略、伙伴特征、所处行业状况等。基于二手数据，得到了企业在初始阶段的绩效状况。在短期阶段，基于二手数据，获得了短期阶段的财务绩效状况。在长期阶段，基于二手数据，获得了长期阶段的财务绩效状况。

第二节　变量测量

一、测量指标设计的基本原则

问卷中测量指标能否准确地向被访问者表达研究所需的信息在很大程度上决定了数据的有效性和统计分析结果的可靠性，因此测量指标需要进行严谨的设计和选择。在设计变量的测量指标时，主要遵循以下几点原则：

首先，检索现有文献，寻找欲测量变量已有的被证明有效的测量指标（Mumford et al.，1996）；其次，如果在现有文献中，没能找到合适的测量来准确表达研究中所定义的变量，那么就根据现有的文献中对该因素的讨论，归纳出该因素的主要特征作为度量指标；再次，对于那些来源于英文文献的度量指标，在不改变问题原意的前提下，在翻译上对问题的提法和陈述方式进行了一定的调整，以使得问卷在语法上更加符合中国人的阅读习惯；最后，大多数的英文论文往往是针对外国环境进行分析的，反映了外国的情况。由于中国的实际环境和外国很不相同，为此一方面尽可能选择针对中国环境研究的外文论文，从中发现和选取调研问题。如果不能找到能够与中国环境相匹配的问题，则对外国环境中的度量指标进行一定的修改，使之符合中国的环境。

对于新变量的构造，本书遵循了Dillman的总体设计方法（Dillman，1982）。对于每个变量，首先，根据已有的文献构造初始因素集（Mumford et al.，1996）。接下来，进行第一次预调研数据收集。预调研数据被用来对所设计的初始度量指标进行探索性因子分析以确定这些指标所度量的结构变量。其次，那些在统计上与各个结构变量相关的因素被保留下来，并利用新的预调研数据进行前后数据的对比检验。这样，直接来自于以往研究的各个测量指标通过对比检验就可以验证其检验二次检验的可靠性。最后，进行第三轮预调研，用以检验所提取的这些稳定的、用以测量结构变量的指标是否足以能够描述所构建的每个结构变量的理论内涵。以下针对研究当中的每个因素，说明选择的度量指标及其依据。

二、变量的测量指标

本章的研究变量都是一个程度的概念，而且这些因素很难通过定量的客观数据来衡量。因此采用李克特（Likert）5 点计分的方法来度量这些因素：要求回答者按 1～5 的数字来衡量特定问题与企业自身情况的吻合程度，1 表示非常不符合，5 表示非常符合，2～4 为中间状态。采用主观打分的方式进行测量有两个优点：一是便于测量那些难以用客观数字描述的变量；二是使研究对变量的测量更加全面和具有可比性。

知识获取、契约治理、信任治理等都是沿用了现有研究文献中检验过的指标来测量。通过对文字和表达形式上的修改，使各个变量的测量更加符合中国国情。

1. 联盟伙伴间知识获取

反映了企业通过建立战略联盟从联盟伙伴来获取自身所需要的知识的程度。知识获取往往是联盟成员和其他组织建立联盟关系的重要目的，这种知识不仅包括生产运作和技术等方面的知识，还包括管理技能和战略等方面的知识。通过联盟关系获取的知识可以用于提高生产技术水平、创新能力和管理能力，从而提高企业的市场竞争力和绩效等。本章在 Zhou 和 Li（2012）等对于组织间知识获取的研究基础上，用五个指标来衡量联盟企业的知识获取：①通过联盟从伙伴那里得到新的、重要的知识；②通过联盟从伙伴那里学到关键的能力；③通过联盟向伙伴学习新产品开发技能；④通过联盟向伙伴学习企业管理技能；⑤通过联盟向伙伴学习生产运作技能。

2. 契约治理

契约治理是联盟伙伴通过利用有法律效力的正式合同来控制联盟关系的程度。基于交易成本理论，对契约治理的依赖程度主要是考察契约的详细程度，联盟企业对契约的依赖程度，以及契约的有效程度。很多研究采用客观数据，例如契约的长度或条数来测量契约治理（Woolthuis et al.，2005）。但是没有反映联盟企业对契约的依赖程度。因此，借鉴 Zhou 和 Xu（2012）、Zhou 和 Poppo（2010）等对于正式控制、契约控制的研究基础上，用四个指标来衡量联盟企业的契约治理：①我们与联盟伙伴的关系主要通过书面合同来管理的；②只有当所有合作细节都通过合同规定以后，联盟双方才可以顺利地合作；③联盟双方签订的合同是约束对方行为的最有力工具；④我们经常通过各种财务或市场指标来检查联盟的进展情况。

3. 信任治理

信任治理是联盟伙伴通过利用非正式的社会关系来控制联盟合作的程度。本章中信任既包括联盟企业对伙伴可靠性、责任感和忠诚度的信心，还包括对伙伴拥有充足的知识和能力以完成联盟任务的信心。基于社会交换理论，信任治理的基础是联盟伙伴间社会关系，依赖于对方的利他主义、自我管理和约束。本章借鉴了 Das 和 Teng（2001）、Nooteboom（1996）等对信任的定义，基于 Zhou 和 Xu（2012）、Zhang 和 Zhou（2013）对信任治理的测量，用五个指标来衡量联盟企业的信任治理：①我们的联盟伙伴可以依赖；②我们的联盟伙伴非常正直、真诚；③我们的联盟伙伴非常守信；④我们对联盟伙伴的能力有信心；⑤即使我方不进行检查，对方也努力地完成其在联盟中的任务。

4. 合作时间

合作时间是指联盟企业和当前伙伴之前合作的时间长度，用来表示联盟企业和当前伙伴的联盟经验。本章依据现有研究中对于合作时间的测量："与当前联盟伙伴之前合作的时间为几年。"

5. 规模差异

规模差异是指联盟企业和当前伙伴的企业规模之间的差异情况。本章依据 Lavie 等（2012）的组织差异，用"本企业与联盟合作伙伴企业的规模差距很大"描述，并用李克特（Likert）5 点计分量表来对规模差异进行衡量：1 表示"完全不同意"；5 表示"完全同意"。

6. 企业绩效

基于现有研究中对短期和长期的时间窗口界定（Landsman et al.，2002；Lunnan & Haugland，2008），本章采用了两个两年窗口：2006～2007 年和 2011～2012 年。基于 Li 和 Zhang（2007）、Wei 等（2014）等对企业绩效的测量，关于企业绩效的测量有多种方法，包括资产回报率（ROA）、销售回报率、投资回报率（ROI）、平均利润率、销售额的增长、市场份额的增长、利润总额等。为了更真实客观地反映企业的业绩表现，采用资产回报率（ROA）作为测量企业财务绩效的指标。陈晓萍等（2012）认为二手数据可以作为问卷数据的补充信息，而且具有时间跨度和更高的客观性，因此为了研究探索企业初始阶段的知识获取和治理机制是如何影响企业未来短期的绩效和长期的绩效，本书从《中国工业企业数据库》中获得了 2006～2007 年和 2011～2012 年两个阶段的净利润（Net Income）和总资产（Total Assets），企业绩效的具体计算公式如下：

$$ROA_t = \frac{\frac{1}{n}\sum_{i}^{i+n-1} \text{net income}}{\frac{1}{n}\sum_{i}^{i+n-1} \text{total assets}} = \frac{\sum_{i}^{i+n-1} \text{net income}}{\sum_{i}^{i+n-1} \text{total assets}} \quad (4-1)$$

其中，n 是时间窗口，i 是窗口起始年份。本章中取 n = 2；当 t = T + 1 时，i = 2006；当 t = T + 2 时，i = 2011。

7. 控制变量

由于本章研究问题不仅涉及联盟企业本身的特性，还涉及联盟伙伴的特性及企业所处环境等因素。因此控制变量分别从以上三个方面进行选取（Zhou et al.，2014）。

首先，联盟企业特征方面的控制变量包括：企业规模、初始阶段的绩效、企业当前资金状况等。①从以往的研究文献可以看出，企业规模是显著的组织特征，通常用员工人数来衡量。企业规模往往体现了企业人力资源的富裕程度，从而影响企业的资源投入程度和企业发展。本章对企业初始阶段（即 2005 年）的员工人数取对数作为控制变量。②企业初始阶段的绩效往往反映了企业自身的经营能力，采用 2005 年的资产回报率（ROA）作为控制变量。③企业当前阶段流动资产，用平均流动资产（Current Assets）取对数。④企业当前阶段流动偿债能力，用速动比率来衡量，即流动资产（Current Assets）和流动负债（Current Liabilities）之比。⑤企业当前阶段资金闲置状况，即固定资产（Fixed Assets）和流动资产（Current Assets）之比。对企业短期绩效做回归时，计算 2006 年和 2007 年的平均数作为控制变量；对企业长期绩效做回归时，计算 2011 年和 2012 年的平均数作为控制变量。上述数据均来源于《中国工业企业数据库》。

其次，联盟伙伴特征方面的控制变量包括：①伙伴运营状况，1 代表运营状况好，2 代表运营状况一般，3 代表运营状况很差。②合作经验，1 代表曾经合作过，0 代表没有合作过。③联盟形式，1 代表研发联盟，0 代表其他联盟形式。④伙伴竞争程度，1 代表联盟企业和伙伴不存在竞争，5 代表联盟企业和伙伴之间竞争很激烈。

最后，环境方面的控制变量为：行业竞争强度是指企业在某个行业中，竞争对手的数量和竞争强度。沿用了 Jaworski 和 Kohli（1993）、Chan 等（2012）、Auh 和 Menguc（2005）等之前的研究，采用四个指标来测量：①在本行业内，客户常常更换供应商；②其他公司常常试图抢占我们的客户；③本行业内的竞争很激烈；④我们的客户很容易找到替代的供应商。

第三节　统计分析方法介绍

一、多元回归方法简介

本章运用 SPSS 22 对模型中的结构性潜变量作因子分析，以检验测量指标在结构上的一致性和有效性（收敛效度）；然后，对所有变量进行 Person 相关分析以探测变量之间的相关关系，并将其与**平均方差萃取值（AVE）**的平方根值进行比较，以解释变量间的区别效度。

本章的主要目的是验证模型中知识获取、联盟治理机制、合作时间、伙伴间规模差异与企业短期绩效和长期绩效之间的作用关系，并总结出这些变量之间相互关系的理论意义和实践意义。因此，本章采用多元回归分析来对所提出的假设进行实证检验。多元回归分析是研究两个以上的自变量与因变量之间关系的回归分析方法，其原理是依据最小二乘法使各散点与回归模型之间的离差平方和 Q 达到最小的标准下在因变量与众多自变量之间建立最合适的回归方程。离差平方和 Q 的计算公式如下：

$$Q = \sum (Y_i - \hat{Y}_i)^2 \tag{4-2}$$

$$\hat{Y}_i = b_0 + b_1 X_1 + b_2 X_2 + \cdots + b_n X_n \tag{4-3}$$

式中，Y_i 表示第 i 次的观测值，$\hat{Y}_i$ 表示回归方程。

多元分析的方法，可以用来同时检验多个自变量对因变量的影响。本章采用 F 检验对回归均方差与均方残差进行比较，分析是否存在显著的差异，从而判断回归方程的显著性水平。采用 T 检验来检验回归系数的显著性水平，即因变量受自变量影响的显著性水平。回归方程中的回归系数值的正负表示自变量影响因变量的方向。同时，根据 ΔR^2 的值来判断自变量对因变量影响的重要性。

最后，采用逐步回归分析（Stepwise Regression Analysis）的方法检验控制变量、自变量、调节变量和因变量之间的关系，并对前文的假设进行验证。

二、多重共线性检验

多重共线性是指自变量之间存在显著的线性相关关系，从而影响到回归方程的效果。最常用的多重共线性诊断方法是计算方差膨胀因子（VIF Value）或者容限度（Tolerance）。自变量 x_i 的方差膨胀因子 $(VIF)_i$ 的计算公式如下：

$$(VIF)_j = \frac{1}{(1 - R_j^2)} \qquad (4-4)$$

式中，R_j^2 是以 x_j 为因变量时对其他自变量回归的复测顶系数。一般认为模型中所有 x_j 变量中最大的方差膨胀因子（VIF）超过 10 或平均方差膨胀因子（VIF）超过 2，则认为模型存在比较严重的多重共线性，因此对线性回归的最小二乘估计产生不利的影响，此时需要对自变量做相应调整。另一个指标容限度（Tolerance）是 VIF 的倒数，当 Tolerance 的值小于 0.10 时，模型存在严重的多重共线性。

三、调节效应的检验

由于本章理论部分涉及了两重调节效应关系，因此，方法部分有必要对调节效应进行相关说明。在管理学研究的其他领域，例如组织行为学、市场营销等，都有大量研究并采用调节变量的检验方法。其中，由于调节回归分析法具有保持样本完整性的特点而被大量学者采纳。

调节变量的定义如下：如果自变量 X 和因变量 Y 之间的关系受到另一个变量 Z 的影响，那么变量 Z 就是调节变量（James & Brett，1984）。调节效应可以解释为，变量 Z 可以影响自变量 X 和因变量 Y 之间的关系，该关系或许增强、或许减弱，或许改变影响方向（系数为正或者负），如图 4-1 所示。

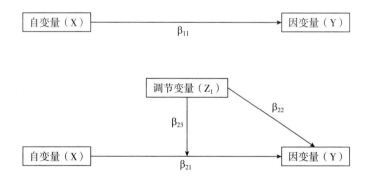

图 4-1 调节效应示意图

调节变量的相关方程如下：

$$Y = \beta_{10}W + \beta_{11}X + \varepsilon_1 \qquad (4-5)$$

$$Y = \beta_{20}W + \beta_{21}X + \beta_{22}Z_1 + \varepsilon_2 \qquad (4-6)$$

$$Y = \beta_{20}W + \beta_{21}X + \beta_{22}Z_1 + \beta_{23}XZ_1 + \varepsilon_3 \tag{4-7}$$

式中，Y 是因变量，W 是控制变量，X 是自变量，Z_1 是调节变量，ε_1、ε_2、ε_3 是常数项，β 是回归系数。

调节效应的检验，一般采用交互项模型来处理。首先，检验自变量 X 和因变量 Y 之间的直接效应关系是否显著。即公式中，β_{11} 的显著性水平。然后，回归模型中加入调节变量 Z，检验自变量和调节变量对因变量的影响。最后，检验方程中自变量 X 和调节变量 Z 的乘积的显著性水平。但是，该乘积项需要进行中心化处理后，再进行计算。如果乘积项的系数，即公式中的 β_{23} 显著，那么就可以认为变量 Z 对自变量 X 和因变量 Y 之间的关系起了调节作用。这里需要强调的是，乘积项（XZ）要在 X 和 Y 的主影响之后代入方程，以排除 X 和 Z 对因变量 Y 的影响。二重调节效应可以用图 4-2 来表示。

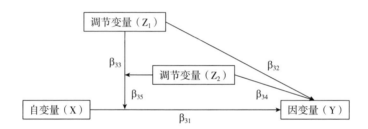

图 4-2　二重调节效应示意图

二重调节相关方程如下：

$$Y = \beta_{20}W + \beta_{21}X + \beta_{22}Z_1 + \beta_{23}XZ_1 + \varepsilon_3 \tag{4-8}$$

$$Y = \beta_{30}W + \beta_{31}X + \beta_{32}Z_1 + \beta_{33}XZ_1 + \beta_{34}Z_2 + \varepsilon_4 \tag{4-9}$$

$$Y = \beta_{30}W + \beta_{31}X + \beta_{32}Z_1 + \beta_{33}XZ_1 + \beta_{34}Z_2 + \beta_{35}XZ_1Z_2 + \varepsilon_5 \tag{4-10}$$

式中，Y 是因变量，W 是控制变量，X 是自变量，Z_1、Z_2 是调节变量，ε_1、ε_2、ε_3 是常数项，β 是回归系数。

在回归模型计算的过程中，还需要特别注意数据的中心化处理。为了避免主效应和交互项之间可能存在的多重共线性问题（Aiken & West, 1991），需要对连续的自变量和调节变量进行均值中心化处理。

小　结

　　本章对问卷的设计、调研过程和调研样本的基本情况进行了详细说明。另外，基于现有研究以及研究对象的特点，对模型中结构变量的度量和客观指标的计算进行了选择和说明。最后，对所使用的分析方法和检验过程进行了简单介绍。本章说明了样本数据的两个来源：一方面通过问卷设计和实地调研的方式，对企业基本信息和前期的战略联盟行为等数据进行收集，另一方面通过利用二手数据库里的客观指标对企业后期的绩效等进行计算，作为一手数据的补充信息。

第五章　实证分析与结果

在理论分析和问卷设计的基础上，本章对样本数据进行分析，并对第三章中所提出的研究假设进行检验。首先对各变量进行描述性统计分析，然后对结构变量的测量进行信度和效度检验，最后在上述分析和检验通过的基础上，用多元回归方法对提出的模型和假设进行验证。

第一节　描述性统计分析

描述性统计分析主要用于给出模型中各个变量（自变量、因变量、调节变量和控制变量）的核心统计性指标（包括均值、标准差和相关系数）。当相关系数矩阵中，两个变量的相关系数过大时（例如大于 0.7），表明这两个变量的含义过于相近，此时若将其同时放入回归分析中，可能会造成严重的多重共线性问题（吴明隆，2000）。由于相关系数往往反映了两个变量间通过多种途径的综合作用，因此相关系数的正负和显著性将作为最后分析结果的一个参考。本章利用 SPSS 22 把所有相关变量作 Pearson 相关分析，得出双变量相关系数表如表 5 - 1 所示。从表中可以看出，绝大部分变量之间的相关系数没有超过 0.7。除了短期流动资产和长期流动资产的相关系数大于 0.7（为 0.94），而这两个变量本来就体现同一个样本在两个时期的相同指标，相关性显著是合理的。而且，由于两个变量分别在对短期绩效回归和长期绩效回归模型中作控制变量，因此并不会给回归结果带来影响。另外，知识获取、契约治理、信任治理几个变量中，有些变量之间存在显著的相关性，在变量的区别效度中进行了进一步的验证，结果表明，这几个变量是独立的可区分变量。

表 5 - 1　变量的统计性描述与相关系数 （N = 117）

	平均值	标准差	1	2	3	4	5	6	7	8	9	10	11	12	13	14	15	16	17	18	19
1. 企业规模	2.67	0.65																			
2. 初始绩效（T）	0.08	0.28	-0.10																		
3. 流动资产（T+1）	5.07	0.77	0.64**	-0.08																	
4. 偿债能力（T+1）	1.13	1.19	-0.06	-0.03	-0.06																
5. 资金闲置（T+1）	1.11	2.78	-0.06	0.13	-0.20*	-0.13															
6. 流动资产（T+2）	5.33	0.79	0.62**	-0.09	0.94**	-0.12	-0.14														
7. 偿债能力（T+2）	1.26	0.98	-0.11	0.01	-0.15	0.49**	-0.07	-0.12													
8. 资金闲置（T+2）	0.62	0.95	-0.02	-0.08	-0.13	-0.15	0.26**	-0.18	-0.22*												
9. 伙伴运营状况	1.26	0.44	-0.05	0.16	-0.12	-0.14	0.01	-0.06	0.00	0.14											
10. 合作经验	0.17	0.38	-0.08	0.00	0.03	-0.03	-0.03	-0.04	0.03	0.02	-0.23*										
11. 联盟形式	0.27	0.45	-0.04	0.01	0.00	0.09	0.14	-0.01	0.07	-0.05	-0.26*	0.13									

续表

	平均值	标准差	1	2	3	4	5	6	7	8	9	10	11	12	13	14	15	16	17	18	19
12. 伙伴竞争程度	3.34	0.86	-0.16	0.06	-0.14	-0.04	0.02	-0.14	0.02	0.11	0.08	0.08	-0.02								
13. 行业竞争强度	3.44	0.67	-0.01	-0.07	0.06	-0.06	-0.17	0.11	0.12	-0.09	0.23*	-0.12	-0.17	0.16							
14. 知识获取	3.49	0.82	-0.09	-0.04	0.00	-0.08	0.01	-0.01	-0.03	-0.15	-0.12	-0.14	0.13	0.12	0.04						
15. 契约治理	3.65	0.68	-0.07	-0.02	0.00	0.01	-0.05	-0.04	-0.14	0.10	-0.06	-0.06	-0.08	0.13	0.07	0.24*					
16. 信任治理	3.73	0.62	0.02	0.06	0.03	-0.04	0.02	0.07	0.02	-0.17	-0.30**	0.05	-0.02	0.10	-0.05	0.50**	0.17				
17. 合作时间	5.44	2.46	0.03	-0.06	0.06	-0.09	-0.01	0.04	-0.07	-0.13	-0.20*	0.16	0.09	0.08	-0.05	-0.02	0.06	0.11			
18. 规模差异	3.69	0.96	-0.01	0.02	-0.03	-0.13	-0.02	-0.02	-0.10	-0.04	-0.21*	0.06	-0.04	0.19*	0.00	0.02	-0.01	0.04	0.23*		
19. 短期绩效 (T+1)	0.06	0.08	-0.02	0.44**	0.11	0.00	0.04	0.11	0.00	-0.09	0.01	-0.05	0.15	0.03	-0.11	0.13	-0.03	-0.09	0.05	0.08	
20. 长期绩效 (T+2)	0.09	0.14	-0.23*	0.07	-0.11	-0.03	0.02	-0.04	0.05	0.29**	0.27**	-0.09	0.05	0.19*	-0.07	0.14	-0.01	-0.10	0.03	0.00	0.39**

注：* 表示在 0.05 水平下显著；** 表示在 0.01 水平下显著。

第二节　信度与效度分析

一、变量信度检验

在假设检验前，首先需要对研究中涉及变量的信度进行分析。信度分析又称可靠性分析，是对一种现象的测度提供的稳定性和一致性结果的检验（Nunnally，1978），反映了构成变量指标的内部一致性，是衡量某一指标与测度同一因子的其他指标间相关能力的一种重要测度。通常采用 Cronbach's α 系数（Nunnally，1978）和复合信度 CR（Fornell & Larcker，1981）对指标的内部一致性进行估计和验证。Cronbach's α 系数和 CR 的取值都在 0~1，其值越大，信度越高。一般来说，根据先前的研究经验，衡量同一要素的全部指标的 Cronbach's α 系数和 CR 的取值超过 0.7 就是合适的（Nunnally，1978；Fornell & Larcker，1981）。而对于较新的量表，Cronbach's α 系数和 CR 大于 0.6 就可以说明变量具有内部一致性（即达到足够信度）。

表 5-2 给出了信度分析的结果，所有的变量都是在已有研究的基础上提炼出来的，结果显示所有变量的 Cronbach's α 值和 CR 值都超过了 0.7。这表明所涉及的变量在所采用的样本数据中表现出了很好的内部一致性特征，变量的信度通过了检验。

表 5-2　变量的载荷和信度指标

变量及指标	信度系数	载荷
知识获取		
我们通过联盟从伙伴那里得到新的、重要的知识	α = 0.95 AVE = 0.79 CR = 0.95	0.87
我们通过联盟从伙伴那里学到关键的能力		0.93
我们通过联盟向伙伴学习新产品开发技能		0.90
我们通过联盟向伙伴学习企业管理技能		0.91
我们通过联盟向伙伴学习生产运作技能		0.93
契约治理		
我们与联盟伙伴的关系主要是通过书面合同来管理的	α = 0.83 AVE = 0.55 CR = 0.83	0.79
只有合同规定所有细节时联盟双方才可以顺利合作		0.81
联盟双方签订的合同是约束对方行为的最有力工具		0.88
我们常通过财务或市场指标来检查联盟的进展情况		0.76

续表

变量及指标	信度系数	载荷
信任治理		
我们的联盟伙伴可以依赖		0.81
我们的联盟伙伴非常正直、真诚	α = 0.91	0.88
我们的联盟伙伴非常守信	AVE = 0.69	0.93
我们对联盟伙伴的能力有信心	CR = 0.92	0.88
我方不进行检查，对方也努力地完成其在联盟中的任务		0.83
行业竞争强度		
在本行业内，客户常常更换供应商		0.78
其他公司常常试图抢占我们的客户	α = 0.82	0.83
本行业内的竞争很激烈	AVE = 0.55	0.84
我们的客户很容易找到替代的供应商	CR = 0.83	0.80

二、变量内容效度检验

变量的内容效度（Content Validity）反映的是该变量在多大程度上提供了对所测量事物的内涵和范围的反映（Churchill，1979）。对内容效度的评判并不是从数字上来测量的，而是一种主观的和判断性的方式。

主要采取了下列方式来加强问卷指标的内容效度。

一是，在调研的问卷封面上提供了填写本问卷的指导，明确地告诉他们本项调研的目的是探索中国企业联盟合作问题，并对每部分的问题进行了比较详尽的说明。为了尽可能地从被访问者处获得真实的信息，承诺对本问卷进行保密，仅用于整体数据处理，绝无任何商业用途。

二是，在本次调研之前，将所研究的问题和所用的测量指标向该领域内的学者和管理人员进行了访谈。他们被要求就本书所研究的问题来判断这些测量指标是否清楚和易懂。基于他们的意见对这些指标进行了必要的修改。因此，这些措施都保证了所用问卷的内容效度是足够的。

三、变量结构效度检验

变量的结构效度（Construct Validity）指的是某个指标在多大程度上刻画了所度量的结构变量而不是其他结构变量（Churchill，1985）。对结构效度的检验不但要验证某个指标是否显著地依附于所度量的变量（聚敛效度，Convergent Validity），而且要确保该指标并没有度量其他的变量（区别效度，Discriminant

Validity)（Campbell & Fiske，1959）。利用 LISREL 8.5 对这些变量进行验证性因子分析（CFA），来验证其收敛效度和区别效度。

第一，聚敛效度可以用载荷指标或者 AVE 指标的大小来分析，使用分析工具均为 CFA。如果一群指标（Item）测量了一个共同的变量，那么就说明这些指标存在收敛效度。聚敛效度是通过检验某个指标在所测量因子变量上的载荷（Loading）在给定的可靠性水平下（如 95%）是否显著来判定的。一般来说，路径值大于 0.7（也就是该指标的方差可以被因子变量解释一半以上）通常被认为是合适的（Fornell & Larcker，1981）。后来的研究者认为该条件过于苛刻，从而将 0.4 界定为最小的容忍限度（Ford et al.，1986），也就是路径值大于 0.4 就可以被认为是合适的。

此外，计算平均方差萃取值，即每个因子的变量对因子的总的解释程度。当 AVE 值大于或等于 0.50 时就认为该变量的度量指标具有聚敛效度。表 5-2 给出了所用变量度量指标在其测量对象上的因子载荷，全部都达到了大于 0.7 的标准，说明各变量的聚敛效度是显著的。此外，结果中所有变量的 AVE 值都在 0.50 以上，进一步验证了本书提出的这些变量度量指标都通过了聚敛效度检验。

第二，区别效度表明了不同结构变量的测量具有独特性。通常用两种方法检验不同变量之间的区别效度。主要方法是通过比较不同结构变量之间的相关系数是否小于对应结构变量的 AVE 值的平方根来判断（Fornell & Larcker，1981）。如果某一变量 AVE 值的平方根比这个变量与其他所有变量的相关系数都大，则该变量与其他变量之间具有区别效度。表 5-3 列出了所有变量之间的相关系数和 AVE 值的平方根（位于对角线位置）。从表中结果可以看出，对角线上的粗体数值远远大于其所在行和列的所有相关系数值，说明所有变量间都具有良好的区别效度。

表 5-3　各变量区别效度

	1	2	3	4
1. 知识获取	**0.89**			
2. 契约治理	0.24 *	**0.74**		
3. 信任治理	0.50 **	0.17	**0.83**	
4. 行业竞争强度	0.04	0.07	− 0.05	**0.74**

注：* 表示在 0.05 水平下显著；** 表示在 0.01 水平下显著。

四、共同方法偏差

由于回答问题的同源性导致的误差称为共同方法偏差（Common Method Bias）。研究表明，调研时请同一企业的多个人参与调研可以较好地避免共同方法偏差。根据以往研究经验，一般情况下可以通过三种方法检验数据是否存在共同方法偏差。

首先，检验所有指标相关系数的多回应稳定性。如果相关系数大于0.2，而且显著相关，这说明该问卷具有较好的多回应稳定性。因此，对于本书中的一手调研数据，可以将每个样本的两份问卷的所有测量求平均，从而避免共同方法偏差。另外，本书的自变量和因变量来自不同的数据库，并取自不同的时间阶段，这种多数据来源和多阶段收集数据的方式都可以在很大程度上控制共同方法偏差。

其次，对于所有变量的测量指标采用Harman单因子检验，对所有的指标作未旋转的探索性因子分析。如果分析的结果中提取多个因子，而且第一个因子比例不大时可以认为共同方法偏差不会给研究结果带来影响。本书中没有发现任何一个单独的变量能够解释方差，因此不存在共同方法偏差问题。

最后，可以采用LISREL验证性因子分析功能，引入普通方法因子，比较因子模型和三因子模型，如果两因子模型拟合程度最高，共同方法偏差不会对研究结果带来影响。由于本次调研测量的所有因子来自不同的问卷部分，所以较好地规避了共同方法偏差的影响。

第三节 回归分析结果

为了更加准确地验证本书提出的各项假设，使用SPSS 22统计软件根据一般回归方法对各项假设进行检验。在回归分析中，按照分层回归分析（Hierarchical Regression Analysis）的方法，第一步只引入控制变量，第二步引入主变量，第三步引入调节变量以及主变量和调节变量的交互项，第四步引入二重调节变量以及主变量、调节变量和二重调节变量的交互项。在引入交互/调节项时，对相关的变量进行了均值中心化的处理，以减少多重共线性问题存在的影响。通过观察回归模型中的VIF值，可以发现各个自变量的VIF值均远远小于10（或者判断容限度Tolerance值均大于0.1），因此可以认为回归模型不存在严重的多重共线性问题。所有模型中每个变量的容限度（Tolerance）均大于0.1，对模型中各个自变量的方差膨胀因子都小于2，这说明自变量之间不存在较强的多重共线性。表5-4为回归分析结果。

表5-4 回归分析结果

控制变量	短期绩效（T+1）				长期绩效（T+2）			
	模型1	模型2	模型3	模型4	模型5	模型6	模型7	模型8
企业规模	-0.284*	-0.252*	-0.267*	-0.268*	-0.412*	-0.392**	-0.391**	-0.372**
	(0.014)	(0.014)	(0.013)	(0.014)	(0.025)	(0.025)	(0.025)	(0.025)
初始绩效	0.446***	0.452***	0.457***	0.446***	-0.001	0.011	0.041	0.029
	(0.024)	(0.024)	(0.023)	(0.024)	(0.045)	(0.044)	(0.044)	(0.045)
流动资产（T+1）	0.556***	0.531***	0.609***	0.623***				
	(0.012)	(0.012)	(0.012)	(0.013)				
偿债能力（T+1）	0.097	0.107	0.099	0.140				
	(0.006)	(0.006)	(0.006)	(0.006)				
资金闲置（T+1）	0.177+	0.171+	0.234*	0.226*				
	(0.002)	(0.002)	(0.002)	(0.002)				
流动资产（T+2）					0.346*	0.345*	0.343*	0.284+
					(0.022)	(0.022)	(0.022)	(0.023)
偿债能力（T+2）					0.101	0.124	0.156	0.153
					(0.014)	(0.014)	(0.014)	(0.015)
资金闲置（T+2）					0.047	0.070	0.068	0.113
					(0.021)	(0.021)	(0.021)	(0.022)
伙伴运营情况	-0.138	-0.123	-0.161	-0.127	0.190	0.205+	0.133	0.154
	(0.018)	(0.018)	(0.018)	(0.020)	(0.034)	(0.034)	(0.035)	(0.038)
合作经验	0.057	0.063	0.021	0.024	-0.106	-0.087	-0.071	-0.024
	(0.021)	(0.021)	(0.021)	(0.022)	(0.039)	(0.038)	(0.040)	(0.043)
联盟形式	-0.175+	-0.202+	-0.218*	-0.155	-0.018	-0.052	-0.147	-0.139
	(0.017)	(0.017)	(0.017)	(0.019)	(0.032)	(0.032)	(0.034)	(0.036)
伙伴竞争	-0.046	-0.055	0.066	0.151	-0.160	-0.157	-0.241*	0.257
	(0.011)	(0.011)	(0.012)	(0.010)	(0.021)	(0.021)	(0.022)	(0.020)
行业竞争	0.225*	0.173+	0.175+	0.080	0.199+	0.168	0.250*	-0.261
	(0.009)	(0.010)	(0.010)	(0.013)	(0.017)	(0.018)	(0.018)	(0.023)

续表

控制变量	短期绩效（T+1）				长期绩效（T+2）			
	模型1	模型2	模型3	模型4	模型5	模型6	模型7	模型8
自变量								
知识获取		0.173 + (0.009)	0.045 (0.011)	0.055 (0.012)		0.183 (0.018)	0.335 * (0.021)	0.397 ** (0.023)
一重调节								
契约治理			0.077 (0.013)	0.081 (0.016)			−0.066 (0.025)	−0.219 (0.031)
信任治理			−0.052 (0.014)	−0.094 (0.017)			−0.214 (0.027)	−0.076 (0.033)
知识获取 * 契约治理			−0.202 + (0.007)	−0.178 (0.008)			0.249 * (0.013)	0.282 + (0.015)
知识获取 * 信任治理			0.230 * (0.008)	0.184 (0.008)			−0.163 (0.014)	−0.203 (0.015)
二重调节								
合作时间				−0.130 (0.007)				−0.016 (0.011)
规模差异				0.204 + (0.010)				0.080 (0.016)
知识获取 * 契约治理 * 合作时间				−0.306 * (0.013)				−0.480 * (0.028)
知识获取 * 信任治理 * 合作时间				0.224 + (0.010)				0.413 * (0.022)
知识获取 * 契约治理 * 规模差异				0.171 (0.008)				0.194 (0.014)
知识获取 * 信任治理 * 规模差异				−0.296 * (0.008)				−0.346 + (0.016)

续表

控制变量	短期绩效（T+1）				长期绩效（T+2）			
	模型1	模型2	模型3	模型4	模型5	模型6	模型7	模型8
N	117	117	117	117	117	117	117	117
F value	4.832***	4.686***	4.226***	3.674***	1.900+	2.040*	2.146*	1.810*
R square	0.402	0.424	0.494	0.526	0.211	0.245	0.335	0.400
Adjusted R square	0.318	0.334	0.377	0.396	0.100	0.125	0.179	0.179

注：（1）+表示在0.1水平下显著；*表示在0.05水平下显著；**表示在0.01水平下显著；***表示在0.001水平下显著。

（2）括号内是标准误。

（3）表中加粗数据为假设检验的回归系数。

一、联盟伙伴间知识获取对企业短期绩效的影响

分层回归的详细过程见表5-4，模型1~模型4中以企业短期绩效为因变量进行分析。第一步只放入控制变量，在模型1中分析控制变量和短期绩效之间的关系；第二步我们把知识获取作为自变量加入回归模型，在模型2中进一步分析和检验联盟伙伴间知识获取和企业短期绩效之间的关系。结果显示，模型1和模型2的F值显著性水平为0.001（$p < 0.001$），都是合理的回归方程。而且模型2中调整后的R^2是0.334，比模型1增加了0.016，模型2显示联盟伙伴间知识获取和企业短期绩效之间的正相关关系是显著的（$\beta = 0.173$，$p < 0.1$），说明联盟伙伴间知识获取有利于企业短期绩效的提高（假设1得到支持）。

二、联盟伙伴间知识获取对企业长期绩效的影响

同样地，在模型5~模型8中以企业长期绩效为因变量进行分析。首先只放控制变量，在模型5中分析控制变量和长期绩效之间的关系；然后将知识获取作为自变量加入回归模型，在模型6中检验联盟伙伴间知识获取和企业长期绩效之间的关系。结果显示，模型5的F值显著性水平为0.1（$p < 0.1$），模型6的F值显著性水平为0.05（$p < 0.05$）。但模型6显示联盟伙伴间知识获取和企业长期绩效之间的正相关关系是不显著的（$\beta = 0.183$，$p \geqslant 0.1$），说明联盟伙伴间知识获取对企业长期绩效的影响作用是不显著的（假设2得到支持）。

三、联盟治理机制在知识获取影响企业短期绩效中的调节作用

假设3和假设4分析了契约治理和信任治理在联盟伙伴间知识获取影响企业

短期绩效的调节作用。表5-4中的模型3检验了假设3和假设4。从表5-4中可以看出，模型3中的F值为4.226（p<0.001），表明在该统计样本和数据下，模型3的回归方程是有意义的。模型3中调整后的 R^2 为0.377，表明因变量37.7%的变动可以被模型中的自变量解释。模型3的回归结果显示：契约治理对知识获取与短期绩效关系的负向调节作用显著（β=-0.202，p<0.1），信任治理对知识获取与短期绩效关系的正向调节作用显著（β=0.230，p<0.05），结果支持了假设3和假设4（假设3和假设4得到支持）。图5-1和图5-2显示了契约治理和信任治理对联盟伙伴间知识获取和短期绩效之间关系的调节作用。

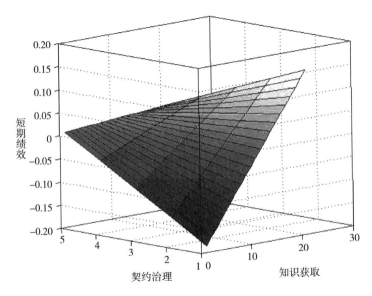

图5-1　契约治理对知识获取与短期绩效关系影响的调节作用

从图5-1可以看出，当契约治理水平较低时，知识获取对短期绩效的回归斜率为正，契约治理水平较高时，知识获取对短期绩效的回归斜率变缓，说明契约治理调节作用为负，支持了假设3；图5-2显示，当信任治理水平较低时，知识获取对短期绩效的回归斜率趋于0，随着信任治理水平提高，知识获取对短期绩效的回归斜率变正，说明信任治理的调节作用为正，支持了假设4。这与本书根据数据得到的结论一致。

本书采用T-test对假设3和假设4的调节作用进行了比较，结果显示两个系数之间存在显著差异（t=-2.58，p<0.01），表明在联盟伙伴间知识获取和企业短期绩效的关系中，信任治理比契约治理的正向调节作用更显著。

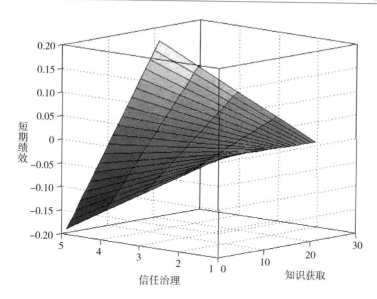

图5-2　信任治理对知识获取与短期绩效关系影响的调节作用

四、联盟治理机制在知识获取影响企业长期绩效中的调节作用

假设5和假设6分析了契约治理和信任治理在知识获取影响企业长期绩效的调节作用。表5-4中的模型7检验了假设5和假设6。从表5-4中可以看出，模型7中的F值为2.146（p＜0.05），表明在该统计样本和数据下，模型7的回归方程是有意义的。模型7中调整后的R^2为0.179，表明因变量17.9%的变动可以被模型中的自变量解释。模型7的回归结果显示：契约治理对知识获取与长期绩效关系的正向调节作用显著（β＝0.249，p＜0.05），信任治理对知识获取与长期绩效关系的负向调节作用不显著（β＝-0.163，p≥0.1），结果支持了假设5，但没有支持假设6（假设5得到支持，假设6未得到支持）。图5-3和图5-4显示了契约治理和信任治理对联盟伙伴间知识获取和长期绩效之间关系的调节作用。

从图5-3可以看出，当契约治理水平较低时，知识获取对长期绩效的回归斜率为正，契约治理水平较高时，知识获取对短期绩效的回归斜率变得更陡了，说明契约治理调节作用为正，支持了假设5；图5-4显示，当信任治理水平较低时，知识获取对长期绩效的回归斜率为正，随着信任治理水平提高，知识获取对短期绩效的回归斜率没有非常明显的变化，因此假设6没有得到有力的支持。这与本书根据数据得到的结论一致。

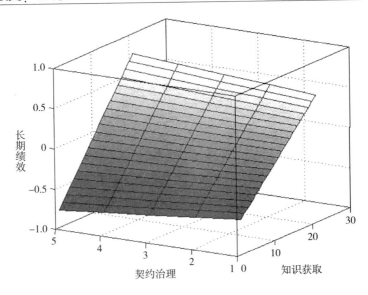

图5-3 契约治理对知识获取与长期绩效关系影响的调节作用

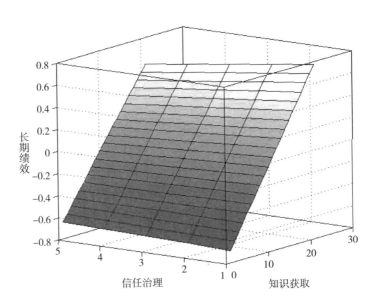

图5-4 信任治理对知识获取与长期绩效关系影响的调节作用

　　本书同样采用 T－test 对假设5和假设6的调节作用进行了比较，结果显示两个系数之间存在显著差异（t＝2.15，p＜0.05），表明在联盟伙伴间知识获取和企业长期绩效的关系中，契约治理比信任治理的正向调节作用更显著。

五、合作时间和规模差异对联盟治理短期调节作用的影响

表 5 - 4 中的模型 4 用于检验合作时间和规模差异对于知识获取和联盟治理机制影响企业短期绩效关系的二重调节作用。从表 5 - 4 中可以看出，模型 4 中的 F 值为 3.674（$p < 0.001$），表明在该统计样本和数据下，模型 4 的回归方程是有意义的。模型 4 中调整后的 R^2 为 0.396，表明因变量 39.6% 的变动可以被模型中的自变量解释。根据 Li 等（2013）对二重调节作用的检验方法，分析模型 4 中三项交互的回归，结果显示：合作时间对契约治理在知识获取和企业短期绩效关系的调节作用的负向影响是显著的（$\beta = -0.306$，$p < 0.05$），对信任治理在知识获取和企业短期绩效关系的调节作用的正向影响是显著的（$\beta = 0.224$，$p < 0.1$），结果支持了假设 7 和假设 8（假设 7 和假设 8 得到支持）；规模差异对契约治理在知识获取和企业短期绩效关系的调节作用的正向影响是不显著的（$\beta = 0.171$，$p \geqslant 0.1$），对信任治理在知识获取和企业短期绩效关系的调节作用的负向影响是显著的（$\beta = -0.296$，$p < 0.05$），结果支持了假设 10，但是没有支持假设 9（假设 9 未得到支持，假设 10 得到支持）。

六、合作时间和规模差异对联盟治理长期调节作用的影响

表 5 - 4 中的模型 8 用于检验合作时间和规模差异对于知识获取和联盟治理机制影响企业长期绩效关系的二重调节作用。从表 5 - 4 中可以看出，模型 8 中的 F 值为 1.810（$p < 0.05$），表明在该统计样本和数据下，模型 8 的回归方程是有意义。模型 8 中调整后的 R^2 为 0.179，表明因变量 17.9% 的变动可以被模型中的自变量解释。根据模型 8 中三项交互的回归，结果显示：合作时间对契约治理在知识获取和企业长期绩效关系的调节作用的负向影响是显著的（$\beta = -0.480$，$p < 0.05$），对信任治理在知识获取和企业短期绩效关系的调节作用的正向影响是显著的（$\beta = 0.413$，$p < 0.05$），结果支持了假设 11 和假设 12（假设 11 和假设 12 得到支持）；规模差异对契约治理在知识获取和企业短期绩效关系的调节作用的正向影响是不显著的（$\beta = 0.194$，$p \geqslant 0.1$），对信任治理在知识获取和企业短期绩效关系的调节作用的负向影响是显著的（$\beta = -0.346$，$p < 0.1$），结果支持了假设 14，但是没有支持假设 13（假设 13 未得到支持，假设 14 得到支持）。

小　结

　　本章报告了实证分析的结果，包括自变量和因变量的描述性分析、结构变量的信效度检验以及假设验证结果。信效度检验表明文本的测量指标能够有效反映知识获取、契约治理、信任治理、行业竞争强度等结构变量。同时，在 14 个假设中，11 个假设得到了实证分析结果的支持，证明了本书提出的概念模型基本上是成立的，具体的分析结果如图 5－5 所示。

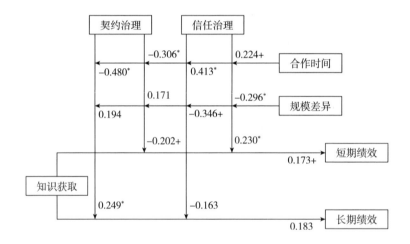

图 5－5　概念模型中的回归分析结果

　　研究结果表明，联盟伙伴间知识获取有利于企业短期绩效的提升，对企业长期绩效没有显著影响。在联盟伙伴间知识获取对企业短期绩效的影响作用中，契约发挥负向调节作用，信任发挥正向调节作用；在联盟伙伴间知识获取对企业长期绩效的影响作用中契约发挥正向调节作用，信任调节作用不显著。此外，联盟伙伴合作时间会负向影响契约的调节作用，正向影响信任的调节作用；伙伴间规模差异会正向影响信任的调节作用，对契约的调节作用的影响不显著。表 5－5 显示了具体的假设验证的结果。

表 5 – 5   理论假设验证结果

假设	假设内容	验证结果
假设 1	联盟伙伴间知识获取正向影响企业短期绩效	支持
假设 2	联盟伙伴间知识获取对企业长期绩效的影响是不显著的	支持
假设 3	契约负向调节联盟伙伴间知识获取和企业短期绩效之间的关系	支持
假设 4	信任正向调节联盟伙伴间知识获取和企业短期绩效之间的关系	支持
假设 5	契约正向调节联盟伙伴间知识获取和企业长期绩效之间的关系	支持
假设 6	信任负向调节联盟伙伴间知识获取和企业长期绩效之间的关系	未支持
假设 7	联盟伙伴过去合作时间越长，契约对联盟伙伴间知识获取和企业短期绩效之间关系的负向调节作用增强	支持
假设 8	联盟伙伴过去合作时间越长，信任对联盟伙伴间知识获取和企业短期绩效之间关系的正向调节作用增强	支持
假设 9	联盟伙伴间规模差异越大，契约对联盟伙伴间知识获取和企业短期绩效之间关系的负向调节作用减弱	未支持
假设 10	联盟伙伴间规模差异越大，信任对联盟伙伴间知识获取和企业短期绩效之间关系的正向调节作用减弱	支持
假设 11	联盟伙伴间合作时间越长，契约对联盟伙伴间知识获取和企业长期绩效之间关系的正向调节作用减弱	支持
假设 12	联盟伙伴间合作时间越长，信任对联盟伙伴间知识获取和企业长期绩效之间关系的负向调节作用减弱	支持
假设 13	联盟伙伴规模差异越大，契约对联盟伙伴间知识获取和企业长期绩效之间关系的正向调节作用增强	未支持
假设 14	联盟伙伴规模差异越大，信任对联盟伙伴间知识获取和企业长期绩效之间关系的负向调节作用增强	支持

第六章 结果讨论

针对联盟企业知识获取对企业绩效的影响困惑，本书把联盟伙伴间知识获取、契约治理、信任治理、合作时间、规模差异以及长短期财务绩效整合到一个研究框架下，分析了联盟伙伴间知识获取对于长短期绩效的影响过程，以及在此过程中契约治理和信任治理起到的调节作用，最终进一步探索了规模差异与合作时间对契约和信任调节作用的影响。通过对研究所需样本数据进行收集、提出假设并采用统计方法对理论模型进行检验，回归模型结果显示，提出的 14 个假设中有 11 个假设得到了支持，因此可以认为基本上验证了概念模型。研究结果表明，首先，联盟知识获取促进短期绩效提升，对长期绩效影响不显著。其次，契约治理对于联盟伙伴间知识获取影响企业短期绩效和长期绩效的调节作用是成立的，而信任治理对联盟伙伴间知识获取影响企业短期绩效的调节作用成立。最后，联盟伙伴合作时间对契约治理与信任治理调节作用的影响显著，伙伴间规模差异对信任治理的调节作用影响显著。但是，伙伴间规模差异对契约治理的调节作用的影响并不显著。本书获得的结论不但对知识管理和联盟治理等研究领域具有理论价值，同时对联盟实践具有重要的指导意义。下面，先结合研究结果，对每个假设内容开展讨论，并总结本书的理论价值，最后基于研究结果说明对联盟实践的指导意义。

第一节 假设结果讨论

一、联盟伙伴间知识获取对企业绩效的影响

假设 1 对联盟伙伴间知识获取和企业短期绩效的关系进行了分析，假设 2 对联盟伙伴间知识获取和企业长期绩效的关系进行了分析。实证结果表明：联盟伙伴间知识获取有利于企业短期绩效的提升，但是对企业长期绩效的影响作用不显

著（假设 1 和假设 2 得到支持）。企业从伙伴处获取知识后，主要依赖两种知识管理方式来提高竞争优势和企业绩效。一种是知识接触和应用，将联盟伙伴的知识资源和技术直接用于企业发展，这种方式更关注知识应用的效率，对企业来说风险相对较小。而且对企业的吸收能力、知识储备等方面的要求较低（Grant & Baden - Fuller，2004），能够促使企业快速获得短期收益。另一种是知识整合和创造，是将联盟伙伴的知识资源和自身的资源整合起来并创造新的知识。该过程中涉及复杂的知识交流和互动，包括知识的吸收和内化。这种方式关注知识积累带来的长期效果，有利于企业提高创新能力和保障竞争力的长期持续提升（Gulati，1995；Mowery et al.，1996）。与此同时，知识整合和创造比知识接触和应用的不确定性更高，要求企业具有更高的知识吸收能力和资源协调能力（Cardinal，2001；Lane et al.，2006）。因此，从风险和组织能力的角度考虑，知识接触和应用风险较小，而且对组织能力要求较低，因此，联盟伙伴间知识获取对企业短期绩效有正向影响。而知识整合和创造的风险较大，伙伴间知识交流和互动过程中更容易引起核心知识泄露，同时对组织能力要求较高。因此，联盟伙伴间知识获取对企业长期绩效的影响并不显著。

本书的实证结果验证了上述观点。从实践来看，中国企业面临的竞争环境日益激烈，技术更新换代速度加快，市场需求多样化且难以预测。企业往往缺乏知识资源，很难依靠自身资源和能力来保持竞争优势，通过联盟来从伙伴处获取知识和技能成为中国企业进行知识学习和开发的重要途径（苏中锋等，2007）。假设 1 认为联盟伙伴间知识获取能够提高企业短期绩效，并得到了数据支持。这一实证结果和 Van Wijk 等（2008）、Li et al.（2010c）、Li 等（2012）、Li 等（2014）、Frankort（2016）等研究结论一致，认为联盟伙伴间知识获取能够为企业提供互补性知识和资源，促进企业组织应用能力、探索能力、吸收能力、创新能力等，从而有利于企业绩效提升。此外，中国企业经历了长期技术引进和对自主创新能力的忽视，对知识的吸收能力和协调能力尚且不足。而且中国正处于经济转型时期，市场制度不完善，法律政策不断变化（Zhou et al.，2008；Zhou & Poppo，2010），这给联盟伙伴间知识获取和转移带来了很大挑战（Zhang & Zhou，2013）。在互惠关系的战略联盟中，联盟伙伴间知识获取不仅仅是简单的知识单向流动的过程，而是涉及合作双方知识的交流和共享，在知识获取的同时还伴随着知识泄露（Jiang & Li，2009；Jiang et al.，2013）与 Hamel（1991）提出的"学习竞赛"等问题。尤其是在中国情境下，伙伴知识获取的负面影响更应该受到重视。由于缺乏对联盟知识获取过程的管理，其价值就会随着时间的推移而被侵蚀，很难实现企业可持续发展和长期竞争优势的提升。假设 2 提出联盟伙伴间知识获取对企业长期绩效的作用并不显著，并得到了数据验证。这一结果强调了联盟伙伴间知识获取的两面性（Double‐edge），和 Zanarone 等（2016）的研究出发点一致，并实证检验了两面性的存在。

本书同时考虑了外部知识获取的积极影响和不利影响，并通过结果验证了联盟伙伴间知识获取的两面性是随时间推移而变化的，反映了知识管理的过程性（Das & Kumar，2007；Grant & Baden‐Fuller，2004；Hamel，1991；Oliver，2001）。在对企业短期绩效的影响过程中，主要依赖于伙伴知识接触和应用，这一过程的风险相对较低，因此伙伴知识获取的不利影响较小，积极影响占主导地位，最终结果是联盟伙伴间知识获取对企业短期绩效有显著的正向影响作用。而在对企业长期绩效的影响过程中，主要依赖于伙伴知识整合和创造，这一过程涉及频繁的知识交流和沟通，更容易引起知识泄露、专有性资产流失等问题。同时，伙伴知识整合和创造有利于企业创新能力构建和发展，持续竞争力的提升，以及组织长期发展。因此，伙伴知识获取能够从正反两方面影响企业长期绩效，综合作用不显著。这一研究结论表明联盟伙伴间知识获取的不利影响会随着时间的推移而越来越明显。现有研究中对于组织间知识获取对企业绩效的影响结论存在争议，本书分析了联盟伙伴间知识获取对不同时期绩效的影响，从知识管理过程的视角解释了现有研究对于上述关系研究结论不一致的原因。

二、联盟治理机制在知识获取影响企业绩效中的调节作用

本书认为，联盟伙伴间知识获取是一把双刃剑，既能给企业带来积极的影响，也会带来消极影响，而联盟治理能够通过对风险的控制和对知识的管理来影响知识获取对企业绩效的作用。基于交易成本理论和社会交换理论，假设 3 和假设 4 分析了契约和信任两种治理机制对联盟伙伴间知识获取和企业短期绩效之间关系的调节作用；假设 5 和假设 6 分析了契约和信任两种治理机制对联盟伙伴间知识获取和企业长期绩效之间关系的调节作用。实证检验发现：在联盟伙伴间知识获取影响企业短期绩效的关系中，契约发挥负向调节作用，而信任发挥正向调节作用；在联盟伙伴间知识获取影响企业长期绩效的关系中，契约发挥正向调节作用，而信任的调节作用不显著。这说明，一方面横向对比两种治理机制的调节作用是存在差异的，另一方面单看某一种治理机制的调节作用在知识获取影响短期绩效和长期绩效的关系中是发生演变的。

假设 3 分析了契约治理对知识获取和企业短期绩效之间关系的负向调节作用，实证结果与假设 3 保持一致（假设 3 得到支持）。假设 4 分析了信任治理对知识获取和企业短期绩效之间关系的正向调节作用，实证结果和假设 4 保持一致（假设 4 得到支持）。本书认为，联盟治理机制能够通过对伙伴知识获取过程中风险的控制和知识的管理，来调节联盟伙伴间知识获取对企业绩效的影响作用。联盟伙伴间知识获取对企业短期绩效的影响主要依赖对伙伴知识的接触和应用（Grant & Baden – Fuller，2004），而伙伴知识获取过程中存在一定的行为不确定风险。在上述过程中，焦点企业对伙伴知识认识不足（Duso et al.，2010；Ink-pen，2005）。契约治理对行为不确定的风险控制和伙伴知识获取过程的管理的效果反而会因契约的制定和实施成本提升而降低企业短期绩效。因此，契约的调节作用是负向的。而信任机制可以减少联盟企业对合作伙伴对机会主义的担心（Gulati，1995），促使双方互利互惠的亲密关系（Poppo & Zhou，2014），并促进合作双方对知识转移的积极意愿（江旭，2008），从而降低行为不确定的风险和促进伙伴知识获取的有效性。因此，信任的调节作用是正向的。因此，在联盟伙伴间知识获取影响企业短期绩效的过程中，信任机制（正向调节）比契约机制（负向调节）更有效。本书通过 T – test 进一步验证了这一结论。假设 3 的检验结果证实了契约治理并不是在任何条件下都是有效的，这与 Cannon 等（2000）、S. Tamer 等（2004）、Ferguson 等（2005）、Jiang 等（2013）、Li 等（2010b）、Lui 等（2009）等研究结论保持一致。在某些特定的环境下，对契约治理的依赖可能会被合作伙伴当作是一种不信任的表现，不利于联盟伙伴的合作行为（S. Tamer et al.，2004），从而降低伙伴知识获取的有效性，阻碍企业从中获取短期效益。尤其是在正处于经济转型时期的中国，社会、立法、经济等方面制度发展尚不完善，第三方对交易合作的监管力度不足，无法为契约的执行提供法律保障（Zhou & Poppo，2010）。在这种制度环境下，虽然契约逐渐接受，但仍然普遍认为对合同和契约的依赖标志着彼此间的不信任，导致契约治理的有效性降低。假设 4 的检验结果证明了信任治理作为一种建立在合作双方紧密关系上的一种非正式治理机制，创造了一种社会制度，能够很好地弥补正式制度空缺，通过基于信任的社会关系来控制风险和解决争端（Li et al.，2008）。因此，信任在联盟学习和结果变量的关系中起正向调节作用，支持了 Chen 等（2013）等的观点。

同时，假设 5 分析了契约治理对知识获取和企业长期绩效之间关系的正向调节作用，实证结果和假设 5 保持一致（假设 5 得到支持）。假设 6 分析了信任治理对知识获取和企业长期绩效之间关系的负向调节作用，结果显示不显著（假设6未得到支持）。本书认为，在联盟伙伴间知识获取对企业长期绩效的影响过程中，主要依赖伙伴知识整合和创造，以及在此基础上建立的企业创新能力和持续竞争优势（Grant & Baden - Fuller，2004；杨阳，2011）。在这个过程中，联盟伙伴间知识交流和互动过程频繁，更容易发生联盟企业的知识泄露（杨薇和江旭，2016），且新知识和技术的开发过程更复杂，不确定性更高。因此，只有通过企业对风险的有效控制和对知识的有效管理，才能提高联盟伙伴间知识获取对企业长期绩效的促进作用。而对于熟悉知识的内化和吸收，企业能够通过详细的契约说明来有效降低伙伴机会主义行为（刁丽琳，2013），提高联盟和企业对外部环境变化的适应性（Krishnan et al.，2016），并为复杂的知识整合和创造的过程提供可跟踪学习的有形知识库（Argyres & Mayer，2007）。因此，契约呈现正向调节作用。假设5的检验结果表明，契约治理在更为复杂的伙伴知识获取活动中对风险的控制和对知识的管理作用逐渐显现出来，支持了 De Jong 和 Woolthuis（2008）、Liu 等（2009）、Zhang 等（2012）等的观点。

然而，假设6，信任治理对知识获取和企业长期绩效之间的关系是负的没有得到实证分析结果的支持。少数研究发现信任具有负面影响（Krishnan et al.，2006；Krishnan et al.，2016），而实证结果未能验证信任的负面作用，结果不显著的原因可能是以下两点：第一，在处于经济转型的中国情境下，基于信任的关系在联盟合作中仍然占重要地位。虽然随着中国制度环境的不断完善，人们认识到契约治理在交易合作中的重要性，治理机制也逐渐从非正式的社会关系向正式契约转变。但是，在一定的时期内基于信任的社会关系在中国企业运营和发展过程中仍然占据一席之地（Zhou et al.，2008）。研究也证实了信任治理在风险控制和知识管理方面的正向影响（Jiang et al.，2013；Lee & Cavusgil，2006；Li et al.，2010b），尤其在中国这类新兴经济国家的作用更为明显（Zhang & Zhou，2013；Zhou & Poppo，2010）。第二，信任机制具有模棱两可和不明确性（Cannon et al.，2000），容易给知识交流和沟通带来冲突和分歧，阻碍伙伴间知识整合和创造的有效性。而且，信任水平较高容易造成企业对伙伴的过度依赖，忽视对外部环境变化的监控，导致环境不确定风险的提高（Krishnan et al.，2016）。因此，信任的负面影响确实存在。综合上述两点，信任的负面影响被其正向作用所抵消，结果显示不显著，假设6未获支持。尽管如此，从实证结果来看，在联盟伙伴间知识获取影响企业长期绩效的过程中，契约机制（正向调节）比信任机制（不显著）更有效。相关研究也发现，随着中国新兴经济的转型，在市场机制的驱动下，非正式的关系在中国企业发展过程中的作用越来越弱（Fan et al.，2013）。本书还采用 T - test 进一步证实了在特定条件下，契约治理的作用比信任治理更好。该结论支持了 Arranz 和 De Arroyabe（2012），Li 等（2010a），Liu 等（2009），Lui（2009）等研究结果。

此外，假设 3 和假设 5 的检验结果显示，契约治理的调节作用随时间延长由负向影响演变为正向影响；假设 4 和假设 6 的检验结果显示，信任治理的调节作用随时间延长由正向影响演变为非显著性关系。这一结论证实了联盟治理作用机制的演进和变化，以及 Reuer 等（2016）、Schepker 等（2014）等提出的联盟活动中的动态因素会影响联盟治理的最优选择这一观点。

三、合作时间和规模差异对联盟治理调节作用的影响

本书认为，联盟伙伴合作时间和规模差异作为两个重要的伙伴特征，会对契约治理和信任治理的调节作用产生影响。假设 7 至假设 14 进一步分别讨论了在联盟伙伴合作时间和规模差异不同的情况下，契约治理和信任治理在知识获取和企业绩效关系中的调节作用如何发生变化。假设 7 和假设 11 分析了合作时间对契约治理调节作用的负面影响，实证结果和上述假设保持一致（假设 7 和假设 11 得到支持）。假设 8 和假设 12 分析了合作时间对信任治理调节作用的正向影响，实证结果和上述假设也一致（假设 8 和假设 12 得到支持）。本书认为，随着合作时间的延长，合作双方对彼此的行为规范、习惯偏好的熟悉度更高，合作机制更加成熟（Xin & Pearce，1996）。双方更愿意通过一种自愿的形式来进行合作交流，而不是受到严格的限制和强制性的监管（Woolthuis et al.，2005）。在这种情况下，联盟企业采用契约机制进行风险控制和知识管理的效果变得不理想。具体表现为，随着合作时间的延长，契约在联盟伙伴间知识获取和企业短期绩效关系中的负向调节作用更强（假设 7），在联盟伙伴间知识获取和企业长期绩效关系中的正向调节作用更弱（假设 11）。而基于紧密关系基础上的信任机制实施起来成本更低，能够增强伙伴间的彼此认同（Dyer & Chu，2000），提高信任机制对风险控制和知识管理的有效性。具体表现为，随着合作时间的延长，信任在联盟伙伴间知识获取和企业短期绩效关系中的正向调节作用更强（假设 8），在联盟伙伴间知识获取和企业长期绩效关系中的负向调节作用更弱（假设 12）。本书的研究结论与 Lui（2009）的观点保持一致，认为过去的合作经验能够影响契约和信任对知识获取的作用机制。

假设 9 和假设 13 分析了规模差异对契约治理调节作用的正向影响，实证结果未能支持上述假设（假设 9 和假设 13 未得到支持）。假设 10 和假设 14 分析了规模差异对信任治理调节作用的负向影响，实证结果和上述假设保持一致（假设 10 和假设 14 得到支持）。本书认为，伙伴间规模差异较大的情境下，合作双方在企业运营、沟通、决策等方面的模式存在固有差异，在此基础上建立的价值观不一致，不利于伙伴间信任的建立和发展（Costa et al.，2012）。给伙伴合作行为的准确传达带来不良影响（Lavie et al.，2012），最终导致信任机制对风险控制和知识管理的效果变得不理想。具体表现为，伙伴间规模差异越大，信任在联盟伙伴间知识获取和企业短期绩效关系中的正向调节作用越弱（假设 10），在联盟伙伴间知识获取和企业长期绩效关系中的负向调节作用越强（假设 14）。本书这一实证研究结果支持了 Lavie 等（2012）的观点，证实了组织间差异会影响治理机制对绩效的影响作用。

值得注意的是，伙伴间规模差异越大，契约在联盟伙伴间知识获取和企业短期绩效关系中的负向调节作用越弱（假设 9），在联盟伙伴间知识获取和企业长期绩效关系中的正向调节作用越强（假设 13），都没有得到数据分析结果的支持。本书认为这两个假设未能得到支持的原因可能是：在联盟伙伴规模差异较大的情况下，大企业和小企业之间地位不对等和信息不对称的现象更加严重。小企业在学习竞赛中容易被大企业利用，同时小企业"搭便车"的问题也会给大企业带来一定的损失，然而制度的缺失导致双方都无法通过详细的契约条款对联盟合作中的机会主义行为进行有效控制，从而影响了企业从伙伴知识获取中获得收益。在联盟合作中，契约往往被当作一种形式，作用没有得以充分体现。因此，伙伴间规模差异对契约机制的调节作用影响并不显著，从而导致假设 9 和假设 13 没能通过检验。

第二节　理论贡献

对比现有文献，本书的理论贡献主要体现在组织间知识获取、联盟治理研究等方面。

一、对组织间知识获取研究的贡献

本书对组织间知识获取研究的理论贡献主要包括以下三个方面：

第一，本书解决了组织间知识获取如何影响企业绩效这一争议问题。本书基于中国市场经济转型背景下的企业战略联盟，从知识管理过程的视角，重点分析了联盟伙伴间知识获取对企业短期绩效和长期绩效的影响，对现有组织间知识获取的研究中不一致的结论进行了验证和深化。现有研究中对于组织间知识获取和企业绩效之间的关系结论存在分歧。一方面，基于知识基础理论，企业从伙伴处获取互补性技术和知识，能够提高企业知识存量，拓展企业知识广度和深度，从而帮助企业提高组织能力（Li et al.，2012，2014），提高创新绩效（Berchicci，2013；Frankort，2016），促进组织发展（Chen et al.，2016；Maurer et al.，2011；Naldi & Davidsson，2014）。另一方面，Cohen 和 Levinthal（1990）从组织惰性视角，认为依赖外部知识可能会使组织丧失自身核心技术和能力。还有学者从资源限制视角，认为组织间知识获取和企业绩效是倒"U"形关系（Berchicci，2013；Grimpe & Kaiser，2010；Laursen & Salter，2006）。而且，在知识获取过程中，因为联盟伙伴关系是互利互惠的，知识流向不是单向的，因此知识获取往往伴随着知识泄露等问题（Jiang et al.，2013）。本书指出，在联盟伙伴间知识获取对企业短期绩效的影响中，主要依赖于伙伴知识接触和应用，核心知识泄露的可能性较小，因此正面影响占主要作用。而随着伙伴知识获取的发展，企业逐渐倾向于将伙伴的知识吸收和内化，和自身的知识整合和创造新知识，在此基础上提高创新能力，进而影响企业长期绩效。但在这个过程中需要和联盟伙伴进行知识交流和沟通，核心知识泄露的可能性更高，因此带来的不利影响可能会抵消知识获取的正面作用。因此，联盟伙伴间知识获取有利于提高企业短期绩效，但对企业长期绩效的影响不显著。综上所述，本书对组织间知识获取研究的一个重要贡献就是从知识管理的视角分析了联盟伙伴间知识获取带来的价值和不利因素，验证了 Zanarone 等（2016）研究中对联盟知识获取两面性的观点（Double – edged Effect），解释了"组织间知识获取对企业绩效的影响是正是负"这一边界困境问题。

第二，本书基于知识基础理论，从知识管理的视角出发，研究了联盟伙伴间知识获取对企业短期绩效和长期绩效的影响，从而拓展了知识基础理论的研究。过去的研究基于知识基础理论，对知识进行静态的分类，研究不同类型的知识获取给企业绩效带来的影响。例如：Dhanaraj 等（2004）、Laursen 和 Salter（2006）、Zhou 和 Li（2012）等研究了显性知识获取和隐性知识获取、基于广度和深度的知识搜寻等对企业绩效的不同影响，忽视了知识是如何在联盟活动中发挥作用的。本书从知识管理的视角解释了联盟伙伴间知识获取如何转化为企业绩效，从而拓展了知识基础理论在战略联盟领域的研究。Das 和 Kumar（2007）强调了联盟中学习的过程性和动态性，并从理论上建立了一个联盟学习动态框架，认为这有利于进一步理解联盟中学习动态，用来检验对联盟的管理是否有效，但是缺乏实证数据的支持。Van Wijk 等（2008）也呼吁了对于知识转移的不同阶段的研究，包括初始、实施、提升和整合阶段。本书结合 Szulanski（2000）对知识转移过程的分析以及 Grant 和 Baden－Fuller（2004）对组织间知识获取的分析，认为企业从联盟伙伴处获取知识后主要通过两种知识管理方式来促进企业绩效和持续发展。一方面是通过知识接触和应用促进企业短期绩效，另一方面通过知识整合和创造提升企业创新能力，从而提高企业长期绩效，同时由于伴随知识泄露，因此可能导致对企业长期绩效的影响不显著。这一结论响应了潘佳等（2017）对未来研究的提议，即关注前期知识搜寻如何影响后期绩效的动态过程。同时回应了杨燕和高山行（2012）关于从动态性视角分析联盟中知识活动的呼吁。在本书的研究问题方面，知识基础理论能够解释通过联盟获取知识对企业的价值，从短期和长期两个阶段的绩效影响过程进行探索，为知识基础理论的应用提供了新的研究视角，对未来研究具有重要意义。

　　第三，本书将联盟治理模式作为调节因素引入联盟伙伴间知识获取的研究框架中，弥补现有组织间知识获取研究中对于治理机制作为情境变量考虑的不足。现有研究对组织间知识获取和企业绩效的关系结论不一致，很多学者认为这一关系中存在情境因素的影响。学者基于资源和能力的角度或制度理论提出，组织资源、能力等组织内部因素（Berchicci，2013；Zhou & Li，2012）和市场环境、制度环境等组织外部因素（Frankort，2016；Laursen et al.，2012）会影响组织间知识获取对绩效的直接作用，但是对于联盟中治理机制对上述关系的影响研究相对缺乏。在联盟治理研究中，契约治理和信任治理被广泛认为是能够降低联盟不确定性风险和促进知识交流的有效途径（Chen et al.，2013b；Krishnan et al.，2016；Poppo & Zenger，2002）。联盟治理一方面能够提高企业对知识管理的能力，另一方面能够降低联盟不确定风险带来的不利影响，因此能够影响联盟伙伴间知识获取对企业绩效的作用，但是现有文献中学者们大多数研究联盟治理对联盟中知识获取、机会主义以及合作绩效等变量的直接影响（Muthusamy & White，2005；Li et al.，2010a；Liu et al.，2009；Rolland & Chauvel，2000），很少考虑契约和信任在联盟伙伴间知识获取和企业绩效的关系中的调节作用。因此，本书将契约治理和信任治理引入联盟伙伴间知识获取和企业绩效的研究框架中，分析了不同的联盟治理机制对联盟伙伴间知识获取和企业绩效关系中的调节作用。这一研究不仅有利于进一步分析联盟伙伴间知识获取和企业绩效的关系，即契约和信任能够影响企业从联盟伙伴间知识获取中得到的收益，而且加深了对联盟治理的作用机制的认识。综上所述，本书拓展了组织间知识获取中情境因素的研究范围和内容，丰富了现有的组织间知识获取研究框架。

二、对联盟治理研究的贡献

本书对联盟治理研究的理论贡献主要体现在以下四个方面：

第一，深化了联盟治理在组织间知识获取中的作用，分析了不同的联盟治理机制对于联盟伙伴间知识获取和企业绩效关系的调节作用的差异，从新的视角揭示了联盟治理和知识获取之间的关系。以往大多数关于联盟治理的研究，都是将联盟治理作为影响联盟或企业绩效（Chen et al.，2013a；Gençtürk & Aulakh，2007；Wang et al.，2011）、机会主义（Judge & Dooley，2006；Liu et al.，2009；Lui et al.，2009；Wu et al.，2007；Zhou & Xu，2012）、知识交易活动（Chen et al.，2013b；Li et al.，2010a；Lui，2009；Zhang et al.，2012）等组织结果的直接前因变量，而很少将联盟治理作为一种情境因素来研究联盟伙伴间知识获取对企业绩效影响中的调节效应。针对联盟治理权变视角下研究的不足，本书基于交易成本理论和社会交换理论，将联盟治理分为契约治理和信任治理，并考虑两种治理机制在联盟伙伴间知识获取和企业绩效关系中的调节作用。近年来，联盟治理领域的研究发现契约和信任对知识获取、企业绩效的影响作用。越来越多的学者从知识管理的角度分析契约和信任的影响作用。江旭（2008）认为契约治理和信任治理能直接影响联盟知识获取。李晓冬和王龙伟（2016）的研究也发现两种治理机制同时使用有利于显性知识获取，而不利于隐性知识获取。Li 等（2010a）及 Zhou 等（2014）不仅研究了契约和信任对知识获取的直接作用，还研究了其他因素在对知识获取的影响中，契约作为情境变量如何进行调节。但是，以往研究中忽视了知识获取对企业绩效的影响中联盟治理的作用，没有系统分析这一影响关系中不同的治理机制的调节作用机制，因此缺乏对联盟治理角色和作用的全面认识。本书认为契约和信任的作用机制不同，因此在联盟伙伴间知识获取影响企业绩效的过程中发挥着不同的调节作用。这一研究为交易成本理论和社会交换理论打开了新的视角，拓展了联盟治理权变视角下的研究。

第二，本书进一步分析了联盟治理机制对联盟伙伴间知识获取不同时期绩效关系中调节作用发生的演变，响应了 Reuer 等（2016）、Schepker 等（2014）等对于联盟动态管理的呼吁。以往联盟治理研究中对契约治理和信任治理的作用机制认识尚且不足，主要体现在大多数研究将联盟治理看作是一个静态的状态，并在此基础上研究和解决联盟治理问题，而忽视了联盟活动的动态变化给联盟治理带来的影响。少数研究强调了联盟动态管理的重要性，例如：Faem 等（2008）采用了动态的视角，主要关注契约治理的内容如何影响信任的动态变化，以及契约的应用如何随信任动态发展。De Reuver 和 Bouwman（2012）研究了在不同的发展阶段（包括研发阶段、实施阶段和商业化阶段）更倾向于采用权力治理、契约治理和信任治理中的哪些治理机制。但这些研究没有解释契约和信任的作用变化。尤其近年来，有研究强调优化设计和选择联盟治理的必要性和重要性，并提出为了实现收益结果最大化，必须关注那些影响联盟活动的动态因素，从而设计出不同时间点的最优治理选择，保障联盟活动更加顺利和高效地开展（Reuer et al.，2016；Schepker et al.，2014）。尽管如此，现有文献中关于联盟动态管理的研究，尤其是实证研究仍然存在理论空白。Reuer 和 Devarakonda（2016）认为较少关注联盟动态研究的主要原因是纵向数据获取难度较大且时间跨度较长。本书采用中国企业作为研究对象，对其不同时期的调研数据和二手数据进行了分析，基于联盟知识获取对不同时期绩效的影响，详细探讨了契约治理和信任治理调节作用的演变，推进了联盟动态管理这一重要研究的进展。

第三，本书将伙伴特征引入联盟治理和知识获取的研究框架中，分析了伙伴特征对联盟治理调节作用的影响，丰富了联盟治理的调节因素研究。现有研究中对于契约治理和信任治理在对风险控制和知识管理方面的影响效果的结论仍然存在不一致，因此很多学者认为存在情境因素的调节影响。一方面，在联盟治理领域的研究中，虽然有些学者发现契约和信任对联盟风险和知识管理的影响中存在调节变量的作用，但是大多数研究关注外部环境因素的影响，例如：法律环境（S. Tamer et al.，2004）、市场不确定（Gençtürk & Aulakh，2007）、环境不确定（Chen et al.，2013b）等。对于联盟伙伴特征（合作时间和规模差异）的调节效应研究相对缺乏。另一方面，联盟伙伴间知识获取涉及知识从一方向另一方的转移，很多学者发现伙伴特征会影响组织间知识转移和获取的效率，例如伙伴关系和相似性（Shankar et al.，2005；Lee et al.，2015）。不同的伙伴特征可能会影响联盟治理在知识获取和企业绩效关系中的调节作用。因此，本书分析了合作时间和规模差异两个因素对联盟治理调节作用的影响，解决了契约治理和信任治理在风险控制和知识管理方面影响结论不一致的问题，拓展了联盟治理框架中权变因素的研究内容。

第四，本书将知识管理视角和联盟治理视角进行结合，分析了如何通过联盟治理机制和伙伴特征的匹配，提高联盟伙伴间知识获取对企业绩效的正向影响。现有研究中有些关注联盟治理机制对知识获取的影响（Li et al.，2010a；Zhou et al.，2014），有些关注伙伴特征对知识获取的影响（Szulanski et al.，2004）。但是对于联盟治理机制和伙伴特征如何共同作用于知识获取和企业绩效的关系研究尚且不足，无论是联盟治理研究框架还是组织间知识获取研究框架都有待补充和完善。本书将联盟治理机制和伙伴特征结合起来，响应了 Van Wijk 等（2008）、Cao 和 Lumineau（2015）对伙伴特征的情境影响研究的呼吁。本书更为深入地解释了当伙伴合作时间或规模差异不同时，怎样利用契约治理和信任治理对行为不确定性和环境不确定性的风险进行有效控制，并提高知识管理的有效性，提高联盟伙伴间知识获取对企业绩效的正向影响。因此，本书同时丰富了联盟治理和伙伴特征作为情境因素的研究。

第三节　实践意义

基于上述研究结论，本书具有重要的管理实践意义。随着知识经济时代的到来，技术、知识成为企业获取竞争优势的重要源泉。特别是处于转型经济背景下的中国企业，对技术创新与新知识的需求极大。在该背景下，企业的生存与发展仅依靠自身的内部知识是不够的。改革开放以来，虽然中国企业在知识积累与技术创新方面取得了一定成绩，但是与发达国家的积淀相比仍存在较大差距。例如，互联网行业中的移动终端操作系统长期被安卓与 iOS 掌控；医疗行业中的高端设备（CT、DR 球管技术）中的绝大多数都是国外品牌，国内自主品牌缺乏核心知识与技术；制造业中的高端数控机床，其核心部件仍依赖于进口。因此，为了获取外部知识，企业必须与拥有重要知识资源的企业与组织保持合作关系，通过知识转移来提高自身的竞争优势。战略联盟成为诸多企业的理性选择。通过联盟的形式，能够帮助企业解决知识短缺的问题，有利于获得和保持竞争优势。例如，微软为了强化互联网云软件与企业级应用，而 Salesforce 为了争夺 Windows 桌面端市场，双方达成协议并通过联盟形式来共享信息，协同为客户提供服务，达到双赢的目的。

但是，管理实践中的联盟结果并不乐观。核心知识泄露、知识产权纠纷、违反联盟合约等现象时有发生，严重破坏了联盟的意义。特斯拉曾与 Mobileye 保持长期合作，但是特斯拉在掌握前摄像头的知识和技术后，单方面自助开发汽车视觉系统，遭到了 Mobileye 的抗议并终止双方联盟。正因如此，联盟中出现的各种问题成为了管理实践者与学者共同关注的热点话题。究其原因，一方面，由于法律制度不健全等原因导致了联盟伙伴机会主义行为的发生，从而导致了联盟关系的瓦解。因此，契约治理就成为联盟关系中重要的治理机制，可以有效地保障联盟伙伴各自的利益。另一方面，由于联盟内的企业与组织间本身具有竞争冲突，若无法正确认识并处理好竞合关系将严重影响联盟结果。因此，本书通过分析不同情境下联盟伙伴间知识获取对企业绩效的影响，可以帮助管理者重新认识战略联盟与外部知识获取对企业的重要性，具有重要的实践指导意义。具体而言：

第一，企业管理者应该认识到联盟中知识获取对企业的影响，重视知识管理的作用。本书发现联盟伙伴间知识获取在短期内可以促进企业绩效的提升，但是在长期来看，上述关系并不显著。因此，在短期内，管理者应该充分认识到通过联盟来获取知识对企业获取竞争优势的重要性。对于自身缺乏的知识，应该与相应企业建立良好的社会关系，构建战略联盟以弥补自身不足。但是，本书认为从长期来看，企业通过联盟获取知识对绩效的提升作用并不显著，两者之间并不存在相关关系。所以，管理者应该充分认识到上述关系的"短期主义"演变效应，即知识获取的价值会随着时间推移而被侵蚀。同时，管理者应该明确通过外部知识获取后自身知识积累与创造的重要性。虽然有各类机制来保障联盟的顺利进行，但是联盟时间越长，知识交流程度越深，伙伴投机行为发生的可能性越高，联盟过程中的风险也越高。而这种负面行为与风险将不利于企业的发展。知识获取后的转化成本也应该受到足够的重视，特别是从长期来看，成本的积累对企业也是一种负担。对处于高速发展行业的企业而言，应在短期内合理处理好联盟关系，同时通过建立自身知识创新体系来满足长远发展的需求。

第二，联盟企业管理者需要关注合同和社会关系对风险控制和知识管理的重要作用。在中国重视人际关系，企业与企业之间的关系，彼此信任扮演主导地位。虽然随着制度的完善，法律法规逐渐在商业活动中被企业家认可，但关系作用大于契约价值仍是企业家的普遍认识。特别是，本书发现在短期内，契约治理会负向影响联盟中知识获取的价值体现。企业家更应该谨慎对待商业活动中的合同问题。因为合同的目的是避免投机行为的发生，从交易成本的角度考虑，将大幅降低双方的成本和风险。但是与此同时，签订合同意味着彼此信任度的降低，因而企业之间也会相互有所防范。这意味着知识作为企业重要资源，将可能无法高效地进行传递，知识获取对企业绩效的影响也会受到阻碍。相对应地，信任治理迎合了当下中国情境的特点，通过这种非正式的关系治理，有效地建立企业双方的信任，进而构建双方良好的合作与联盟关系。在这样的框架下，企业将更好地进行知识传递，彼此之间成为利益共同体。企业内部可成立类似联盟管理办公室等部门，重点帮助企业建立、维护与联盟伙伴之间的关系。综上所述，在短期内，管理者应该谨慎对待合同（契约治理）在联盟活动中的作用，但是却需要充分发挥社会关系（信任治理）的重要价值。

然而，企业管理者不能一味看到合同带来的不利影响，同时要避免过度强调社会关系的积极作用。随着知识交流的深入，合同和社会关系的价值需要进行重新评价。针对复杂的知识整合和创造，非正式的社会关系不足以应对伙伴间的利益分歧和冲突，需要通过强制性的合同来规定合作双方的权利、义务、责任以及违反规定的相应惩罚，减少伙伴的机会主义行为。例如，在特斯拉与 Mobileye 的案例中，虽然双方保持长期合作关系，但当利益冲突时，特斯拉单方面的行为严重影响了双方的联盟利益。因此在这种情况下，企业应该意识到契约作为正式制度对双方的约束作用。通过长期的约束和制度保障，企业间的知识转递将更为顺畅。对于大企业而言，一般都较为重视合同在联盟中的作用。但是对于中小型企业的管理者，需要认真对待合同的重要性，避免长期联盟关系中"面子""情谊"的影响，切实保障双方共同利益。因此，企业内部需要成立相应的团队或者法务部门来配合、保障联盟中契约治理的效果。本书结论未发现信任治理对联盟伙伴间知识获取影响长期财务绩效的显著调节效应，因此管理者不必过于担心联盟伙伴间的关系对企业的影响。但是基于以往的研究结论，特别是中国企业的管理者应当重视社会关系作为非正式治理在转型背景下的重要作用。

第三，联盟企业管理者应该对联盟活动进行动态管理。本书的研究结论表明，契约治理对风险控制和知识管理的积极作用随时间推移越来越显著，而信任治理的效果随时间推移由积极影响变为无影响。这一结论强调了联盟治理作用的演进和变化，这促使企业家重视联盟活动中的动态因素对联盟治理设计和选择的影响。为了实现收益结果最大化，企业家应该对不同时间点的最优治理方式进行评价和选择，保障联盟活动更加顺利和高效地开展。尽管大量研究证实，契约治理和信任治理都有利于联盟企业进行风险控制和联盟活动管理，但是治理机制是否能够发挥有效作用是依赖于某些特定条件的。本书结论为企业家的联盟治理方式选择提供了一定的指导意义。在短期内，企业家可以侧重选择基于信任的社会关系作为联盟治理机制，促进伙伴知识接触和应用的价值，有利于联盟企业快速获得收益。而从长期来看，企业家需要实现从依赖非正式的信任治理向利用正式的联盟合同的转变，降低伙伴知识整合和创造的风险，提高创新能力并保持企业长期发展。

第四，企业家还应该认识到与联盟伙伴的合作时间与规模差异对联盟治理机制选择的影响。本书发现，在短期内，联盟伙伴合作时间越长，采用信任治理的积极影响增强，而契约治理的不利影响加剧。通过该结论，管理者在面对合作时间较长的联盟伙伴时应该合理利用社会关系来进行风险控制和知识管理。同时发现伙伴间规模差异越大，采用信任治理的积极影响减弱。因此，企业管理者在对待与本企业规模差异较大的企业时，应该认识到信任治理，即社会关系在其中所扮演的微弱角色。特别是中小企业管理者在与大企业进行联盟时，应该立足自身而不应该过多地依赖与对方的关系来维护联盟利益。长期来看，结论显示联盟伙伴合作时间越长，契约治理的积极影响与信任治理的不利影响均减弱。管理者在与长期合作的伙伴进行联盟时，应当了解双方长期的合作将不会过多地受到两种治理机制的影响，维持原有的治理水平是较好的选择方式。而当与本企业规模差异较大的企业进行联盟时，信任治理的不利影响加剧，管理者应当谨慎看待社会关系的作用。

第七章 结论与展望

第一节 主要研究结论

本书在整合知识基础观、交易成本理论、社会交换理论的基础上，构建了关于联盟伙伴间知识获取、联盟治理机制、合作时间、规模差异与企业绩效的研究框架，针对这些变量之间的关系进行了理论分析和逻辑推理，提出了 14 条理论假设，并采用中国企业作为样本，对相关的调研数据和二手数据进行了实证检验，最终得出以下主要结论：

（1）联盟伙伴间知识获取有利于企业短期绩效的提升，对企业长期绩效的影响作用不显著。

本书认为，联盟伙伴间知识获取不仅能够通过伙伴知识接触和应用促进企业短期绩效，而且还能够通过伙伴知识整合和创造提高企业创新能力，从而促进企业长期绩效。但是知识接触和应用过程不容易出现核心知识泄露等问题，总体风险较小，因此有利于企业短期绩效的提升。从长期来看，知识获取后的知识整合与创造过程中涉及频繁的知识交流活动，更容易造成核心知识泄露，不确定性更高。而且，要求企业具有更高的知识吸收能力和资源协调能力，所以联盟伙伴间知识获取对企业长期绩效的作用不显著。

（2）联盟治理机制在联盟伙伴间知识获取影响企业短期绩效和长期绩效的过程中起着调节作用，并且不同治理的作用机制不同，在上述关系中的调节作用中存在差异。

本书发现，契约治理负向调节知识获取和企业短期绩效之间的关系，信任治理正向调节知识获取和企业短期绩效之间的关系。契约治理正向调节知识获取和企业长期绩效之间的关系，信任治理对知识获取和企业长期绩效之间关系的调节作用不显著。

具体来说，联盟治理机制能够降低联盟活动的不确定性风险，提高联盟伙伴间知识获取的有效性，从而影响绩效结果的转化。基于交易成本理论和社会交换理论，本书发现契约和信任作为联盟中正式治理机制和非正式治理机制，会给联盟伙伴间知识获取和企业绩效之间的关系产生不同的影响。契约治理能够通过对联盟成员的权利和义务、违反契约条款的相应惩罚以及突发事件的解决方案等内容进行详细的、明确的说明，从而限制机会主义行为的发生和环境变化带来的不确定，调节联盟伙伴间知识获取和企业绩效的关系。信任治理能够通过合作双方的正面预期和积极的心理状态来降低伙伴的防御行为，促进伙伴的合作意愿，从而降低机会主义行为发生的可能，调节联盟伙伴间知识获取和企业绩效的关系。因此，本书发现两种治理的理论基础和作用机制不同导致对知识获取和企业绩效关系的调节作用存在差异。

（3）联盟治理机制在联盟伙伴间知识获取和企业不同时期的绩效关系中的调节作用会发生变化。

本书发现，从短期来看联盟伙伴间知识获取影响企业绩效的过程，契约治理起负向调节作用，信任治理起正向调节作用。但是从长期来看，契约治理起正向调节作用，而信任治理的调节作用并不显著。因此得出结论，契约治理对风险控制和知识管理的作用随着时间的推移逐渐增强，信任治理对风险控制和知识管理的作用随时间推移逐渐变弱。其原因是因为在伙伴知识获取对企业不同时期绩效的影响过程中依赖于不同的知识管理模式，同时受到不同的风险作用，契约和信任的调节作用也会随之发生变化。

（4）联盟伙伴合作时间和规模差异能够影响契约治理和信任治理在上述关系中的调节作用。

本书发现，合作时间负向调节契约治理在联盟伙伴间知识获取和企业绩效关系中的调节作用，而正向调节信任治理在上述关系中的调节作用。联盟伙伴过去合作时间，反映了伙伴间合作的机制相对成熟和规范，对彼此的行为规范、习惯偏好更加了解，默契程度更高。在这种情况下，联盟企业更倾向于在更宽松自由的环境下进行开放式的学习，而不是受到严格的监管和强制性的限制。契约的制定和实施本身需要成本支持，同时双方熟悉后再采用约束性的方式不利于知识获取后的绩效转化。但上述偏好则为信任的建立提供了关系基础，通过信任治理来控制合作和交易风险更加有效。

本书还发现，规模差异负向调节信任治理在联盟伙伴间知识获取和企业绩效关系中的调节作用，对契约治理在上述关系中的调节作用的影响并不显著。很多联盟发生在大企业和小企业之间，这种规模的差异意味着企业运营、知识交流、吸收能力和管理决策等存在不同，双边地位不对等和信息不对称的现象更加显著。在这种情况下，联盟伙伴间的互相理解更容易出现偏差和分歧，容易加深信任治理的模棱两可和不明确性带来的不利影响，阻碍知识获取带给企业的积极影响。另外，尽管未发现规模差异对契约治理调节作用的影响，但是分析了契约治理更容易对合作双方的责任义务和收益分配进行清晰地说明，从而有效解决分歧和消除误会。

第二节　研究的主要创新点

本书基于现有组织间知识获取和联盟治理方面的研究，构建了联盟伙伴间知识获取、联盟治理机制、伙伴特征与企业绩效的研究框架，提出 14 条理论假设，并通过实地调研数据和二手数据的检验证实了提出的假设，进而全面系统地分析了各变量之间的关系。总体来说，本书的创新点主要体现在以下四个方面：

第一，从知识管理的过程性角度分析了联盟伙伴间知识获取对不同时期企业绩效的演变效应，拓展了对联盟知识管理的认识。

针对现有研究中关于知识获取对企业绩效影响结论不清晰的问题，本书借鉴了 Das 和 Kumar（2007）关于联盟学习过程性和动态性的思路，从知识管理的过程性视角详细分析了联盟伙伴间知识获取影响企业绩效的演变效应。短期内，知识获取对企业绩效的影响依赖知识管理中的知识接触和知识应用，因此短期内的积极效果显著。而长期来看，知识获取对企业绩效的影响则更依赖于知识管理中知识整合与知识创新，进而该影响效果会发生演变。本书验证了 Zanarone 等（2016）研究中对联盟知识获取两面性的观点（Double‑edged Effect），解释了"组织间知识获取对企业绩效的究竟如何影响"这一边界困境问题。同时，响应了潘佳等（2017）认为需要关注前期知识搜寻如何影响后期绩效的动态过程研究。本书进一步加深了对联盟知识获取影响企业绩效的认识。

第二，将联盟治理作为情境因素引入联盟伙伴间知识获取的研究框架，结合交易成本理论和社会交换理论，揭示了不同治理机制在联盟知识获取和企业绩效关系中的调节作用，为组织间知识获取和联盟治理领域的研究打开了新的视角。

从联盟知识获取影响企业绩效的情境因素研究来看，现有研究主要关注了组织资源、能力等组织内部因素（Berchicci，2013；Zhou & Li，2012）以及市场环境、制度环境等组织外部因素（Frankort，2016；Laursen et al.，2012）的影响。但是，对联盟治理的调节作用关注较少。联盟治理一方面能够提高企业对知识管理的能力，另一方面能够降低联盟不确定风险带来的不利影响。因此，本书探讨了联盟治理在联盟知识获取和企业绩效的关系中的调节影响，拓展了对这一关系情境效应的认识。从联盟知识获取、联盟治理和企业绩效的关系来看，以往研究大多数关注联盟治理对联盟中知识获取和绩效的直接影响（Muthusamy & White，2005；Li et al.，2010a；Liu et al.，2009；Rolland & Chauvel，2000），很少考虑治理机制在联盟伙伴间知识获取和企业绩效的关系中的调节作用。因此本书框架为联盟伙伴间知识获取、联盟治理以及企业绩效的关系研究提供了新的视角和思路。此外，本书指出尽管契约治理和信任治理都能够控制联盟风险，但是两种治理的作用机制不同，因此在联盟伙伴间知识获取和企业绩效的关系中发挥着不同的调节作用。基于此，本书丰富了交易成本理论和社会交换理论背景下的联盟治理研究。

第三，从联盟动态管理的视角，进一步分析了治理机制在联盟伙伴间知识获取和不同时期绩效的关系中调节作用的演变，推进了联盟动态管理研究的发展。

在联盟知识获取和联盟治理研究领域中，大多数将联盟作为一个静态的组织来进行分析，忽视了联盟的动态性和演进性（Reuer & Devarakonda，2016）。很多学者基于联盟的动态性，提出联盟动态管理的重要性，需要考虑联盟中不同发展阶段的影响（Bakker，2016；Das & Kumar，2007；Faems et al.，2008）。但是现有联盟治理研究中，对联盟活动的时间因素缺乏关注，忽视了对契约治理和信任治理在联盟活动中的影响作用随时间推移而变化的研究。本书分析了联盟伙伴间知识获取对不同时期绩效的影响过程，认为企业从伙伴处获取知识后，对知识管理的侧重随时间推移而变化，面临的不确定风险不同，因此契约治理和信任治理的调节作用也随之演化。为了实现收益最大化，要求企业在不同时期对联盟治理进行设计和选择，从而保障联盟活动更加顺利和高效地开展（Reuer et al.，2016；Schepker et al.，2014）。因此，本书基于联盟伙伴间知识获取对不同时期绩效的影响过程，详细探讨了契约治理和信任治理的调节作用的变化，从而加深了对联盟治理作用机制演变的认识，推进了联盟动态管理研究的发展。

第四，深入探讨了合作时间、规模差异对治理机制在联盟伙伴间知识获取影响企业绩效关系中调节作用的影响，为理解知识获取、治理机制和企业绩效之间的关系提供了更全面的分析，丰富了联盟治理研究的情境因素研究。

本书认为联盟治理在联盟伙伴间知识获取和企业绩效关系中的调节作用存在权变因素。在现有的联盟治理研究中，一方面，忽视了联盟治理作为情境因素对联盟活动和绩效关系的影响，因此在此基础上对于影响联盟治理的调节作用的因素研究更加不足。另一方面，对于联盟治理对知识获取和企业绩效的直接影响研究中，有些学者提出一些权变因素，会影响联盟治理的作用效果，但是大多数研究关注法律环境（S. Tamer et al.，2004）、市场不确定（Gençtürk & Aulakh，2007）、环境不确定（Chen et al.，2013b）等外部环境因素的调节作用，对于联盟伙伴特征的调节效应相对缺乏。而且，现有文献发现伙伴特征（包括关系强度、地理距离、文化距离等）会影响组织间的知识转移与获取（Shankar et al.，2005；Lee et al.，2015；Yang et al.，2011），但对于不同的伙伴特征下，联盟治理机制如何调节知识获取和企业绩效之间的关系研究依然有限。因此，本书将伙伴特征（合作时间和规模差异）引入联盟治理研究框架，解决了契约治理和信任治理调节效应不清晰的根本问题，拓展了联盟治理框架中关于权变因素的研究。

第三节 研究局限与未来研究方向

本书在整合知识基础理论、交易成本理论和社会交换理论的基础上，构建了关于联盟知识获取、联盟治理机制、合作时间、规模差异与企业短期绩效以及长期绩效的研究框架，针对这些变量之间的关系进行了理论分析和逻辑推理，并通过实证数据进行检验。总体上来看，本书实现了预期的研究目标，具有一定的创新性、理论贡献和现实意义，但仍然存在一定的局限和不足，具体表现在以下几个方面，并为未来进一步研究提供了指导方向：

第一，本书主要选择了建立联盟合作关系的企业来进行研究，而没有关注其他组织间关系的研究，包括供应购买关系、生产分销关系、外包关系等，因此未来研究需要对其他类型的关系中知识获取、治理机制和企业绩效的关系进行更全面、更深入的探讨。Cao 和 Lumineau（2015）提出在不同类型的组织间关系中，契约治理和信任治理的作用效果不同。本书分析了联盟合作关系背景下，联盟治理在组织间知识获取和企业绩效关系中的调节作用。而在纵向组织间关系背景下，例如供应链关系，联盟治理的调节作用会发生怎样的变化尚未可知。因此，为了更全面地分析治理机制在组织间知识获取和企业绩效关系中的调节作用，未来研究应该考虑更多的组织间关系背景，并将上述研究问题在其他非联盟合作关系背景下的结果和本书的研究进行比较，分析不同类型的组织间关系会如何影响本书中的研究框架。

第二，本书中为了研究联盟伙伴间知识获取对企业绩效影响的动态过程，选择具有时间跨度的二手数据中的财务指标作为企业绩效。但是在现实情况中，无论是联盟中知识获取还是联盟治理对企业绩效的影响往往更容易体现在联盟绩效（机会主义、联盟强度、联盟稳定性）和合作绩效（冲突、合作满意度）方面（S. Tamer et al. , 2004；Gençtürk & Aulakh, 2007；Lee & Cavusgil, 2006；Wu et al. , 2007；Yang et al. , 2011）。然而，由于同时收集联盟双方企业不同时期的绩效数据需要经历跨时间的跟踪调研，耗费时间较长，难度较大。因此，本书未采用联盟绩效或合作绩效作为结果变量来进行数据分析和检验。在研究过程中，对企业特征、伙伴特征和环境特征三个方面的因素进行控制，提高回归模型的拟合度，因此采用财务绩效作为研究框架中的结果变量是合理的。然而在数据收集条件允许的情况下，未来研究有必要采用其他绩效作为结果变量来进一步验证结论。

第三，本书讨论了合作时间和规模差异对联盟治理机制的二重调节作用，而伙伴特征包含多种因素，未来研究需要关注更多的情境因素。例如，合作时间仅仅反映了伙伴间关系的时间维度，而合作频率和合作深度、广度等从其他维度反映了伙伴间关系（Yang et al. , 2011）。而伙伴间差异除了规模方面，还有地理距离、文化距离、技术差异等（Shankar et al. , 2005）。因为合作时间和规模差异是能够最直观地反映伙伴双边特征的因素，本书主要关注合作时间与规模差异对联盟治理机制调节作用的权变影响，有力地解释了伙伴特征对联盟治理机制的二重调节作用，但是没有考虑伙伴双边特征的其他类型和维度的因素影响。因此，今后的研究应该关注情境因素中不同维度、不同分类的影响，分析其他双边关系特征情境下联盟治理机制的调节作用如何变化。

第四，本书中的研究框架建立在一般的战略联盟背景下，没有进一步考虑不同类型的战略联盟背景（例如股权联盟和非股权联盟、探索联盟和应用联盟等），本书的研究结论是否仍然适用。根据 March（1991）、Koza 和 Lewin（2000）的研究，战略联盟根据不同类型的学习过程，可以分为探索联盟和应用联盟，这两种类型的联盟具有不同的学习动机、认知模式和联盟收益。而且战略联盟研究领域中，很多学者将联盟治理研究问题放在探索联盟和应用联盟背景下进行研究和比较（Yang et al.，2014），从而进一步理解联盟治理的作用机制和效果，拓展双元视角在战略联盟中的应用。本书没有考虑不同类型的联盟背景，因此未来研究可以进一步深入分析在探索联盟和应用联盟中，本书的研究结论是否会发生变化。

第五，本书受到样本特征的局限性，主要选择了中国这样的特殊情境进行研究。通过中国企业的数据，验证了联盟伙伴间知识获取、联盟治理、伙伴特征以及企业财务绩效的研究框架。一方面，中国企业缺乏先进的技术和知识，需要通过联盟进行外部知识获取，从而提高自身的竞争优势，保证企业长期有效地发展。另一方面，在中国这样的新兴经济国家，企业面临产品市场快速变化和政策法规不断完善的制度环境（Sutcliffe & Zaheer，1998；Wholey & Brittain，1989），对契约治理和信任治理的依赖程度与其他西方国家有所差异（Li et al.，2010a；Zhou & Poppo，2010）。因此，本书的结论可能仅适用于中国这样具有特殊商业文化的转型经济国家，而对于其他不同性质的国家，结果未必适用。因此，为了更全面地了解联盟知识获取过程和治理机制从中发挥的动态调节作用，未来研究应该对其他西方制度等情境下检验本书的研究框架，并比较不同制度背景下结论的差异。

参考文献

［1］ Abdi M, Aulakh P S. Do Country – level Institutional Frameworks and Inter-firm Governance Arrangements Substitute or Complement in International Business Relationships? ［J］. Journal of International Business Studies, 2012, 43 (5): 477 –497.

［2］ Adler P S. Market, Hierarchy, and Trust: The Knowledge Economy and the Future of Capitalism ［J］. Organization Science, 2001, 12 (2): 215 –234.

［3］ Ahuja G, Katila R. Technological Acquisitions and the Innovation Performance of Acquiring Firms: A Longitudinal Study ［J］. Strategic Management Journal, 2001, 22 (3): 197 –220.

［4］ Aiken L S, West S G. Multiple Regression: Testing and Interpreting Interactions ［M］. Sage Publications, Inc. , 1991.

［5］ Alavi M, Leidner D E. Review: Knowledge Management and Knowledge Management Systems: Conceptual Foundations and Research Issues ［J］. MIS Quarterly, 2001, 25 (1): 107 –136.

［6］ Almeida P, Phene A. Subsidiaries and Knowledge Creation: The Influence of the MNC and Host Country on Innovation ［J］. Strategic Management Journal, 2004, 25 (8 –9): 847 –864.

［7］ Anderson J C, Narus J A. A Model of Distributor Firm and Manufacturer Firm Working Partnerships ［J］. Journal of Marketing, 1990, 54 (1): 42 –58.

［8］ Appleyard M M. Cooperative Knowledge Creation: The Case of Buyer – Supplier Co – Development in the Semiconductor Industry ［J］. SSRN Electronic Journal, 2002.

［9］ Appleyard M M. How Does Knowledge Flow? Interfirm Patterns in the Semiconductor Industry ［J］. Strategic Management Journal, 1996, 17 (S2): 137 –154.

［10］ Argote L, Ingram P. Knowledge Transfer: A Basis for Competitive Advantage in Firms [J]. Organizational Behavior and Human Decision Processes, 2000, 82 (1): 150 – 169.

[11] Argyres N, Mayer K J. Contract Design as a Firm Capability: An Integration of Learning and Transaction Cost Perspectives [J]. Academy of Management Review, 2007, 32 (4): 1060 – 1077.

[12] Ariño A, De La Torre J, Ring P S. Relational Quality: Managing Trust in Corporate Alliances [J]. California Management Review, 2001, 44 (1): 109 – 131.

[13] Armstrong J S, Overton T S. Estimating Nonresponse Bias in Mail Surveys [J]. Journal of Marketing Research, 1977 (14): 396 – 402.

[14] Arranz N, De Arroyabe J C F. Effect of Formal Contracts, Relational Norms and Trust on Performance of Joint Research and Development Projects [J]. British Journal of Management, 2012, 23 (4): 575 – 588.

[15] Auh S, Menguc B. Balancing Exploration and Exploitation: The Moderating Role of Competitive Intensity [J]. Journal of Business Research, 2005, 58 (12): 1652 – 1661.

[16] Aulakh P S, Kotabe M, Sahay A. Trust and Performance in Cross – Border Marketing Partnerships: A Behavioral Approach [J]. Journal of International Business Studies, 1996, 27 (5): 1005 – 1032.

[17] Bakker R M. Stepping in and Stepping Out: Strategic Alliance Partner Reconfiguration and the Unplanned Termination of Complex Projects [J]. Strategic Management Journal, 2016, 37 (9): 1919 – 1941.

[18] Barber B. The Logic and Limits of Trust [M]. New Brunswick, NJ: Rutgers University Press, 1983.

[19] Barney J. Firm Resources and Sustained Competitive Advantage [J]. Journal of Management, 1991, 17 (1): 99 – 120.

[20] Barney J B, Hansen M H. Trustworthiness as a Source of Competitive Advantage [J]. Strategic Management Journal, 1994, 15 (S1): 175 – 190.

[21] Barney J B. Resource – based Theories of Competitive Advantage: A Ten – year Retrospective on the Resource – based View [J]. Journal of Management, 2001, 27 (6): 643 – 650.

[22] Barney J B. The Resource – Based Theory of the Firm [J]. Organization Sci-

ence, 1996, 7 (5): 469.

[23] Berchicci L. Towards an Open R&D System: Internal R&D Investment, External Knowledge Acquisition and Innovative Performance [J]. Research Policy, 2013, 42 (1): 117 – 127.

[24] Bigley G A, Pearce J L. Straining for Shared Meaning in Organization Science: Problems of Trust and Distrust [J]. Academy of Management Review, 1998, 23 (3): 405 – 421.

[25] Birkinshaw J, Nobel R, Ridderstråle J. Knowledge as a Contingency Variable: Do the Characteristics of Knowledge Predict Organization Structure? [J]. Organization Science, 2002, 13 (3): 274 – 289.

[26] Blau P M. Exchange in Power of Social Life [M]. New York: John Wiley & Sons Inc. , 1964.

[27] Borys B, Jemison D B. Hybrid Arrangements as Strategic Alliances: Theoretical Issues in Organizational Combinations [J]. The Academy of Management Review, 1989, 14 (2): 234 – 249.

[28] Bresman H, Birkinshaw J, Nobel R. Knowledge Transfer in International Acquisitions [J]. Journal of International Business Studies, 1999, 30 (3): 439 – 462.

[29] Bromiley, P. , L. L. Cummings. Transaction costs in organizations with trust [A] . R. Bies, B. Sheppard, and R. Lewicki, eds. *Research on Negotiations in Organizations* [C] . Greenwich, CT: JAI Press, 1995: 219 – 247.

[30] Brislin R W. Cross – cultural Research Methods. Environment and Culture [M]. Springer, 1980: 47 – 82.

[31] Burkert M, Ivens B S, Shan J. Governance Mechanisms in Domestic and International Buyer – supplier Relationships: An Empirical Study [J]. Industrial Marketing Management, 2012, 41 (3): 544 – 556.

[32] Cai S, Yang Z. Development of Cooperative Norms in the Buyer – supplier Relationship: The Chinese Experience [J]. Journal of Supply Chain Management, 2008, 44 (1): 55 – 70.

[33] Caloghirou Y, Kastelli I, Tsakanikas A. Internal Capabilities and External Knowledge Sources: Complements or Substitutes for Innovative Performance? [J]. Technovation, 2004, 24 (1): 29 – 39.

［34］ Campbell D T, Fiske D W. Convergent and Discriminant Validation by the Multitrait‐multimethod Matrix ［J］. Psychological Bulletin, 1959, 56 (2): 81 – 105.

［35］ Cannon J P, Achrol R S, Gundlach G T. Contracts, Norms, and Plural form Governance ［J］. Journal of the Academy of Marketing Science, 2000, 28 (2): 180.

［36］ Cao L, Mohan K, Ramesh B, et al. Evolution of Governance: Achieving Ambidexterity in IT Outsourcing ［J］. Journal of Management Information Systems, 2013, 30 (3): 115 – 140.

［37］ Cao Z, Lumineau F. Revisiting the Interplay Between Contractual and Relational Governance: A Qualitative and Meta‐analytic Investigation ［J］. Journal of Operations Management, 2015, 33 – 34: 15 – 42.

［38］ Cardinal L B. Technological Innovation in the Pharmaceutical Industry: The Use of Organizational Control in Managing Research and Development ［J］. Organization Science, 2001, 12 (1): 19 – 36.

［39］ Carson S J, Madhok A, Wu T. Uncertainty, Opportunism, and Governance: The Effects of Volatility and Ambiguity on Formal and Relational Contracting ［J］. Academy of Management Journal, 2006, 49 (5): 1058 – 1077.

［40］ Chan R Y K, He H, Chan H K, et al. Environmental Orientation and Corporate Performance: The Mediation Mechanism of Green Supply Chain Management and Moderating Effect of Competitive Intensity ［J］. Industrial Marketing Management, 2012, 41 (4): 621 – 630.

［41］ Charterina J, Landeta J. The Pool Effect of Dyad‐based Capabilities on Seller Firms' Innovativeness ［J］. European Journal of Innovation Management, 2010, 13 (2): 172 – 196.

［42］ Chen C, Zhu X, Ao J, et al. Governance Mechanisms and New Venture Performance in China ［J］. Systems Research and Behavioral Science, 2013a, 30 (3): 383 – 397.

［43］ Chen D Q, Preston D S, Xia W. Enhancing Hospital Supply Chain Performance: A Relational View and Empirical Test ［J］. Journal of Operations Management, 2013b, 31 (6): 391 – 408.

［44］ Chen P‐L, Tan D, Jean R‐J B. Foreign Knowledge Acquisition Through

Inter – firm Collaboration and Recruitment: Implications for Domestic Growth of Emerging Market Firms [J]. International Business Review, 2016, 25 (1): 221 – 232.

[45] Chen Y – H, Lin T – P, Yen D C. How to Facilitate Inter – organizational Knowledge Sharing: The Impact of Trust [J]. Information & Management, 2014, 51 (5): 568 – 578.

[46] Chesbrough H W. Open Innovation: The New Imperative for Creating and Profiting from Technology [M]. Boston, MA: Harvard Business Press, 2003.

[47] Chi T. Trading in Strategic Resources: Necessary Conditions, Transaction Cost Problems, and Choice of Exchange Structure [J]. Strategic Management Journal, 1994, 15 (4): 271 – 290.

[48] Churchill G A, Ford N M, Hartley S W, et al. The Determinants of Salesperson Performance: A Meta – Analysis [J]. Journal of Marketing Research, 1985, 22 (2): 103 – 118.

[49] Churchill G A. A Paradigm for Developing Better Measures of Marketing Constructs [J]. Journal of Marketing Research, 1979, 16 (1): 64 – 73.

[50] Coase R H. The Nature of the Firm [J]. Economica, 1937, 4 (16): 386 – 405.

[51] Coff R W, Coff D C, Eastvold R. The Knowledge – Leveraging Paradox: How to Achieve Scale Without Making Knowledge Imitable [J]. The Academy of Management Review, 2006, 31 (2): 452 – 465.

[52] Cohen W M, Levinthal D A. Absorptive Capacity: A New Perspective on Learning and Innovation [J]. Administrative Science Quarterly, 1990, 35 (1): 128 – 152.

[53] Collins C J, Clark K D. Strategic Human Resource Practices, Top Management Team Social Networks, and Firm Performance: The Role of Human Resource Practices in Creating Organizational Competitive Advantage [J]. Academy of Management Journal, 2003, 46 (6): 740 – 751.

[54] Combs J G, Ketchen D J. Why Do Firms Use Franchising as an Entrepreneurial Strategy?: A Meta – Analysis [J]. Journal of Management, 2003, 29 (3): 443 – 465.

[55] Costa e Silva S, Bradley F, Sousa C M P. Empirical Test of the Trust – per-

formance Link in an International Alliances Context [J]. International Business Review, 2012, 21 (2): 293 – 306.

[56] Crossan M M, Lane H W, White R E, et al. Organizational Learning: Dimensions for a Theory [J]. The International Journal of Organizational Analysis, 1995, 3 (4): 337 – 360.

[57] Cummings J L, Teng B – S. Transferring R&D Knowledge: The Key Factors Affecting Knowledge Transfer Success [J]. Journal of Engineering and Technology Management, 2003, 20 (1): 39 – 68.

[58] Currall S C, Judge T A. Measuring Trust Between Organizational Boundary Role Persons [J]. Organizational Behavior and Human Decision Processes, 1995, 64 (2): 151 – 170.

[59] Dahlman C J. The Problem of Externality [J]. The Journal of Law and Economics, 1979, 22 (1): 141 – 162.

[60] Darr E D, Kurtzberg T R. An Investigation of Partner Similarity Dimensions on Knowledge Transfer [J]. Organizational Behavior and Human Decision Processes, 2000, 82 (1): 28 – 44.

[61] Das T K, Kumar R. Learning Dynamics in the Alliance Development Process [J]. Management Decision, 2007, 45 (4): 684 – 707.

[62] Das T K, Teng B – S. Between Trust and Control: Developing Confidence in Partner Cooperation in Alliances [J]. Academy of Management Review, 1998, 23 (3): 491 – 512.

[63] Das TK, Teng B – S. Instabilities of Strategic Alliances: An Internal Tensions Perspective [J]. Organization Science, 2000, 11 (1): 77 – 101.

[64] Das T K, Teng B – S. Resource and Risk Management in the Strategic Alliance Making Process [J]. Journal of Management, 1998, 24 (1): 21 – 42.

[65] Das T K, Teng B – S. Risk Types and Inter – firm Alliance Structures * [J]. Journal of Management Studies, 1996, 33 (6): 827 – 843.

[66] Das T K, Teng B – S. The Dynamics of Alliance Conditions in the Alliance Development Process [J]. Journal of Management Studies, 2002, 39 (5): 725 – 746.

[67] Das T K, Teng B – S. Trust, Control, and Risk in Strategic Alliances: An Integrated Framework [J]. Organization Studies, 2001, 22 (2): 251 – 283.

[68] Das T K. Strategic Alliance Temporalities and Partner Opportunism * [J]. British Journal of Management, 2006, 17 (1): 1 –21.

[69] Davenport T H, Prusak L. Working knowledge [M]. Harvard Business School Press, 1999.

[70] De Jong G, Woolthuis R K. The Institutional Arrangements of Innovation: Antecedents and Performance Effects of Trust in High – Tech Alliances [J]. Industry and Innovation, 2008, 15 (1): 45 –67.

[71] De Reuver M, Bouwman H. Governance Mechanisms for Mobile Service Innovation in Value networks [J]. Journal of Business Research, 2012, 65 (3): 347 –354.

[72] Deutsch M. The Resolution of Conflict: Constructive and Destructive Processes [M]. Yale University Press, 1973.

[73] Dhanaraj C, Lyles M A, Steensma H K, et al. Managing Tacit and Explicit Knowledge Transfer in IJVs: The Role of Relational Embeddedness and the Impact on Performance [J]. Journal of International Business Studies, 2004, 35 (5): 428 –442.

[74] Diana F. Focusing on Core Competencies and Leveraging Partner Abilities Can Drive Business Success [J]. Intelligent Enterprise, 2001 (9): 44 –62.

[75] Dillman D A. Mail and Telephone Surveys: the Total Design Method [J]. Journal of Continuing Higher Education, 1982, 30 (2): 14 –15.

[76] Ding X – H, Huang R – H, Liu D – L. Resource Allocation for Open and Hidden Learning in Learning Alliances [J]. Asia Pacific Journal of Management, 2012, 29 (1): 103 –127.

[77] Doney P M, Cannon J P. An Examination of the Nature of Trust in Buyer – seller Relationships [J]. Journal of Marketing, 1997, 61 (2): 35 –51.

[78] Doz Y L. The Evolution of Cooperation in Strategic Alliances: Initial Conditions or Learning Processes? [J]. Strategic Management Journal, 1996, 17 (S1): 55 –83.

[79] Drucker P F. Management Challenges of the 21st Century [J]. Taylor & Francis, 1999, 29 (12): 106 –108.

[80] Duso T, Pennings E, Seldeslachts J. Learning Dynamics in Research Alliances: A Panel Data Analysis [J]. Research Policy, 2010, 39 (6): 776 –789.

[81] Duysters G, Lokshin B. Determinants of Alliance Portfolio Complexity and Its Effect on Innovative Performance of Companies * [J]. Journal of Product Innovation

Management, 2011, 28 (4): 570 -585.

[82] Dwyer F R, Schurr P H, Oh S. Developing Buyer – Seller Relationships [J]. Journal of Marketing, 1987, 51 (2): 11 -27.

[83] Dyer J H, Chu W. The Determinants of Trust in Supplier – Automaker Relationships in the U. S. , Japan and Korea [J]. Journal of International Business Studies, 2000, 31 (2): 259 -285.

[84] Dyer J H, Singh H. The Relational View: Cooperative Strategy and Sources of Interorganizational Competitive Advantage [J]. The Academy of Management Review, 1998, 23 (4): 660 -679.

[85] Dyer J H. Effective Interfirm Collaboration: How Firms Minimize Transaction Costs and Maximize Transaction Value [J]. Strategic Management Journal, 1997, 18 (7): 535 -556.

[86] Dyer J H. Specialized Supplier Networks as a Source of Competitive Advantage: Evidence from the Auto Industry [J]. Strategic Management Journal, 1996, 17 (4): 271 -291.

[87] Potter M E. Competitive Advantages [M]. New York: Free press, 1985.

[88] Eckhard B, Mellewigt T. Contractual Functions and Contractual Dynamics in Inter – firm Relationships: What We Know and How to Proceed [D]. Paderborn: University of Paderborn, 2005.

[89] Emerson R M. Social Exchange Theory [J]. Annual Review of Sociology, 1976 (2): 335 -362.

[90] Faems D, Janssens M, Madhok A, et al. Toward An Integrative Perspective on Alliance Governance: Connecting Contract Design, Trust Dynamics, and Contract Application [J]. Academy of Management Journal, 2008, 51 (6): 1053 -1078.

[91] Fan P, Liang Q, Liu H, et al. The Moderating role of Context in Managerial Ties – firm Performance Link: A Meta – analytic Review of Mainly Chinese – based Studies [J]. Asia Pacific Business Review, 2013, 19 (4): 461 -489.

[92] Ferguson R J, Paulin M, Bergeron J. Contractual Governance, Relational Governance, and the Performance of Interfirm Service Exchanges: The Influence of Boundary – spanner Closeness [J]. Journal of the Academy of Marketing Science, 2005, 33 (2): 217.

［93］Fey C F, Birkinshaw J. External Sources of Knowledge, Governance Mode, and R&D Performance ［J］. Journal of Management, 2005, 31 (4): 597 – 621.

［94］Ford J K, MacCallum R C, Tait M. The Application of Exploratory Factor Analysis in Applied Psychology: A Critical Review and Analysis ［J］. Personnel Psychology, 1986, 39 (2): 291 – 314.

［95］Fornell C, Larcker D F. Structural Equation Models with Unobservable Variables and Measurement Error: Algebra and Statistics ［J］. Journal of Marketing Research, 1981, 18 (3): 382 – 388.

［96］Foss N J. More Critical Comments on Knowledge – Based Theories of the Firm ［J］. Organization Science, 1996, 7 (5): 519 – 523.

［97］Frankort H T W. When does Knowledge Acquisition in R&D Alliances Increase new Product Development? The Moderating Roles of Technological Relatedness and Product – market Competition ［J］. Research Policy, 2016, 45 (1): 291 – 302.

［98］Frishammar J, Ericsson K, Patel P C. The Dark Side of Knowledge Transfer: Exploring Knowledge Leakage in Joint R&D Projects ［J］. Technovation, 2015 (41): 75 – 88.

［99］Frost T S, Birkinshaw J M, Ensign P C. Centers of Excellence in Multinational Corporations ［J］. Strategic Management Journal, 2002, 23 (11): 997 – 1018.

［100］Gaedeke R M, Tootelian D H. The Fortune "500" List – An Endangered Species for Academic Research ［J］. Journal of Business Research, 1976, 4 (3): 283 – 288.

［101］Gargiulo M, Ertug G. The Dark Side of Trust ［M］. Cheltenham: Edward Elgar Publishing, 2006.

［102］Gebrekidan D A, Awuah G B. Interorganizational Cooperation: A New View of Strategic Alliances: The Case of Swedish Firms in the International Market ［J］. Industrial Marketing Management, 2002, 31 (8): 679 – 693.

［103］Gençtürk E F, Aulakh P S. Norms – and Control – Based Governance of International Manufacturer – Distributor Relational Exchanges ［J］. Journal of International Marketing, 2007, 15 (1): 92 – 126.

［104］Ghoshal S, Moran P. Bad for Practice: A Critique of the Transaction Cost Theory ［J］. The Academy of Management Review, 1996, 21 (1): 13 – 47.

［105］Gilbert M, Cordey – Hayes M. Understanding the Process of Knowledge Transfer to Achieve Successful Technological Innovation ［J］. Technovation, 1996, 16 (6): 301 –312.

［106］Goo J, Kishore R, Rao H R, et al. The Role of Service Level Agreements in Relational Management of Information Technology Outsourcing: An Empirical Study ［J］. MIS Quarterly, 2009, 33 (1): 119 –145.

［107］Granovetter M. Economic Action and Social Structure: The Problem of Embeddedness ［J］. American Journal of Sociology, 1985, 91 (3): 481 –510.

［108］Grant R M, Baden – Fuller C. A Knowledge Accessing Theory of Strategic Alliances ［J］. Journal of Management Studies, 2004, 41 (1): 61 –84.

［109］Grant R M, Baden – Fuller C. A Knowledge – Based Theory of Inter – firm Collaboration ［J］. Academy of Management Proceedings, 1995 (1): 17 –21.

［110］Grant R M. Toward a Knowledge – based Theory of the Firm ［J］. Strategic Management Journal, 1996, 17 (S2): 109 –122.

［111］Grimpe C, Kaiser U. Balancing Internal and External Knowledge Acquisition: The Gains and Pains from R&D Outsourcing ［J］. Journal of Management Studies, 2010, 47 (8): 1483 –1509.

［112］Gulati R, Singh H. The Architecture of Cooperation: Managing Coordination Costs and Appropriation Concerns in Strategic Alliances ［J］. Administrative Science Quarterly, 1998, 43 (4): 781 –814.

［113］Gulati R. Does Familiarity Breed Trust? The Implications of Repeated Ties for Contractual Choice in Alliances ［J］. Academy of Management Journal, 1995, 38 (1): 85 –112.

［114］Hamel G. Competition for Competence and Interpartner Learning Within International Strategic Alliances ［J］. Strategic Management Journal, 1991, 12 (S1): 83 – 103.

［115］Handfield R B, Bechtel C. The Role of Trust and Relationship Structure in Improving Supply Chain Responsiveness ［J］. Industrial Marketing Management, 2002, 31 (4): 367 –382.

［116］Hansen M T. The Search – Transfer Problem: The Role of Weak Ties in Sharing Knowledge Across Organization Subunits ［J］. Administrative Science Quarterly, 1999, 44 (1): 82 - 111.

[117] Hart O, Holmstrom B. Theory of contracts [M]. Cambridge, UK: Cambridge University Press, 1987.

[118] He Q, Ghobadian A, Gallear D. Knowledge Acquisition in Supply Chain Partnerships: The Role of Power [J]. International Journal of Production Economics, 2013, 141 (2): 605 - 618.

[119] Heide J B, Miner A S. The Shadow of the Future: Effects of Anticipated Interaction and Frequency of Contact on Buyer - Seller Cooperation [J]. The Academy of Management Journal, 1992, 35 (2): 265 - 291.

[120] Hennart J - F. Explaining the Swollen Middle: Why Most Transactions are a Mix of "Market" and "Hierarchy" [J]. Organization Science, 1993, 4 (4): 529 - 547.

[121] Hitt M A, Hoskisson R E, Kim H. International Diversification: Effects on Innovation and Firm Performance in Product - Diversified Firms [J]. The Academy of Management Journal, 1997, 40 (4): 767 - 798.

[122] Hitt M A, Ireland RD, Lee H - U. Technological Learning, Knowledge Management, Firm Growth and Performance: An Introductory Essay [J]. Journal of Engineering and Technology Management, 2000, 17 (3 - 4): 231 - 246.

[123] Hoetker G, Mellewigt T. Choice and Performance of Governance Mechanisms: Matching Alliance Governance to Asset Type [J]. Strategic Management Journal, 2009, 30 (10): 1025 - 1044.

[124] Holmes J G. The Dynamics of Interpersonal Trust: Resolving Uncertainty in the Facte of Risk [A]//Boon SD. Cooperation and Prosocial Behavior [M]. Cambridge: Cambridge University Press, 1991: 190 - 211.

[125] Homans G C. Social Behavior as Exchange [J]. American Journal of Sociology, 1958, 63 (6): 597 - 606.

[126] Hoopes D G, Postrel S. Shared Knowledge, "Glitches," and Product Development Performance [J]. Strategic Management Journal, 1999, 20 (9): 837 - 865.

[127] Hosmer L T. Trust: The Connecting Link between Organizational Theory and Philosophical Ethics [J]. Academy of Management Review, 1995, 20 (2): 379 - 403.

[128] Hou M, Liu H, Fan P, et al. Does CSR Practice Pay off in East Asian Firms? A Meta - analytic Investigation [J]. Asia Pacific Journal of Management,

2016, 33 (1): 195 – 228.

[129] Inkpen A C, Currall S C. The Coevolution of Trust, Control, and Learning in Joint Ventures [J]. Organization Science, 2004, 15 (5): 586 – 599.

[130] Inkpen A C, Tsang E W K. Social Capital, Networks, and Knowledge Transfer [J]. The Academy of Management Review, 2005, 30 (1): 146 – 165.

[131] Inkpen A C. Learning and Knowledge Acquisition through International Strategic Alliances [J]. The Academy of Management Executive (1993 – 2005), 1998, 12 (4): 69 – 80.

[132] Inkpen A C. Learning Through Alliances: General Motors and Nummi [J]. California Management Review, 2005, 47 (4): 114 – 136.

[133] James L R, Brett J M. Mediators, Moderators, and Tests for Mediation [J]. Journal of Applied Psychology, 1984, 69 (2): 307 – 321.

[134] Jaworski B J, Kohli A K. Market Orientation: Antecedents and Consequences [J]. Journal of Marketing, 1993, 57 (3): 53 – 70.

[135] Jayaraman V, Narayanan S, Luo Y, et al. Offshoring Business Process Services and Governance Control Mechanisms: An Examination of Service Providers from India [J]. Production and Operations Management, 2013, 22 (2): 314 – 334.

[136] Jiang X, Li M, Gao S, et al. Managing Knowledge Leakage in Strategic Alliances: The Effects of Trust and Formal Contracts [J]. Industrial Marketing Management, 2013, 42 (6): 983 – 991.

[137] Jiang X, Li Y. An Empirical Investigation of Knowledge Management and Innovative Performance: The Case of Alliances [J]. Research Policy, 2009, 38 (2): 358 – 368.

[138] Johnson J L, Cullen J B, Sakano T, Takenouchi H. Setting the Stage for Trust and Strategic Integration in Japanese – US Cooperative Alliances [J]. Journal of International Business Studies, 1996, 27 (5): 981 – 1004.

[139] Judge W Q, Dooley R. Strategic Alliance Outcomes: A Transaction – Cost Economics Perspective [J]. British Journal of Management, 2006, 17 (1): 23 – 37.

[140] Kale P, Dyer J H, Singh H. Alliance Capability, Stock Market Response, and Long – term Alliance Success: The Role of The Alliance Function [J]. Strategic Management Journal, 2002, 23 (8): 747 – 767.

［141］Kale P, Singh H, Perlmutter H. Learning and Protection of Proprietary Assets in Strategic Alliances: Building Relational Capital ［J］. Strategic Management Journal, 2000, 21（3）: 217 – 237.

［142］Kale P, Singh H. Building Firm Capabilities Through Learning: The Role of the Alliance Learning Process in Alliance Capability and Firm – level Alliance Success ［J］. Strategic Management Journal, 2007, 28（10）: 981 – 1000.

［143］Katila R, Ahuja G. Something Old, Something New: A Longitudinal Study of Search Behavior and New Product Introduction ［J］. Academy of Management Journal, 2002, 45（6）: 1183 – 1194.

［144］Katz B, Du Preez N. The Role of Knowledge Management in Supporting a Radical Innovation Project ［M］//Bernard A, Tichkiewitch S, editors. Methods and Tools for Effective Knowledge Life – Cycle – Management. Springer Berlin Heidelberg: Berlin, Heidelberg, 2008: 331 – 345.

［145］Kavusan K, Noorderhaven N G, Duysters G M. Knowledge Acquisition and Complementary Specialization in Alliances: The Impact of Technological Overlap and Alliance Experience ［J］. Research Policy, 2016, 45（10）: 2153 – 2165.

［146］Khan Z, Shenkar O, Lew Y K. Knowledge Transfer from International Joint Ventures to Local Suppliers in a Developing Economy ［J］. Journal of International Business Studies, 2015, 46（6）: 656 – 675.

［147］Khanna T, Gulati R, Nohria N. The Dynamics of Learning Alliances: Competition, Cooperation, and Relative Scope ［J］. Strategic Management Journal, 1998, 19（3）: 193 – 210.

［148］Kim S K, Lee B G, Park B S, et al. The Effect of R&D, Technology Commercialization Capabilities and Innovation Performance ［J］. Technological and Economic Development of Economy, 2011, 17（4）: 563 – 578.

［149］Klein B. Why Hold – ups Occur: The Self – enforcing Range of Contractual Relationships ［J］. Economic Inquiry, 1996, 34（3）: 444 – 463.

［150］Kogut B, Zander U. Knowledge of the Firm, Combinative Capabilities, and the Replication of Technology ［J］. Organization Science, 1992, 3（3）: 383 – 397.

［151］Kogut B. Joint Ventures: Theoretical and Empirical Perspectives ［J］. Strategic Management Journal, 1988, 9（4）: 319 – 332.

[152] Kotabe M, Martin X, Domoto H. Gaining from Vertical Partnerships: Knowledge Transfer, Relationship Duration, and Supplier Performance Improvement in the U. S. and Japanese Automotive Industries [J]. Strategic Management Journal, 2003, 24 (4): 293 –316.

[153] Koza M, Lewin A. Managing Partnerships and Strategic Alliances: Raising the Odds of Success [J]. European Management Journal, 2000, 18 (2): 146 –151.

[154] Krishnan R, Geyskens I, Steenkamp J – BEM. The Effectiveness of Contractual and Trust – based Governance in Strategic Alliances under Behavioral and Environmental Uncertainty [J]. Strategic Management Journal, 2016, 37 (12): 2521 –2542.

[155] Krishnan R, Martin X, Noorderhaven N G. When Does Trust Matter to Alliance Performance? [J]. Academy of Management Journal, 2006, 49 (5): 894 –917.

[156] Kumar N, Scheer L K, Jan – Benedict E M S. The Effects of Perceived Interdependence on Dealer Attitudes [J]. Journal of Marketing Research, 1995, 32 (3): 348 –356.

[157] Lambe C J, Wittmann C M, Spekman R E. Social Exchange Theory and Research on Business – to – Business Relational Exchange [J]. Journal of Business – to – Business Marketing, 2001, 8 (3): 1 –36.

[158] Lambert D M, Harrington T C. Measuring Nonresponse Bias in Customer Service Mail Surveys [J]. Journal of Business Logistics, 1990, 11 (2): 5.

[159] Landsman W R, Maydew E L. Has the Information Content of Quarterly Earnings Announcements Declined in the Past Three Decades? [J]. Journal of Accounting Research, 2002, 40 (3): 797 –808.

[160] Lane P J, Koka B R, Pathak S. The Reification of Absorptive Capacity: A Critical Review and Rejuvenation of the Construct [J]. The Academy of Management Review, 2006, 31 (4): 833 –863.

[161] Lane P J, Lubatkin M. Relative Absorptive Capacity and Interorganizational Learning [J]. Strategic Management Journal, 1998, 19 (5): 461 –477.

[162] Lane P J, Salk J E, Lyles M A. Absorptive Capacity, Learning, and Performance in International Joint Ventures [J]. Strategic Management Journal, 2001, 22 (12): 1139 –1161.

[163] Larson A. Network Dyads in Entrepreneurial Settings: A Study of the Gov-

ernance of Exchange Relationships [J]. Administrative Science Quarterly, 1992, 37 (1): 76 – 104.

[164] Laursen K, Masciarelli F, Prencipe A. Regions Matter: How Localized Social Capital Affects Innovation and External Knowledge Acquisition [J]. Organization Science, 2012, 23 (1): 177 – 193.

[165] Laursen K, Salter A. Open for Innovation: The Role of Openness in Explaining Innovation Performance Among U. K. Manufacturing Firms [J]. Strategic Management Journal, 2006, 27 (2): 131 – 150.

[166] Lavie D, Haunschild P R, Khanna P. Organizational Differences, Relational Mechanisms, and Alliance Performance [J]. Strategic Management Journal, 2012, 33 (13): 1453 – 1479.

[167] Lavie D. The Competitive Advantage of Interconnected Firms: An Extension of the Resource – Based View [J]. Academy of Management Review, 2006, 31 (3): 638 – 658.

[168] Lawler E J, Thye S R. Bringing Emotions into Social Exchange Theory [J]. Annual Review of Sociology, 1999, 25 (1): 217 – 244.

[169] Lazzarini S G, Miller G J, Zenger T R. Dealing with the Paradox of Embeddedness: The Role of Contracts and Trust in Facilitating Movement Out of Committed Relationships [J]. Organization Science, 2008, 19 (5): 709 – 728.

[170] Lechner C, Frankenberger K, Floyd S W. Task Contingencies in the Curvilinear Relationships Between Intergroup Networks and Initiative Performance [J]. Academy of Management Journal, 2010, 53 (4): 865 – 889.

[171] Lee S M, Kim T, Jang S H. Inter – organizational Knowledge Transfer Through Corporate Venture Capital Investment [J]. Management Decision, 2015, 53 (7): 1601 – 1618.

[172] Lee Y, Cavusgil S T. Enhancing Alliance Performance: The Effects of Contractual – based Versus Relational – based Governance [J]. Journal of Business Research, 2006, 59 (8): 896 – 905.

[173] Leiponen A, Helfat C E. Innovation Objectives, Knowledge Sources, and the Benefits of Breadth [J]. Strategic Management Journal, 2010, 31 (2): 224 – 236.

[174] Levinthal D A, Fichman M. Dynamics of Interorganizational Attachments:

Auditor – Client Relationships [J]. Administrative Science Quarterly, 1988, 33 (3): 345 – 369.

[175] Levinthal D A, March J G. The Myopia of Learning [J]. Strategic Management Journal, 1993, 14 (S2): 95 – 112.

[176] Lewicki R J, Bunker B B. Developing and Maintaining Trust in Work Relationships [M]. Thousand Oaks, CA: Sage Publications, 1996.

[177] Lewicki R J, McAllister D J, Bies R J. Trust And Distrust: New Relationships and Realities [J]. Academy of Management Review, 1998, 23 (3): 438 –458.

[178] Lewis J D, Weigert A. Trust as a Social Reality [J]. Social Forces, 1985, 63 (4): 967 –985.

[179] Lewis M, Slack N. Operations Strategy [M]. Upper Scddle River: Prentice – Hall, 2002.

[180] Lewis M A, Roehrich J K. Contracts, Relationships and Integration: Towards a Model of the Procurement of Complex Performance [J]. International Journal of Procurement Management, 2009, 2 (2): 125 – 142.

[181] Li H, Zhang Y. The Role of Managers' Political Networking and Functional Experience in New Venture Performance: Evidence from China's Transition Economy [J]. Strategic Management Journal, 2007, 28 (8): 791 –804.

[182] Li J J, Poppo L, Zhou K Z. Do Managerial Ties in China Always Produce Value? Competition, Uncertainty, and Domestic vs. Foreign Firms [J]. Strategic Management Journal, 2008, 29 (4): 383 –400.

[183] Li J J, Poppo L, Zhou K Z. Relational Mechanisms, Formal Contracts, and Local Knowledge Acquisition by International Subsidiaries [J]. Strategic Management Journal, 2010a, 31 (4): 349 –370.

[184] Li L, Sun L, Wang J. Multi – source Knowledge Acquisition Model based on Rough Set [J]. Information Technology Journal, 2014, 13 (7): 1386 –1390.

[185] Li L. The Effects of Trust and Shared Vision on Inward Knowledge Transfer in Subsidiaries' Intra – and Inter – Organizational Relationships [J]. International Business Review, 2005, 14 (1): 77 –95.

[186] Li Y, Hou M, Liu H, et al. Towards a Theoretical Framework of Strategic Decision, Supporting Capability and Information Sharing Under the Context of Internet

of Things [J]. Information Technology and Management, 2012, 13 (4): 205 - 216.

[187] Li Y, Li P P, Liu Y, et al. Learning Trajectory in Offshore OEM Cooperation: Transaction Value for Local Suppliers in the Emerging Economies [J]. Journal of Operations Management, 2010b, 28 (3): 269 - 282.

[188] Li Y, Liu Y, Li M, et al. Transformational Offshore Outsourcing: Empirical Evidence from Alliances in China [J]. Journal of Operations Management, 2008, 26 (2): 257 - 274.

[189] Li Y, Liu Y, Liu H. Co - opetition, Distributor's Entrepreneurial Orientation and Manufacturer's Knowledge Acquisition: Evidence from China [J]. Journal of Operations Management, 2011, 29 (1 - 2): 128 - 142.

[190] Li Y, Wei Z, Liu Y. Strategic Orientations, Knowledge Acquisition, and Firm Performance: The Perspective of the Vendor in Cross - Border Outsourcing [J]. Journal of Management Studies, 2010c, 47 (8): 1457 - 1482.

[191] Li Y, Wei Z, Zhao J, et al. Ambidextrous Organizational Learning, Environmental Munificence and New Product Performance: Moderating Effect of Managerial ties in China [J]. International Journal of Production Economics, 2013, 146 (1): 95 - 105.

[192] Li Y, Xie E, Teo H - H, et al. Formal Control and Social Control in Domestic and International Buyer - supplier Relationships [J]. Journal of Operations Management, 2010d, 28 (4): 333 - 344.

[193] Liao S - H, Chang W - J, Hu D - C, et al. Relationships among Organizational Culture, Knowledge Acquisition, Organizational Learning, and Organizational Innovation in Taiwan's Banking and Insurance Industries [J]. The International Journal of Human Resource Management, 2012, 23 (1): 52 - 70.

[194] Liao Y S. The Effect of Human Resource Management Control Systems on the Relationship Between Knowledge Management Strategy and Firm Performance [J]. International Journal of Manpower, 2011, 32 (5/6): 494 - 511.

[195] Liu Y, Luo Y, Liu T. Governing Buyer - supplier Relationships Through Transactional and Relational Mechanisms: Evidence from China [J]. Journal of Operations Management, 2009, 27 (4): 294 - 309.

[196] Liu Y, Tao L, Li Y, et al. The Impact of a Distributor's Trust in a Sup-

plier and Use of Control Mechanisms on Relational Value Creation in Marketing Channels [J]. Journal of Business & Industrial Marketing, 2007, 23 (1): 12 – 22.

[197] Lovett S, Simmons L C, Kali R. Guanxi Versus the Market: Ethics and Efficiency [J]. Journal of International Business Studies, 1999, 30 (2): 231 – 247.

[198] Lubatkin M, Florin J, Lane P. Learning Together and Apart: A Model of Reciprocal Interfirm Learning [J]. Human Relations, 2001, 54 (10): 1353 – 1382.

[199] Lui S S, Ngo H – Y. The Role of Trust and Contractual Safeguards on Cooperation in Non – equity Alliances [J]. Journal of Management, 2004, 30 (4): 471 – 485.

[200] Lui S S, Wong Y – y, Liu W. Asset Specificity Roles in Interfirm Cooperation: Reducing Opportunistic Behavior or Increasing Cooperative Behavior? [J]. Journal of Business Research, 2009, 62 (11): 1214 – 1219.

[201] Lui S S. The Roles of Competence Trust, Formal Contract, and Time Horizon in Interorganizational Learning [J]. Organization Studies, 2009, 30 (4): 333 – 353.

[202] Lumineau F, Henderson J E. The Influence of Relational Experience and Contractual Governance on the Negotiation Strategy in Buyer – supplier Disputes [J]. Journal of Operations Management, 2012, 30 (5): 382 – 395.

[203] Lumineau F, Malhotra D. Shadow of the Contract: How Contract Structure Shapes Interfirm Dispute Resolution [J]. Strategic Management Journal, 2011, 32 (5): 532 – 555.

[204] Lunnan R, Haugland S A. Predicting and Measuring Alliance Performance: A Multidimensional Analysis [J]. Strategic Management Journal, 2008, 29 (5): 545 – 556.

[205] Luo Y. Contract, Cooperation, and Performance in International Joint Ventures [J]. Strategic Management Journal, 2002, 23 (10): 903 – 919.

[206] Luo Y. Procedural Fairness and Interfirm Cooperation in Strategic Alliances [J]. Strategic Management Journal, 2008, 29 (1): 27 – 46.

[207] Lusch R F, Brown J R. Interdependency, Contracting, and Relational Behavior in Marketing Channels [J]. Journal of Marketing, 1996, 60 (4): 19 – 38.

[208] Lyles M A, Salk J E. Knowledge Acquisition from Foreign Parents in International Joint Ventures: An Empirical Examination in the Hungarian Context [J]. Journal of International Business Studies, 1996, 27 (5): 877 – 903.

[209] Lyons B, Mehta J. Contracts, Opportunism and Trust: Self – interest and Social Orientation [J]. Cambridge Journal of Economics, 1997, 21 (2): 239 – 257.

[210] Macneil I. The New Social Contract [M]. New Haven, CT: Yale University Press, 1980.

[211] Macneil, Ian R. Statutory and Administrative Law Supplement to Accompany Contracts: Exchange Transactions and Relations, 2nd ed [M]. Surderland The Foundation Press, 1978.

[212] Madhok A. Opportunism and Trust in Joint Venture Relationships: An Exploratory Study and a Model [J]. Scandinavian Journal of Management, 1995, 11 (1): 57 – 74.

[213] Makino S, Delios A. Local Knowledge Transfer and Performance: Implications for Alliance Formation in Asia [J]. Journal of International Business Studies, 1996, 27 (5): 905 – 927.

[214] Malhotra D, Lumineau F. Trust and collaboration in the Aftermath of Conflict: the Effects of Contract Structure [J]. Academy of Management Journal, 2011, 54 (5): 981 – 998.

[215] March J G. Exploration and Exploitation in Organizational Learning [J]. Organization Science, 1991, 2 (1): 71 – 87.

[216] Martin X, Salomon R. Knowledge Transfer Capacity and Cooperative Strategies: When Should Firms Leverage Tacit Knowledge Through Licensing and Alliances? [M]. Holland: Elsevier Scieve, 2002.

[217] Marvel M. Knowledge Acquisition Asymmetries and Innovation Radicalness [J]. Journal of Small Business Management, 2012, 50 (3): 447 – 468.

[218] Masten S, Saussier S. Econometrics of Contracts: an Assessment of Developments in the Empirical Literature on Contracting [J]. Revue d'économie Industrielle, 2000, 92 (1): 215 – 236.

[219] Maurer I, Bartsch V, Ebers M. The Value of Intra – organizational Social Capital: How it Fosters Knowledge Transfer, Innovation Performance, and Growth [J]. Organization Studies, 2011, 32 (2): 157 – 185.

[220] Mayer K J, Argyres N S. Learning to Contract: Evidence from the Personal Computer Industry [J]. Organization Science, 2004, 15 (4): 394 – 410.

[221] Mayer R C, Davis J H, Schoorman F D. An Integrative Model of Organizational Trust [J]. Academy of Management Review, 1995, 20 (3): 709 -734.

[222] McAllister D J. Affect - and Cognition - Based Trust as Foundations for Interpersonal Cooperation in Organizations [J]. Academy of Management Journal, 1995, 38 (1): 24 -59.

[223] McEvily B, Perrone V, Zaheer A. Trust as an Organizing Principle [J]. Organization Science, 2003, 14 (1): 91 -103.

[224] McEvily S K, Chakravarthy B. The Persistence of Knowledge - based Advantage: An Empirical Test for Product Performance and Technological Knowledge [J]. Strategic Management Journal, 2002, 23 (4): 285 -305.

[225] McEvily S K, Eisenhardt K M, Prescott J E. The Global Acquisition, Leverage, and Protection of Technological Competencies [J]. Strategic Management Journal, 2004, 25 (8 -9): 713 -722.

[226] Mellewigt T, Madhok A, Weibel A. Trust and Formal Contracts in Interorganizational Relationships: Substitutes and Complements [J]. Managerial and Decision Economics, 2007, 28 (8): 833 -847.

[227] Mesquita L F, Brush T H. Untangling Safeguard and Production Coordination Effects in Long - Term Buyer - Supplier Relationships [J]. Academy of Management Journal, 2008, 51 (4): 785 -807.

[228] Mohr J J, Sengupta S. Managing the Paradox of Inter - firm Learning: The Role of Governance Mechanisms [J]. Journal of Business & Industrial Marketing, 2002, 17 (4): 282 -301.

[229] Möllering G. The Nature of Trust: From Georg Simmel to a Theory of Expectation, Interpretation and Suspension [J]. Sociology, 2001, 35 (2): 403 -420.

[230] Moorman C, Deshpande R, Zaltman G. Factors Affecting Trust in Market research relationships [J]. Journal of Marketing, 1993, 57 (1): 81 -101.

[231] Morgan R M, Hunt S D. The Commitment - trust Theory of Relationship Marketing [J]. Journal of Marketing, 1994, 58 (3): 20 -38.

[232] Mowery D C, Oxley J E, Silverman B S. Strategic Alliances and Interfirm Knowledge Transfer [J]. Strategic Management Journal, 1996, 17 (S2): 77 -91.

[233] Mowery D C. Economic Theory and Government Technology Policy [J].

Policy Sciences, 1983, 16 (1): 27 –43.

[234] Mumford M D, Costanza D P, Connelly M S, et al. Item Generation Procedures and Background Data Scales: Implications for Construct and Criterion – related Validity [J]. Personnel Psychology, 1996, 49 (2): 361 –398.

[235] Muthusamy S K, White M A, Carr A. An Empirical Examination of the Role of Social Exchanges in Alliance Performance [J]. Journal of Managerial Issues, 2007, 19 (1): 53 –75.

[236] Muthusamy S K, White M A. Learning and Knowledge Transfer in Strategic Alliances: A Social Exchange View [J]. Organization Studies, 2005, 26 (3): 415 –441.

[237] Naldi L, Davidsson P. Entrepreneurial Growth: The Role of International Knowledge Acquisition as Moderated by Firm Age [J]. Journal of Business Venturing, 2014, 29 (5): 687 –703.

[238] Nonaka I, Takeuchi H. The Knowledge – Creating Company: How Japanese Companies Create the Dynamics of Innovation [M]. New York [etc.]: Oxford University Press, 1995.

[239] Nooteboom B. Trust: Forms, Foundations, Functions, Failures and Figures [M]//Nooteboom B. Trust: Forms, Foundations, Functions, Failures and Figures. Cheltenham: Edward Elgar Publishing, 2002.

[240] Nooteboom B. Trust, Opportunism and Governance: A Process and Control Model [J]. Organization Studies, 1996, 17 (6): 985 – 1010.

[241] Norman P M. Knowledge Acquisition, Knowledge Loss, and Satisfaction in High Technology Alliances [J]. Journal of Business Research, 2004, 57 (6): 610 –619.

[242] Nunnally J. Psychometric Methods [M]. New York: McGraw – Hill, 1978.

[243] Oliver A L. Strategic Alliances and the Learning Life – Cycle of Biotechnology Firms [J]. Organization Studies, 2001, 22 (3): 467 –489.

[244] Park B I. What Matters to Managerial Knowledge Acquisition in International Joint Ventures? High Knowledge Acquirers Versus Low Knowledge Acquirers [J]. Asia Pacific Journal of Management, 2010, 27 (1): 55 –79.

[245] Parkhe A. Strategic Alliance Structuring: A Game Theoretic and Transaction Cost Examination of Interfirm Cooperation [J]. The Academy of Management Journal, 1993, 36 (4): 794 –829.

[246] Parkhe A. Understanding Trust in International Alliances [J]. Journal of World Business, 1998, 33 (3): 219 – 240.

[247] Peng M W, Heath P S. The Growth of the Firm in Planned Economies in Transition: Institutions, Organizations, and Strategic Choice [J]. The Academy of Management Review, 1996, 21 (2): 492 – 528.

[248] Peng M W. Institutional Transitions and Strategic Choices [J]. Academy of Management Review, 2003, 28 (2): 275 – 296.

[249] Penrose E T. The Theory of the Growth of the Firm [M]. New York: John Wiley & Sons Inc. , 1959.

[250] Podsakoff P M, MacKenzie S B, Lee J – Y, et al. Common Method Biases in Behavioral Research: A Critical Review of the Literature and Recommended Remedies [J]. Journal of Applied Psychology, 2003, 88 (5): 879 – 903.

[251] Podsakoff P M, Organ D W. Self – Reports in Organizational Research: Problems and Prospects [J]. Journal of Management, 1986, 12 (4): 531 – 544.

[252] Polanyi M. Knowing and Being: Essays by Michael Polanyi [M]. Chicago: University of Chicago Press, 1969.

[253] Poppo L, Zenger T. Do Formal Contracts and Relational Governance Function as Substitutes or Complements? [J]. Strategic Management Journal, 2002, 23 (8): 707 – 725.

[254] Poppo L, Zhou K Z. Managing Contracts for Fairness in Buyer – supplier Exchanges [J]. Strategic Management Journal, 2014, 35 (10): 1508 – 1527.

[255] Powell W W. Neither Market nor Hierarchy: Networks Forms of Organisation [J]. Research in Organizational Behavior, 1990, 12: 295 – 336.

[256] Presutti M, Boari C, Fratocchi L. Knowledge Acquisition and the Foreign Development of High – tech Start – ups: A Social Capital Approach [J]. International Business Review, 2007, 16 (1): 23 – 46.

[257] Pyka A, Windrum P. The Self – organisation of Strategic Alliances [J]. Economics of Innovation and New Technology, 2003, 12 (3): 245 – 268.

[258] Quintas P, Lefere P, Jones G. Knowledge Management: A Strategic Agenda [J]. Long Range Planning, 1997, 30 (3): 322 – 391.

[259] Rai A, Keil M, Hornyak R, et al. Hybrid Relational – Contractual Gov-

ernance for Business Process Outsourcing [J]. Journal of Management Information Systems, 2012, 29 (2): 213 – 256.

[260] Ralston D A, Terpstra – Tong J, Terpstra R H, et al. Today's State – owned Enterprises of China: Are They Dying Dinosaurs or Dynamic Dynamos? [J]. Strategic Management Journal, 2006, 27 (9): 825 – 843.

[261] Reagans R, McEvily B. Network Structure and Knowledge Transfer: The Effects of Cohesion and Range [J]. Administrative Science Quarterly, 2003, 48 (2): 240 – 267.

[262] Ren X, Oh S, Noh J. Managing Supplier – retailer Relationships: From Institutional and Task Environment Perspectives [J]. Industrial Marketing Management, 2010, 39 (4): 593 – 604.

[263] Reuer J J, Ariño A, Poppo L, et al. Alliance Governance [J]. Strategic Management Journal, 2016, 37 (13): E37 – E44.

[264] Reuer J J, Ariño A. Contractual Renegotiations in Strategic Alliances [J]. Journal of Management, 2002, 28 (1): 47 – 68.

[265] Reuer J J, Ariño A. Strategic Alliance Contracts: Dimensions and Determinants of Contractual Complexity [J]. Strategic Management Journal, 2007, 28 (3): 313 – 330.

[266] Reuer J J, Devarakonda S, Klijn E. Cooperative Strategies: Alliance Governance [M]. Cheltenham: Edward Elgar Publishing, 2010.

[267] Reuer J J, Devarakonda S V. Mechanisms of Hybrid Governance: Administrative Committees in Non – Equity Alliances [J]. Academy of Management Journal, 2016, 59 (2): 510 – 533.

[268] Reuer J J, Zollo M, Singh H. Post – formation Dynamics in Strategic Alliances [J]. Strategic Management Journal, 2002, 23 (2): 135 – 151.

[269] Richard P J, Devinney T M, Yip G S, et al. Measuring Organizational Performance: Towards Methodological Best Practice [J]. Journal of Management, 2009, 35 (3): 718 – 804.

[270] Ring P S, Van De Ven A H. Structuring Cooperative Relationships Between Organizations [J]. Strategic Management Journal, 1992, 13 (7): 483 – 498.

[271] Rolland N, Chauvel D. Knowledge Transfer in Strategic Alliances [M].

Boston, MA, 2000.

[272] Roos G, Roos J. Measuring Your Company's Intellectual Performance [J]. Long Range Planning, 1997, 30 (3): 413 –426.

[273] Rothaermel F T, Deeds D L. Exploration and Exploitation Alliances in Biotechnology: A System of New Product Development [J]. Strategic Management Journal, 2004, 25 (3): 201 –221.

[274] Rousseau D M, Sitkin S B, Burt R S, et al. Not So Different After All: A Cross – Discipline View of Trust [J]. Academy of Management Review, 1998, 23 (3): 393 –404.

[275] Ryall M D, Sampson R C. Formal Contracts in the Presence of Relational Enforcement Mechanisms: Evidence from Technology Development Projects [J]. Management Science, 2009, 55 (6): 906 –925.

[276] S. Tamer Cavusgil, Seyda Deligonul, Zhang C. Curbing Foreign Distributor Opportunism: An Examination of Trust, Contracts, and the Legal Environment in International Channel Relationships [J]. Journal of International Marketing, 2004, 12 (2): 7 –27.

[277] Sabel C F. Studied Trust: Building New Forms of Cooperation in a Volatile Economy [J]. Human Relations, 1993, 46 (9): 1133 –1170.

[278] Sako M, Helper S. Determinants of trust in Supplier Relations: Evidence from the Automotive Industry in Japan and the United States [J]. Journal of Economic Behavior & Organization, 1998, 34 (3): 387 –417.

[279] Sako M. Prices, Quality and Trust: How Japanese and British Companies Manage Buyer Supplier Relations [M]. Cambridge: Cambridge University Press, 1991.

[280] Sambasivan M, Siew – Phaik L, Abidin Mohamed Z, et al. Impact of Interdependence Between Supply Chain Partners on Strategic Alliance Outcomes: Role of Relational Capital as a Mediating Construct [J]. Management Decision, 2011, 49 (4): 548 –569.

[281] Sandy D. Jap, Ganesan S. Control Mechanisms and the Relationship Life Cycle: Implications for Safeguarding Specific Investments and Developing Commitment [J]. Journal of Marketing Research, 2000, 37 (2): 227 –245.

[282] Scandura T A, Williams E A. Research Methodology in Management:

Current Practices, Trends, and Implications for Future Research [J]. Academy of Management Journal, 2000, 43 (6): 1248 – 1264.

[283] Schepker D J, Oh W – Y, Martynov A, et al. The Many Futures of Contracts [J]. Journal of Management, 2014, 40 (1): 193 – 225.

[284] Schilke O, Cook K S. Sources of Alliance Partner Trustworthiness: Integrating Calculative and Relational Perspectives [J]. Strategic Management Journal, 2015, 36 (2): 276 – 297.

[285] Schilke O, Goerzen A. Alliance Management Capability: An Investigation of the Construct and Its Measurement [J]. Journal of Management, 2010, 36 (5): 1192 – 1219.

[286] Schön D A. Organizational Learning II: Theory, Method and Practice [J]. Reading: Addison Wesley, 1996 (305): 2.

[287] Schreiner M, Kale P, Corsten D. What Really is Alliance Management Capability and How Does it Impact Alliance Outcomes and Success? [J]. Strategic Management Journal, 2009, 30 (13): 1395 – 1419.

[288] Shankar Ganesan, Alan J. Malter, Rindfleisch A. Does Distance Still Matter? Geographic Proximity and New Product Development [J]. Journal of Marketing, 2005, 69 (4): 44 – 60.

[289] Shapiro D L, Sheppard B H, Cheraskin L. Business on a Handshake [J]. Negotiation Journal, 1992, 8 (4): 365 – 377.

[290] Sheppard B H, Sherman D M. The Grammars of Trust: A Model and General Implications [J]. Academy of Management Review, 1998, 23 (3): 422 – 437.

[291] Sheremata W A. Centrifugal and Centripetal Forces in Radical New Product Development Under Time Pressure [J]. Academy of Management Review, 2000, 25 (2): 389 – 408.

[292] Simonin B L. Ambiguity and the Process of Knowledge Transfer in Strategic Alliances [J]. Strategic Management Journal, 1999, 20 (7): 595 – 623.

[293] Simonin B L. An Empirical Investigation of the Process of Knowledge Transfer in International Strategic Alliances [J]. Journal of International Business Studies, 2004, 35 (5): 407 – 427.

[294] Smith K G, Carroll S J, Ashford S J. Intra – and Interorganizational Co-

operation: Toward a Research Agenda [J]. Academy of Management Journal, 1995, 38 (1): 7 - 23.

[295] Smith K G, Collins C J, Clark K D. Existing Knowledge, Knowledge Creation Capability, and the Rate of New Product Introduction in High - Technology Firms [J]. Academy of Management Journal, 2005, 48 (2): 346 - 357.

[296] Sparrowe R T, Liden R C, Wayne S J, et al. Social Networks and the Performance of Individuals and Groups [J]. The Academy of Management Journal, 2001, 44 (2): 316 - 325.

[297] Spender J C. Limits to Learning From the West: How Western Management Advice May Prove Limited in Eastern Europe [J]. The International Executive, 1992, 34 (5): 389 - 413.

[298] Spender J C. Making Knowledge the Basis of a Dynamic Theory of the Firm [J]. Strategic Management Journal, 1996, 17 (S2): 45 - 62.

[299] Sutcliffe K M, Zaheer A. Uncertainty in the Transaction Environment: An Empirical Test [J]. Strategic Management Journal, 1998, 19 (1): 1 - 23.

[300] Sveiby K E. The New Organizational Wealth: Managing and Measuring Knowledge - Based Assets [M]. San Francisco: Berrett - Koehler Publishers, 1997.

[301] Szulanski G, Cappetta R, Jensen R J. When and How Trustworthiness Matters: Knowledge Transfer and the Moderating Effect of Causal Ambiguity [J]. Organization Science, 2004, 15 (5): 600 - 613.

[302] Szulanski G. The Process of Knowledge Transfer: A Diachronic Analysis of Stickiness [J]. Organizational Behavior and Human Decision Processes, 2000, 82 (1): 9 - 27.

[303] Tallman, S. and Jenkins, M. Alliances, knowledge flows, and performance in regional clusters. F. J. Contractor & P. Lorange, eds. Cooperative Strategies and Alliances [M]. Emerald Group Publishing Limited, 2002: 163 - 188.

[304] Taylor A, Greve H R. Superman or the Fantastic Four? Knowledge Combination And Experience in Innovative Teams [J]. Academy of Management Journal, 2006, 49 (4): 723 - 740.

[305] Teece D J. Competition, Cooperation, and Innovation [J]. Journal of Economic Behavior & Organization, 1992, 18 (1): 1 - 25.

[306] Teng B S, Das T K. Governance Structure Choice in Strategic Alliances: The Roles of Allianceobjectives, Alliance Management Experience, and International Partners [J]. Management Decision, 2008, 46 (5): 725 – 742.

[307] Tripsas M, Gavetti G. Capabilities, Cognition, and Inertia: Evidence from Digital Imaging [J]. Strategic Management Journal, 2000, 21 (10/11): 1147 – 1161.

[308] Tsai W. Knowledge Transfer in Intraorganizational Networks: Effects of Network Position and Absorptive Capacity on Business Unit Innovation and Performance [J]. Academy of Management Journal, 2001, 44 (5): 996 – 1004.

[309] Tsang E W K. Acquiring Knowledge by Foreign Partners from International Joint Ventures in a Transition Economy: Learning – By – Doing and Learning Myopia [J]. Strategic Management Journal, 2002, 23 (9): 835 – 854.

[310] Tsang E W K. Transaction Cost and Resource – Based Explanations of Joint Ventures: A Comparison and Synthesis [J]. Organization Studies, 2000, 21 (1): 215 – 242.

[311] Van Wijk R, Jansen J J P, Lyles M A. Inter – and Intra – Organizational Knowledge Transfer: A Meta – Analytic Review and Assessment of Its Antecedents and Consequences [J]. Journal of Management Studies, 2008, 45 (4): 830 – 853.

[312] Verbeke A, Greidanus N S. The End of the Opportunism vs Trust Debate: Bounded Reliability as a New Envelope Concept in Research on MNE Governance [J]. Journal of International Business Studies, 2009, 40 (9): 1471 – 1495.

[313] Vorhies D, Im S, Morgan N. Product Innovation Ca – pabilities: Acquiring and Using Knowledge to Develop In – novative Products [C]. American Marketing Association Conference Proceedings American Marketing Association, 2002: 515 – 524.

[314] Walter J, Lechner C, Kellermanns F W. Knowledge Transfer Between and Within Alliance Partners: Private Versus Collective Benefits of Social Capital [J]. Journal of Business Research, 2007, 60 (7): 698 – 710.

[315] Wang L, Yeung J H Y, Zhang M. The Impact of Trust and Contract on Innovation Performance: The Moderating Role of Environmental uncertainty [J]. International Journal of Production Economics, 2011, 134 (1): 114 – 122.

[316] Weber L, Mayer K J. Designing Effective Contracts: Exploring the Influence of Framing and Expectations [J]. Academy of Management Review, 2011, 36

(1): 53 - 75.

[317] Wei Z, Zhao J, Zhang C. Organizational Ambidexterity, Market Orientation, and Firm Performance [J]. Journal of Engineering and Technology Management, 2014 (33): 134 - 153.

[318] Werker C. Knowledge and Organisation Strategies in Innovation Systems [J]. International Journal of Innovation Management, 2001, 5 (1): 105 - 127.

[319] Westerlund M, Rajala R. Learning and Innovation in Inter - organizational Network Collaboration [J]. Journal of Business & Industrial Marketing, 2010, 25 (6): 435 - 442.

[320] Wholey D R, Brittain J. Research Notes: Characterizing Environmental Variation [J]. Academy of Management Journal, 1989, 32 (4): 867 - 882.

[321] Widén - Wulff G, Ginman M. Explaining Knowledge Sharing in Organizations Through the Dimensions of Social Capital [J]. Journal of Information Science, 2004, 30 (5): 448 - 458.

[322] Williamson O E. Comparative Economic Organization: The Analysis of Discrete Structural Alternatives [J]. Administrative Science Quarterly, 1991, 36 (2): 269 - 296.

[323] Williamson O E. Markets and Hierarchies: Analysis and Antitrust Implications: A Study in the Economics of Internal Organization [J]. Accounting Review, 1975, 86 (343): 619.

[324] Williamson O E. Strategy Research: Governance and Competence Perspectives [J]. Strategic Management Journal, 1999, 20 (12): 1087 - 1108.

[325] Williamson O E. The Economic Institutions of Capitalism [M]. New York: Free Press, 1985.

[326] Williamson O E. The New Institutional Economics: Taking Stock, Looking Ahead [J]. Journal of Economic Literature, 2000, 38 (3): 595 - 613.

[327] Williamson O E. Transaction Cost Economics and Organization Theory [J]. Industrial & Corporate Change, 1993, 2 (1): 17 - 67.

[328] Woolthuis R K, Hillebrand B, Nooteboom B. Trust, Contract and Relationship Development [J]. Organization Studies, 2005, 26 (6): 813 - 840.

[329] Wu F, Sinkovics R R, Cavusgil S T, et al. Overcoming Export Manufac-

turers' Dilemma in International Expansion [J]. Journal of International Business Studies, 2007, 38 (2): 283 – 302.

[330] Xin K K, Pearce J L. Guanxi: Connections As Substitutes for Formal Institutional Support [J]. Academy of Management Journal, 1996, 39 (6): 1641 – 1658.

[331] Yang C, Wacker J G, Sheu C. What Makes Outsourcing Effective? A Transaction – cost Economics Analysis [J]. International Journal of Production Research, 2012, 50 (16): 4462 – 4476.

[332] Yang H, Zheng Y, Zhao X. Exploration or Exploitation? Small Firms' Alliance Strategies with Large Firms [J]. Strategic Management Journal, 2014, 35 (1): 146 – 157.

[333] Yang Z, Zhou C, Jiang L. When do Formal Control and Trust Matter? A Context – based Analysis of the Effects on Marketing Channel Relationships in China [J]. Industrial Marketing Management, 2011, 40 (1): 86 – 96.

[334] Yli – Renko H, Autio E, Sapienza H J. Social Capital, Knowledge Acquisition, and Knowledge Exploitation in Young Technology – based Firms [J]. Strategic Management Journal, 2001, 22 (6 – 7): 587 – 613.

[335] Zaheer A, McEvily B, Perrone V. Does Trust Matter? Exploring the Effects of Interorganizational and Interpersonal Trust on Performance [J]. Organization Science, 1998, 9 (2): 141 – 159.

[336] Zahra S A, George G. Absorptive Capacity: A Review, Reconceptualization, and Extension [J]. Academy of Management Review, 2002, 27 (2): 185 – 203.

[337] Zajac E J, Olsen C P. From Transaction Cost to Transactional Value Analysis: Implications for the Study of Interorganizational Strategies * [J]. Journal of Management Studies, 1993, 30 (1): 131 – 145.

[338] Zanarone G, Lo D, Madsen T L. The Double – edged Effect of Knowledge Acquisition: How Contracts Safeguard Pre – existing Resources [J]. Strategic Management Journal, 2016, 37 (10): 2104 – 2120.

[339] Zand D E. Trust and Managerial Problem Solving [J]. Administrative Science Quarterly, 1972 (17): 229 – 239.

[340] Zander U, Kogut B. Knowledge and the Speed of the Transfer and Imitation of Organizational Capabilities: An Empirical Test [J]. Organization Science,

1995, 6 (1): 76 - 92.

[341] Zhang Q, Zhou K Z. Governing Interfirm Knowledge Transfer in the Chinese Market: The Interplay of Formal and Informal Mechanisms [J]. Industrial Marketing Management, 2013, 42 (5): 783 - 791.

[342] Zhang X, Chen W, Tong J, et al. Relational Mechanisms, Market Contracts and Cross - enterprise Knowledge Trading in the Supply Chain: Empirical Research Based on Chinese Manufacturing Enterprises [J]. Chinese Management Studies, 2012, 6 (3): 488 - 508.

[343] Zhang X, Hu D. Farmer - buyer Relationships in China: The Effects of Contracts, Trust and Market Environment [J]. China Agricultural Economic Review, 2011, 3 (1): 42 - 53.

[344] Zhao Y, Wang G. The Impact of Relation - specific Investment on Channel Relationship Performance: Evidence from China [J]. Journal of Strategic Marketing, 2011, 19 (1): 57 - 71.

[345] Zhilin Yang, Chenting Su, Fam K - S. Dealing with Institutional Distances in International Marketing Channels: Governance Strategies That Engender Legitimacy and Efficiency [J]. Journal of Marketing, 2012, 76 (3): 41 - 55.

[346] Zhou K Z, Li C B. How Knowledge Affects Radical Innovation: Knowledge Base, Market Knowledge Acquisition, and Internal Knowledge Sharing [J]. Strategic Management Journal, 2012, 33 (9): 1090 - 1102.

[347] Zhou K Z, Poppo L, Yang Z. Relational Ties or Customized Contracts? An Examination of Alternative Governance Choices in China [J]. Journal of International Business Studies, 2008, 39 (3): 526 - 534.

[348] Zhou K Z, Poppo L. Exchange HGazards, Relational Reliability, and Contracts in China: The Contingent Role of Legal Enforceability [J]. Journal of International Business Studies, 2010, 41 (5): 861 - 881.

[349] Zhou K Z, Xu D. How Foreign Firms Curtail Local Supplier Opportunism in China: Detailed Contracts, Centralized Control, and Relational Governance [J]. Journal of International Business Studies, 2012, 43 (7): 677 - 692.

[350] Zhou K Z, Zhang Q, Sheng S, et al. Are Relational Ties Always Good for Knowledge Acquisition? Buyer - supplier Exchanges in China [J]. Journal of Opera-

tions Management，2014，32（3）：88 – 98.

［351］Zollo M，Winter S G. Deliberate Learning and the Evolution of Dynamic Capabilities［J］. Organization Science，2002，13（3）：339 – 351.

［352］Zucker L G. Production of trust：Institutional Sources of Economic Structure，1840 – 1920［J］. Research in Organizational Behavior，1986，8：53 – 111.

［353］白鸥，魏江，斯碧霞. 关系还是契约：服务创新网络治理和知识获取困境［J］.科学学研究，2015，33（9）：1432 – 1440.

［354］曹祖毅，贾慧英. 终端用户导向、知识获取与服务接包企业绩效［J］.科技进步与对策，2015（10）：133 – 137.

［355］陈灿. 国外关系治理研究最新进展探析［J］.外国经济与管理，2012，34（10）：74 – 81.

［356］陈浩然，廖貅武，谢恩. 不同控制方式互动关系及其对技术创新影响研究［J］.科学学与科学技术管理，2007，28（5）：57 – 61.

［357］陈劲，阳银娟. 外部知识获取与企业创新绩效关系研究综述［J］.科技进步与对策，2014（1）：156 – 160.

［358］陈晓萍，徐淑英，樊景立. 组织与管理研究的实证方法. 第 2 版［M］.北京：北京大学出版社，2012.

［359］刁丽琳，朱桂龙. 产学研联盟契约和信任对知识转移的影响研究［J］.科学学研究，2015，33（5）：723 – 733.

［360］刁丽琳. 产学研合作契约类型、信任与知识转移关系研究［D］. 华南理工大学博士学位论文，2013.

［361］高展军，江旭. 企业家导向对企业间知识获取的影响研究——基于企业间社会资本的调节效应分析［J］.科学学研究，2011，29（2）：257 – 267.

［362］郭润萍. 手段导向、知识获取与新企业创业能力的实证研究［J］.管理科学，2016，29（3）：13 – 23.

［363］胡青丹. 战略联盟内的组织间学习研究——以 TD—SCDMA 产业联盟为例［J］.现代交际，2010（4）：101 – 104.

［364］黄俊，罗丽娜，陈宗霞. 联盟契约控制与研发联盟风险——共同信任的中介效应研究［J］.科学学研究，2012（10）：1573 – 1578.

［365］黄少卿，从佳佳，巢宏. 研发联盟组织治理研究述评及未来展望［J］.外国经济与管理，2016，38（6）：63 – 81.

［366］简兆权，陈键宏，王晨. 政治和商业关联、知识获取与组织创新关系研究［J］. 科研管理，2014，35（10）：17 - 25.

［367］简兆权，刘荣，招丽珠. 网络关系、信任与知识共享对技术创新绩效的影响研究［J］. 研究与发展管理，2010，22（2）：64 - 71.

［368］江旭，高山行. 战略联盟中的知识分享与知识创造［J］. 情报杂志，2007，26（7）：8 - 10.

［369］江旭，李垣. 联盟控制方式对伙伴知识获取的影响研究：来自我国医院间联盟的证据［J］. 管理评论，2011，23（9）：128 - 136.

［370］江旭，廖貅武，高山行. 战略联盟中信任、冲突与知识获取和企业绩效关系的实证研究［J］. 预测，2008（6）：24 - 29.

［371］江旭. 医院间联盟中的知识获取与伙伴机会主义［D］. 西安交通大学博士学位论文，2008.

［372］蒋春燕，赵曙明. 社会资本和公司企业家精神与绩效的关系：组织学习的中介作用——江苏与广东新兴企业的实证研究［J］. 管理世界，2006（10）：90 - 99.

［373］焦俊，李垣. 联盟中显性知识转移和企业内部创新［J］. 预测，2007，26（5）：31 - 35.

［374］李纲，刘益. 知识共享、知识获取与产品创新的关系模型［J］. 科学学与科学技术管理，2007，28（7）：103 - 107.

［375］李健，金占明. 战略联盟伙伴选择、竞合关系与联盟绩效研究［J］. 科学学与科学技术管理，2007，28（11）：161 - 166.

［376］李林蔚，蔡虹，郑志清. 战略联盟中的知识转移过程研究：共同愿景的调节效应［J］. 科学学与科学技术管理，2014（8）：29 - 38.

［377］李晓冬，王龙伟. 基于联盟知识获取影响的信任与契约治理的关系研究［J］. 管理学报，2016，13（6）：821 - 828.

［378］李艳华. 中小企业内、外部知识获取与技术能力提升实证研究［J］. 管理科学，2013（5）：19 - 29.

［379］李瑶，刘益，张钰. 治理机制选择与创新绩效——交易持续时间的调节作用实证研究［J］. 华东经济管理，2014（1）：103 - 107.

［380］李运河. 团队社会资本、知识分享与团队绩效关系研究［J］. 商业时代，2013（18）：100 - 101.

［381］廖世龙，易树平，熊世权．动态联盟知识管理研究综述［J］．情报杂志，2010（6）：49，67－71.

［382］刘衡．合作双元性与组织间合作绩效的关系研究：以公平感知为调节变量［D］．西安交通大学博士学位论文，2011.

［383］刘松博，苏中兴．中外传媒企业战略联盟失败的两个案例分析：一个资源观的视角［J］．生产力研究，2007（19）：127－129.

［384］刘婷，郭海．渠道情境下企业间社会资本对知识获取的影响——基于权变视角的研究［J］．科学学研究，2013，31（1）：115－122.

［385］鲁喜凤．机会创新性、知识获取对企业绩效的影响研究——以科技型企业为例［J］．情报科学，2017（5）：160－164.

［386］罗珉．组织间关系理论最新研究视角探析［J］．外国经济与管理，2007，29（1）：25－32.

［387］罗炜，唐元虎．企业合作创新的原因与动机［J］．科学学研究，2001，19（3）：91－95.

［388］吕兴群，蔡莉．知识获取对新企业创新绩效的影响研究——基于家长式领导的调节作用［J］．求是学刊，2016，43（2）.

［389］倪昌红．管理者的社会关系与企业绩效：制度嵌入及其影响路径［D］．吉林大学博士学位论文，2011.

［390］潘佳，刘益，郑淞月．外部知识搜寻和企业绩效关系研究：以信息技术服务外包行业为例［J］．管理评论，2017，29（6）：73－84.

［391］沈华，胡汉辉．企业间知识溢出与企业兼并关系研究［J］．软科学，2006（5）：118－120＋125.

［392］史会斌，李垣．基于资源保护和利用的联盟治理机制动态选择研究［J］．科学学与科学技术管理，2008，29（2）：161－167.

［393］舒成利，胡一飞，江旭．战略联盟中的双元学习、知识获取与创新绩效［J］．研究与发展管理，2015（6）：97－106.

［394］苏中锋，谢恩，李垣．基于不同动机的联盟控制方式选择及其对联盟绩效的影响——中国企业联盟的实证分析［J］．南开管理评论，2007，10（5）：4－11.

［395］王伏虎，赵喜仓．知识获取、吸收能力与企业创新间关系研究［J］．科技进步与对策，2014（6）：130－134.

[396] 王宏起，刘希宋．高新技术企业战略联盟的组织学习及策略研究 [J]．中国软科学，2005（3）：72-76.

[397] 王立生．论战略联盟视角的企业知识获取与转移障碍 [J]．山西财经大学学报，2004（4）：90-95.

[398] 王龙伟，刘朋朋．联盟动机与合作风险对研发联盟治理机制选择的影响研究 [J]．中大管理研究，2013，8（1）：1-19.

[399] 王蔷．论战略联盟中的相互信任问题（下） [J]．外国经济与管理，2000（5）：21-24.

[400] 吴明隆．Spss 统计应用实务 [M]．北京：中国铁道出版社，2000.

[401] 吴楠，赵嵩正，张小娣．企业创新网络中外部知识获取对双元性创新的影响研究 [J]．情报理论与实践，2015，38（5）：35-41.

[402] 吴晓波．"中国制造 2025"的商业模式转型 [J]．西部大开发，2015（7）：99-101.

[403] 熊捷，孙道银．企业社会资本、技术知识获取与产品创新绩效关系研究 [J]．管理评论，2017，29（5）：23-39.

[404] 徐淑英，刘忠明．中国企业管理的前沿研究 [M]．北京：北京大学出版社，2012.

[405] 杨薇，江旭．战略联盟中的知识获取与知识泄漏：基于竞合视角的研究 [J]．研究与发展管理，2016，28（3）：1-11.

[406] 杨曦东．外包合作中基于战略导向的知识获取对创新绩效的影响研究 [J]．科技进步与对策，2012，29（4）：129-132.

[407] 杨燕，高山行．联盟稳定性、伙伴知识保护与中心企业的知识获取 [J]．科研管理，2012，33（8）：80-89.

[408] 杨阳．战略联盟演化中组织间学习对联盟绩效的影响研究 [D]．吉林大学博士学位论文，2011.

[409] 叶初升，孙永平．信任问题经济学研究的最新进展与实践启示 [J]．国外社会科学，2005（3）：9-16.

[410] 张方华．网络嵌入影响企业创新绩效的概念模型与实证分析 [J]．中国工业经济，2010（4）：110-119.

[411] 张鹏程，廖建桥，魏炜．组织知识转化中的动态管理：基于 MAX 信任拓展模型的分析 [J]．研究与发展管理，2006，18（5）：58-65，81.

［412］张淑华，杨月，吕帅. 营销员社会网络与隐性知识分享的因果关系实证研究［J］.管理学报，2015，12（3）：424－432.

［413］周立新. 家族企业网络能力对合作绩效的影响——考虑知识获取和家族涉入的作用机制［J］.技术经济，2016，35（5）：76－82.

［414］周世兴，蔺海鲲. 战略联盟［M］.北京：中国社会科学出版社，2006.

［415］朱桂龙，李汝航. 企业外部知识获取路径与企业技术创新绩效关系实证研究［J］.科技进步与对策，2008，25（5）：152－155.

［416］朱华桂，庄晨. 自主研发、外部知识获取与企业绩效研究——基于上市公司数据［J］.软科学，2015，29（2）：46－50.

［417］朱秀梅，张妍，陈雪莹. 组织学习与新企业竞争优势关系——以知识管理为路径的实证研究［J］.科学学研究，2011，29（5）：745－755.

附　录

附录 A

组织间知识获取主要研究汇总

研究文献	研究关注点	理论视角	主要发现
Cohen 和 Levinthal（1990）	前因变量	吸收能力视角	吸收能力能够促进组织间知识获取
Bresman 等（1999）	前因变量	知识基础观组织学习视角	组织间交流、知识的明确性、被收购企业的大小、收购时间等能够促进组织间知识获取
Simonin（1999）	前因变量	知识基础观	知识的不明确性阻碍联盟中知识转移
Tsai（2001）	前因变量绩效产出	组织学习视角创新理论	组织间网络中处于中心位置能够为企业提供更多获取知识的机会，从而促进组织创新和绩效
Reagans 和 McEvily（2003）	前因变量调节变量	知识基础观	共同知识、关系强度促进知识转移；知识可编码程度高时，关系强度对知识转移的正向影响变弱；社会集中度和网络范围促进知识转移
Dhanaraj 等（2004）	前因变量绩效产出	组织学习理论	关系嵌入对隐性知识转移的正向影响比对显性知识转移更强；隐性知识转移能够促进显性知识转移，而且这一关系在成熟的合资企业更强；隐性知识转移对绩效影响为负，显性知识转移对绩效影响为正
Almeida 和 Phene（2004）	绩效产出	创新理论	跨国公司的技术丰富性、子公司和母公司的知识联系和母公司的技术多样性对创新有促进作用
Szulanski 等（2004）	前因变量调节变量	社会资本理论知识基础观	可信度正向影响组织间知识获取，知识因果模糊负向调节上述关系

续表

研究文献	研究关注点	理论视角	主要发现
Shankar 等 (2005)	前因变量 绩效产出 调节变量	集群理论 社会资本理论 创新理论	地理距离正向影响面对面交流，但不影响关系强度；面对面交流比电子邮件交流对非编码知识获取影响更强；关系强度越强，面对面交流（或电子邮件交流）对生产知识获取（或产品知识获取）的影响越大；产品知识获取比生产知识获取对新产品开发影响更大
Coff 等 (2006)	前因变量	知识基础理论	知识的模糊性可以阻碍组织间知识转移
Laursen 和 Salter (2006)	结果变量	基于注意力的理论	外部知识获取广度和深度对企业创新绩效的影响是倒"U"形的，内部研发负向调节上述关系
Walter 等 (2007)	前因变量	社会资本理论 社会网络理论	企业间网络结构洞水平高而且企业内网络结构洞水平低有利于组织内知识获取和组织间知识获取；非冗余的外部联系而且冗余的内部联系有利于组织内知识获取和组织间知识获取；组织在外网中心度高而且组织单元在内网中心度低有利于组织内知识获取和组织间知识获取
Jiang 和 Li (2009)	前因变量 绩效产出	知识管理理论 创新理论	联盟范围正向影响知识共享，联盟治理正向影响知识共享和知识创造；知识共享和知识创造促进创新绩效
Grimpe 和 Kaiser (2010)	绩效产出 调节因素	知识基础理论	研发外包作为一种外部知识获取的方式，对创新绩效的影响是倒"U"形的，而且受到内部研发的正向调节作用
Li 等 (2010b)	前因变量	承诺理论	生产商积累承诺和忠诚承诺对经销商的经济满意度都是倒"U"形影响，积累承诺对社会满意度是负向影响，忠诚承诺对社会满意度是正向影响；经销商的经济满意度对市场知识转移有显著正向影响，经销商的社会满意度对市场知识转移影响不显著
Li 等 (2010a)	前因变量 调节因素	资源基础观	中介联系对显性知识获取影响更强（对隐性知识不显著）；共同目标正向影响显性知识和隐性知识获取；信任对隐性知识获取影响更强（两种知识都显著）；正式契约对显性知识获取影响更强；正式契约正向调节中介联系对显性知识获取的影响；正式契约正向调节共同目标和知识获取，信任和知识获取的关系

研究文献	研究关注点	理论视角	主要发现
Li 等（2010d）	前因变量 绩效产出	组织学习视角	企业家导向正向影响知识转移，市场导向呈倒"U"形影响知识转移，二者交互正向影响知识转移；知识转移正向影响企业绩效
Maurer 等（2011）	前因变量 绩效产出	知识管理理论 创新理论	组织成员社会资本通过知识获取影响组织成长和创新绩效
Zhou 和 Li（2012）	绩效产出	知识基础观 创新理论	高知识广度的企业通过内部知识共享更容易实现突变创新，高知识深度的企业通过外部知识获取更容易实现突变创新
Li 等（2012）	绩效产出	知识基础观	产业内知识共享能够促进企业应用能力提升，而产业外知识共享能促进企业探索能力提升
Liao 等（2012）	前因变量 绩效产出	知识基础理论 组织学习理论	组织文化关系促进组织学习；知识获取促进组织学习；组织学习促进组织创新；组织文化关系促进组织创新；知识获取促进组织创新；组织学习在组织文化关系和组织创新的关系中起中介作用；组织学习在知识获取和组织创新的关系中起中介作用；知识获取在组织文化关系和组织学习的关系中起中介作用
Berchicci（2013）	绩效产出	知识基础观	外部研发活动所占比例和企业创新绩效的关系是倒"U"形的，而且受到研发能力的调节
Zhang 和 Zhou（2013）	前因变量	社会交换理论	正式控制和信任促进知识转移，契约对知识转移不显著；信任和契约交互作用于知识转移是正的；信任和控制交互作用于知识转移是负的
Chen 等（2014）	前因变量	社会资本理论	共享目标、社会关系嵌入和影响策略的组织更倾向于发展组织间信任，从而促进组织间合作和知识共享
Zhou 等（2014）	前因变量 调节因素	关系视角 交易成本理论	关系对特有知识获取的影响是倒"U"形的；契约专有性较高时，倒"U"形关系增强（倒"U"形更深；竞争强度越高，倒"U"形关系增强
Khan 等（2015）	前因变量	组织学习视角 结构权变理论	正式社会化机制有助于地方供应商知识转移的理解和速度；机械式的组织结构能够通过正式社会化机制促进知识转移
Lee 等（2015）	前因变量 调节因素	资源基础理论 知识基础理论	企业风险投资和新创企业知识转移是倒"U"形关系，企业风险投资项目中关系强度负向调节倒"U"形关系，而知识多样性正向调节倒"U"形关系

续表

研究文献	研究关注点	理论视角	主要发现
Frishammar 等（2015）	绩效产出	知识管理理论	有些核心知识的泄露不会给企业带来不利影响，有些非核心知识的泄露也可能危害企业发展
Frankort（2016）	结果变量调节因素	知识基础理论创新理论	联盟知识获取正向影响企业新产品开发；伙伴间技术相关度正向调节上述关系，产品市场竞争性负向调节上述关系

资料来源：笔者按时间顺序对相关文献进行整理。

附录 B

治理机制的主要类型与研究发现

研究文献	治理变量		关系类型[a]	主要发现
	正式治理	非正式治理		
Poppo 和 Zenger（2002）	定制契约	关系治理	5	交易风险促进定制契约，促进关系治理；定制契约促进关系治理，关系治理促进定制契约，二者互补
S. Tamer 等（2004）	正式契约	信任	3, 4	正式契约和信任都可以降低国外分销商的机会主义；但二者交互作用是负的；当企业对法律环境敌意较高时，信任对机会主义的负向作用较大，但契约对机会主义的作用是正的
Lui 和 Ngo（2004）	契约治理	善意信任能力信任	1	善意信任和契约治理对按时完成和绩效满意度的交互影响为负；能力信任和契约治理对按时完成和绩效满意度的交互影响为正
Carson 等（2006）	正式契约	关系契约	1	挥发性对正式契约的影响是正的，对关系契约影响不显著；不明确对正式契约的影响不显著，对关系契约的影响是正的
Lee 和 Cavusgil（2006）	契约治理	关系治理	1	关系治理正向影响联盟绩效强度、稳定性、知识获取；契约治理和关系治理对联盟绩效的交互作用为负；环境动荡性正向调节关系对联盟绩效的影响；联盟强度正向影响市场绩效

研究文献	治理变量		关系类型[a]	主要发现
	正式治理	非正式治理		
Gençtürk 和 Aulakh（2007）	控制	关系规范	3，4	依赖程度正向影响关系规范，负向影响控制；正式化程度负向影响关系规范，正向影响控制；社会化程度正向影响关系规范和控制；关系规范正向影响市场绩效和满意度；控制正向影响满意度；市场环境不确定性较高时，关系规范对绩效的正向影响更强，控制对绩效的正向影响减弱
Mellewigt 等（2007）	契约复杂性	信任	5	资产专有性正向影响契约复杂性；战略重要性正向影响契约复杂性；信任负向调节资产专有性对契约复杂性的影响，正向调节战略重要性对契约复杂性的影响
Liu 等（2007）	契约控制	诚实信任仁善信任关系规范	3	诚实信任促进契约控制，促进关系规范；仁善信任负向影响契约控制，促进关系规范；契约控制促进直接关系价值，负向影响间接价值；关系规范促进直接价值和间接价值
Mesquita 和 Brush（2008）	契约完整性	关系治理	2	资产专有性正向调节契约完整性和谈判效率的关系，正向调节关系治理和谈判效率的关系（不显著）；复杂性正向调节契约完整性和生产效率的关系，正向调节关系治理和生产效率的关系
Goo 等（2009）	正式契约	关系治理	5	契约的三个维度（基础、变化、治理）正向影响关系治理（关系规范、冲突解决、互相依赖、信任、承诺）
Hoetker 和 Mellewigt（2009）	契约治理	关系治理	1	基于知识的资产越多，关系治理的程度越大；基于财物的资产越多，契约治理的程度越大
Liu 等（2009）	契约	信任关系规范	2	契约和交易专用性投资负向影响机会主义；信任和关系规范负向影响机会主义；交易机制和关系机制交互作用更强；契约和交易专用性投资正向影响关系绩效；信任和关系规范正向影响关系绩效；交易机制和关系机制交互作用为正；在控制机会主义方面，交易机制比关系治理更有效；在提高关系绩效方面，关系机制比交易机制更有效

战略联盟：治理机制与双边关系特征的视角

续表

研究文献	治理变量		关系类型[a]	主要发现
	正式治理	非正式治理		
Lui 等（2009）	正式契约	信任	1	资产专有性促进信任；信任促进合作行为；合作行为促进伙伴绩效；机会主义行为阻碍伙伴绩效
Lui（2009）	正式契约	能力信任	5	能力信任促进知识接触，正式契约促进知识获取；关系历史越久，上述关系越强；对未来合作的期待越短，上述关系越强
Li 等（2010a）	正式契约	中介联系 共同目标 信任	2	中介联系对显性知识获取影响更强（对隐性知识不显著）；共同目标正向影响显性知识和隐性知识获取；信任对隐性知识获取影响更强（两种知识都显著）；正式契约对显性知识获取影响更强；正式契约正向调节中介联系对显性知识获取的影响；正式契约正向调节共同目标和知识获取，信任和知识获取的关系
Li 等（2010b）	契约	信任	2, 4	学习动机通过能力提升促进整体创新；信任正向调节学习动机和能力提升的关系；契约倒"U"形调节学习动机和能力提升的关系
Li 等（2010d）	正式控制	社会控制	2, 4	在国内关系和跨国关系中，合作时长促进社会控制，不影响正式控制；合作制度化促进社会控制和正式控制；在国内关系中二者相互替代；在跨国关系中二者交互作用不显著
Zhou 和 Poppo（2010）	显性契约	关系可靠性	2	法律可执行性正向调节资产专有性、环境不确定性和行为不确定性和显性契约的关系；负向调节资产专有性、环境不确定性和关系可靠性的关系，正向调节行为不确定性和关系可靠性的关系
Malhotra 和 Lumineau（2011）	契约控制 契约协调	善意信任 能力信任	1	契约控制负向影响善意信任，正向影响能力信任；契约协调正向影响善意信任和能力信任；善意信任和能力信任促进关系绩效；契约控制通过能力信任促进关系绩效；契约协调通过善意信任和能力信任促进关系绩效
Wang 等（2011）	契约	信任	2	契约倒"U"形影响创新绩效；信任正向影响创新绩效；环境不确定性正向调节信任和创新绩效的关系；契约和信任对创新绩效的交互作用是负的，二者是替代关系

续表

研究文献	治理变量		关系 类型[a]	主要发现
	正式治理	非正式治理		
Yang 等 (2011)	正式控制	信任	5	在弱关系中，正式控制促进信任；在强关系中，正式控制阻碍信任；在弱关系中，信任和正式控制都促进长期导向；在强关系中，信任促进长期导向；在弱关系中，信任和契约都降低机会主义；在强关系中，信任降低机会主义
Arranz 和 De Arroyabe（2012）	契约	关系规范 信任	1	在共同研发项目中，共同使用正式治理和关系治理比单独使用对绩效提升作用更大；在应用型的研发项目中，正式治理比关系治理更有效；在探索型的研发项目中，关系治理比正式治理更有效
Burkert 等 (2012)	契约	信任	2	契约治理通过信任治理影响顾客承诺和顾客满意度；契约治理和顾客承诺的关系受到国际化关系的正向调节；信任和顾客承诺的关系受到国际化关系的负向调节
De Reuver 和 Bouwman（2012）	权力治理 契约治理	信任治理	5	价值网络关系的治理机制会随时间演进
Lumineau 和 Henderson（2012）	契约控制 契约协调	—	2	合作关系经验促进合作谈判战略；契约控制机制阻碍合作谈判战略，契约协调机制促进合作谈判战略；契约控制负向影响合作关系经验对合作谈判战略的影响；契约协调正向调节合作关系经验对合作谈判战略的影响
Yang 等 (2012)	契约治理	关系治理	5	资产专有性促进契约治理和关系治理；环境风险促进契约治理；绩效难度量促进关系治理；契约治理和关系治理促进生产商竞争力
Yang 等 (2012)	契约定制	关系治理	2，4	管理距离、规范距离和文化距离正向影响合法性压力和市场不确定；合法性压力和市场不确定正向影响契约和关系治理；关系治理促进绩效；二者对绩效的交互作用为正
Zhou 和 Xu (2012)	契约 集中控制	关系治理	2	关系治理弱时，契约和机会主义正相关；关系治理强时，契约和机会主义负相关；关系治理弱时，集中控制和机会主义负相关；关系治理强时，契约和机会主义正相关

续表

研究文献	治理变量		关系类型[a]	主要发现
	正式治理	非正式治理		
Chen 等 (2013a)	契约	信任	5	信任和契约通过资源获取提高关系绩效和经济绩效；二者交互对关系绩效作用不显著，对经济绩效的影响是正向的
Jiang 等 (2013)	正式契约	善意信任 能力信任	1	善意信任"U"形影响知识泄露；能力信任负向影响知识泄露；善意信任和正式契约交互正向影响知识泄露；能力信任和正式契约交互负向影响知识泄露
Zhang 和 Zhou (2013)	正式控制 契约	信任	2	正式控制和信任促进知识转移，契约对知识转移不显著；信任和契约交互作用于知识转移是正的；信任和控制交互作用于知识转移是负的
Yang 等 (2014)	股权/非股权	关系治理	1	小企业和大企业应用联盟比探索联盟更能提高市场价值；在探索联盟中，股权联盟比非股权联盟对市场价值的影响更大；在应用联盟中，非股权联盟比股权联盟对市场价值影响更大；关系治理存在时，探索联盟比应用联盟更能提高市场价值
Zhou 等 (2014)	契约专有性	关系	2	关系对特有知识获取的影响是倒"U"形的；契约专有性较高时，倒"U"形关系增强（倒"U"形更深；竞争强度越高，倒"U"形关系增强
Schilke 和 Cook (2015)	契约治理	信任	1	契约治理和团体文化正向影响对伙伴的信任感知；伙伴熟悉度高时，团体文化比契约治理对伙伴信任影响更强；伙伴声誉较低时，契约治理比团体文化对伙伴信任的影响更强
Krishnan 等 (2016)	契约治理	信任治理	1	在行为不确定性较高时，契约治理和联盟绩效是倒"U"形关系，信任治理对联盟绩效的正向作用更强；在环境不确定性较高时，契约治理和联盟绩效是倒"U"形关系，信任治理对联盟绩效的正向作用减弱，甚至变负

注：a. 1 表示战略联盟；2 表示供应购买关系；3 表示生产销售关系；4 表示跨境合作；5 表示其他。

资料来源：笔者按时间顺序对相关文献进行整理。